I0124833

Андрей А. Ковалёв

СВИДЕТЕЛЬСТВО ИЗ-ЗА КУЛИС РОССИЙСКОЙ ПОЛИТИКИ I

Можно ли делать добро из зла?
(Воспоминания и размышления о последних советских
и первых послесоветских годах)

With a foreword by Peter Reddaway

ibidem-Verlag
Stuttgart

Bibliografische Information der Deutschen Nationalbibliothek
Die Deutsche Nationalbibliothek verzeichnet diese Publikation in der
Deutschen Nationalbibliografie; detaillierte bibliografische Daten sind im
Internet über http://dnb.d-nb.de abrufbar.

Bibliographic information published by the Deutsche Nationalbibliothek
Die Deutsche Nationalbibliothek lists this publication in the Deutsche Nationalbibliografie;
detailed bibliographic data are available in the Internet at http://dnb.d-nb.de.

Cover picture: The Laocoön, El Greco, ca. 1610-1614. Kress Collection, National Gallery of
Art, Washington. Source: http://commons.wikimedia.org/wiki/File:El_Greco_-
_Laocoon.jpg. Public Domain.

∞

Gedruckt auf alterungsbeständigem, säurefreien Papier
Printed on acid-free paper

ISSN: 1614-3515

ISBN-13: 978-3-8382-0302-7

© *ibidem*-Verlag
Stuttgart 2012

Alle Rechte vorbehalten

Das Werk einschließlich aller seiner Teile ist urheberrechtlich geschützt. Jede Verwertung
außerhalb der engen Grenzen des Urheberrechtsgesetzes ist ohne Zustimmung des Verlages
unzulässig und strafbar. Dies gilt insbesondere für Vervielfältigungen,
Übersetzungen, Mikroverfilmungen und elektronische Speicherformen sowie die
Einspeicherung und Verarbeitung in elektronischen Systemen.

All rights reserved. No part of this publication may be reproduced, stored in or introduced into a retrieval
system, or transmitted, in any form, or by any means (electronic, mechanical, photocopying, recording or
otherwise) without the prior written permission of the publisher. Any person who does any unauthorized act
in relation to this publication may be liable to criminal prosecution and civil claims for damages.

Printed in Germany

Soviet and Post-Soviet Politics and Society (SPPS)   Vol. 111
ISSN 1614-3515

General Editor: Andreas Umland,
Kyiv-Mohyla Academy, umland@stanfordalumni.org

Editorial Assistant: Olena Sivuda, Drahomanov Peda-
gogical University of Kyiv, SLS6255@ku-eichstaett.de

EDITORIAL COMMITTEE*

DOMESTIC & COMPARATIVE POLITICS
Prof. Ellen Bos, Andrássy University of Budapest
Dr. Ingmar Bredies, University of Regensburg
Dr. Andrey Kazantsev, MGIMO (U) MID RF, Moscow
Dr. Heiko Pleines, University of Bremen
Prof. Richard Sakwa, University of Kent at Canterbury
Dr. Sarah Whitmore, Oxford Brookes University
Dr. Harald Wydra, University of Cambridge
SOCIETY, CLASS & ETHNICITY
Col. David Glantz, "Journal of Slavic Military Studies"
Dr. Marlène Laruelle, Johns Hopkins University
Dr. Stephen Shulman, Southern Illinois University
Prof. Stefan Troebst, University of Leipzig
POLITICAL ECONOMY & PUBLIC POLICY
Prof. em. Marshall Goldman, Wellesley College, Mass.
Dr. Andreas Goldthau, Central European University
Dr. Robert Kravchuk, University of North Carolina
Dr. David Lane, University of Cambridge
Dr. Carol Leonard, University of Oxford
Dr. Maria Popova, McGill University, Montreal

FOREIGN POLICY & INTERNATIONAL AFFAIRS
Dr. Peter Duncan, University College London
Dr. Taras Kuzio, Johns Hopkins University
Prof. Gerhard Mangott, University of Innsbruck
Dr. Diana Schmidt-Pfister, University of Konstanz
Dr. Lisbeth Tarlow, Harvard University, Cambridge
Dr. Christian Wipperfürth, N-Ost Network, Berlin
Dr. William Zimmerman, University of Michigan
HISTORY, CULTURE & THOUGHT
Dr. Catherine Andreyev, University of Oxford
Prof. Mark Bassin, Södertörn University
Prof. Karsten Brüggemann, Tallinn University
Dr. Alexander Etkind, University of Cambridge
Dr. Gasan Gusejnov, Moscow State University
Prof. em. Walter Laqueur, Georgetown University
Prof. Leonid Luks, Catholic University of Eichstaett
Dr. Olga Malinova, Russian Academy of Sciences
Dr. Andrei Rogatchevski, University of Glasgow
Dr. Mark Tauger, West Virginia University
Dr. Stefan Wiederkehr, BBAW, Berlin

ADVISORY BOARD*

Prof. Dominique Arel, University of Ottawa
Prof. Jörg Baberowski, Humboldt University of Berlin
Prof. Margarita Balmaceda, Seton Hall University
Dr. John Barber, University of Cambridge
Prof. Timm Beichelt, European University Viadrina
Dr. Katrin Boeckh, University of Munich
Prof. em. Archie Brown, University of Oxford
Dr. Vyacheslav Bryukhovetsky, Kyiv-Mohyla Academy
Prof. Timothy Colton, Harvard University, Cambridge
Prof. Paul D'Anieri, University of Florida
Dr. Heike Dörrenbächer, Naumann Foundation Kyiv
Dr. John Dunlop, Hoover Institution, Stanford, California
Dr. Sabine Fischer, EU Institute for Security Studies
Dr. Geir Flikke, NUPI, Oslo
Dr. David Galbreath, University of Aberdeen
Prof. Alexander Galkin, Russian Academy of Sciences
Prof. Frank Golczewski, University of Hamburg
Dr. Nikolas Gvosdev, Naval War College, Newport, RI
Prof. Mark von Hagen, Arizona State University
Dr. Guido Hausmann, University of Freiburg i.Br.
Prof. Dale Herspring, Kansas State University
Dr. Stefani Hoffman, Hebrew University of Jerusalem
Prof. Mikhail Ilyin, MGIMO (U) MID RF, Moscow
Prof. Vladimir Kantor, Higher School of Economics
Dr. Ivan Katchanovski, University of Ottawa
Prof. em. Andrzej Korbonski, University of California
Dr. Iris Kempe, Heinrich Boell Foundation Tbilisi
Prof. Herbert Küpper, Institut für Ostrecht Regensburg
Dr. Rainer Lindner, CEEER, Berlin
Dr. Vladimir Malakhov, Russian Academy of Sciences

Dr. Luke March, University of Edinburgh
Prof. Michael McFaul, US National Security Council
Prof. Birgit Menzel, University of Mainz-Germersheim
Prof. Valery Mikhailenko, The Urals State University
Prof. Emil Pain, Higher School of Economics, Moscow
Dr. Oleg Podvintsev, Russian Academy of Sciences
Prof. Olga Popova, St. Petersburg State University
Dr. Alex Pravda, University of Oxford
Dr. Erik van Ree, University of Amsterdam
Dr. Joachim Rogall, Robert Bosch Foundation Stuttgart
Prof. Peter Rutland, Wesleyan University, Middletown
Prof. Marat Salikov, The Urals State Law Academy
Dr. Gwendolyn Sasse, University of Oxford
Prof. Jutta Scherrer, EHESS, Paris
Prof. Robert Service, University of Oxford
Mr. James Sherr, RIIA Chatham House London
Dr. Oxana Shevel, Tufts University, Medford
Prof. Eberhard Schneider, University of Siegen
Prof. Olexander Shnyrkov, Shevchenko University, Kyiv
Prof. Hans-Henning Schröder, University of Bremen
Prof. Yuri Shapoval, Ukrainian Academy of Sciences
Prof. Viktor Shnirelman, Russian Academy of Sciences
Dr. Lisa Sundstrom, University of British Columbia
Dr. Philip Walters, "Religion, State and Society," Oxford
Prof. Zenon Wasyliw, Ithaca College, New York State
Dr. Lucan Way, University of Toronto
Dr. Markus Wehner, "Frankfurter Allgemeine Zeitung"
Dr. Andrew Wilson, University College London
Prof. Jan Zielonka, University of Oxford
Prof. Andrei Zorin, University of Oxford

* While the Editorial Committee and Advisory Board support the General Editor in the choice and improvement of manuscripts
for publication, responsibility for remaining errors and misinterpretations in the series' volumes lies with the books' authors.

Soviet and Post-Soviet Politics and Society (SPPS)
ISSN 1614-3515

Founded in 2004 and refereed since 2007, SPPS makes available affordable English-, German- and Russian-language studies on the history of the countries of the former Soviet bloc from the late Tsarist period to today. It publishes between 5 and 20 volumes per year, and focuses on issues in transitions to and from democracy such as economic crisis, identity formation, civil society development, and constitutional reform in CEE and the NIS. SPPS also aims to highlight so far understudied themes in East European studies such as right-wing radicalism, religious life, higher education, or human rights protection. The authors and titles of all previously published manuscripts are listed at the end of this book. For a full description of the series and reviews of its books, see www.ibidem-verlag.de/red/spps.

Editorial correspondence & manuscripts should be sent to: Dr. Andreas Umland, DAAD, German Embassy, vul. Bohdana Khmelnitskoho 25, UA-01901 Kyiv, Ukraine. e-mail: umland@stanfordalumni.org

Business correspondence & review copy requests should be sent to: *ibidem*-Verlag, Julius-Leber-Weg 11, D-30457 Hannover, Germany; tel.: +49(0)511-2622200; fax: +49(0)511-2622201; spps@ibidem-verlag.de.

Book orders & payments should be made via the publisher's electronic book shop at: www.ibidem-verlag.de/red/SPPS_EN/

Authors, reviewers, referees, and editors for (as well as all other persons sympathetic to) SPPS are invited to join its networks at www.facebook.com/group.php?gid=52638198614 www.linkedin.com/groups?about=&gid=103012 www.xing.com/net/spps-ibidem-verlag/

Recent Volumes

103 Ulrike Ziemer
Ethnic Belonging, Gender and Cultural Practices
Youth Identitites in Contemporary Russia
With a foreword by Anoop Nayak
ISBN 978-3-8382-0152-8

104 Ksenia Chepikova
,Einiges Russland' - eine zweite KpdSU?
Aspekte der Identitätskonstruktion einer postsowjetischen „Partei der Macht"
Mit einem Vorwort von Torsten Oppelland
ISBN 978-3-8382-0311-9

105 Леонид Люкс
Западничество или евразийство? Демократия или идеократия?
Сборник статей об исторических дилеммах России
С предисловием Владимира Кантора
ISBN 978-3-8382-0211-2

106 Anna Dost
Das russische Verfassungsrecht auf dem Weg zum Föderalismus und zurück
Zum Konflikt von Rechtsnormen und -wirklichkeit in der Russländischen Föderation von 1991 bis 2009
Mit einem Vorwort von Alexander Blankenagel
ISBN 978-3-8382-0292-1

107 Philipp Herzog
Sozialistische Völkerfreundschaft, nationaler Widerstand oder harmloser Zeitvertreib?
Zur politischen Funktion der Volkskunst im sowjetischen Estland
Mit einem Vorwort von Andreas Kappeler
ISBN 978-3-8382-0216-7

108 Marlène Laruelle (ed.)
Russian Nationalism, Foreign Policy, and Identity Debates in Putin's Russia
New Ideological Patterns after the Orange Revolution
ISBN 978-3-8382-0325-6

109 Michail Logvinov
Russlands Kampf gegen den internationalen Terrorismus
Eine kritische Bestandsaufnahme des Bekämpfungsansatzes
Mit einem Geleitwort von Hans-Henning Schröder und einem Vorwort von Eckhard Jesse
ISBN 978-3-8382-0329-4

110 John B. Dunlop
The Moscow Bombings of September 1999
Examinations of Russian Terrorist Attacks at the Onset of Vladimir Putin's Rule
ISBN 978-3-8382-0388-1

…Мы составляем как бы исключение среди народов. Мы принадлежим к тем из них, которые как бы не входят составной частью в род человеческий, а существуют лишь для того, чтобы преподать великий урок миру.

Пётр Чаадаев

Я – свет. Я тем и знаменит, Что сам бросаю тень.

Борис Пастернак

Оглавление

Foreword

Andreï Kovalev's two powerful volumes argue that Russia's trajectory since 1985 has been circular. First, Mikhail Gorbachev and his colleagues carried out an improbable series of revolutionary reforms, taking their country all the way – as baseball fans would say – from home plate to first base to second. Then, after a revolution did in fact occur and the Soviet Union fell apart, Boris Yeltsin presided over a Russia that stumbled back and forth on its way to third base, where he handed it over to Vladimir Putin. Then Putin quietly flooded the system with his colleagues from the secret police, thus infusing it with a KGB mentality. In so doing, he took Russia back to a version of home plate, to a rootless, corrupt, authoritarian, de-ideologized version of the Soviet Union.

Regarding the future, Kovalev sees little likelihood of change in the near term. Domestic policy will continue to become gradually more authoritarian, and foreign policy will feature additional unpredictability and hostility towards the West and its allies. Further ahead, he fears, lie greater dangers, including the possibility of territorial fragmentation. But he hopes that eventually Russia will rebuild itself from the bottom up and join the world community. This monumental task will probably take two generations.

In short, Kovalev's book examines how and why, from 1985 to the present, Russia's domestic and foreign policies evolved in the ways they did. Only occasionally does it look at Western policy towards Russia. When it does, the author often chides the West either for not evincing enough interest or generosity towards his homeland, or for showing a disturbing naivety in appeasing hardliners in the administrations of Yeltsin and, especially, Putin.

Although the book's primary audience is educated Russians, Westerners will be perfectly able to understand and benefit from its arguments. Kovalev's lively prose style and the inner freedom of his attractive personality are additional guarantees of this.

---

1   See P. Reddaway. Should World Psychiatry Readmit the Soviets? // *New York Review of Books*, October 12, 1989. P. 54-58, and also a detailed analysis of the abuse system in two books co-written by Reddaway and the psychiatrist Sidney Bloch, *Russia's Political Hospitals* (1977) and *Soviet Psychiatric Abuse* (1984). The U.S. government published a 117-page account of the US delegation's visit.

The book refers on occasion to the well-known Russian thinker Pyotr Chaadayev, who, starting in 1836, wrote a somewhat similar work, a series of "Philosophic Letters". In these, he lamented his country's chronic backwardness and inability to govern itself. He saw its future as lying in an eventual reunion with European civilization. For his pains, Emperor Nicholas I declared him to be insane. However, after some minor official efforts to treat him for his non-existent condition, Chaadayev continued to be active in Moscow's intellectual life. Now, 175 years later, Kovalev's diagnosis of Russia's condition evokes Chaadayev's. So does his prescription for a cure.

As a former state official of the USSR and then Russia, Kovalev bases parts of his book on his personal experiences. This applies especially to the years 1986-91, when he was closely involved in the implementation of high-level foreign policy and then worked briefly for President Gorbachev. He also roots his analysis in his training as a historian with a PhD, in the work of Russia's most insightful commentators, and in the experiences of his many friends, including his diplomat father Anatoly Kovalev, who retired as deputy-head of the foreign ministry in 1991.

During his thirty-year career, the author worked for the USA and Canada Institute and the Diplomatic Academy (1977-85), the Soviet UNESCO commission (1985-87), the Ministry of Foreign Affairs' division for cultural and humanitarian affairs (1987-91), the USSR President's office (1991), the Russian mission to the UN's Geneva offices (1992-96), the Russian Security Council (1997-2001), the Russian mission to the European communities in Brussells (2001-04), and the Russian Ombudsman for Human Rights (2004-07). Then, finding the Putin administration too politically oppressive, he emigrated to Belgium and settled in Brussels.

The first part of his book focuses mainly on the Gorbachev and Yeltsin periods, the second part on the Putin era. Regarding Gorbachev's so-called perestroika, i.e., "the transition of the USSR from totalitarianism to democracy" in just a few years, the author rightly calls it "probably one of the most interesting, most confused, and most paradoxical periods in the whole history of humanity." Therefore, he goes on, "We should admit – as by no means everyone is ready to do – that each participant and even observer of those extraordinarily gripping and dramatic events possesses his own genuinely lived experience, which sometimes has nothing in common not only with what is conventionally called the truth, but even with simple plausibility. Yet they are all primary sources."

The result, Kovalev says, is a lot of memoirs, journalistic accounts, and academic studies that - either deliberately or through ignorance of aspects of what happened – present distorted pictures of events. He himself has tried to avoid this outcome by writing primarily about things that he did or witnessed. Thus under Gorbachev he was involved in "attempts to dismantle totalitarianism", and later, as a diplomat and the Security Council official, he witnessed its regeneration.

As Kovalev emphasizes, the launching of perestroika was far from predetermined. There were elements of sheer chance in Gorbachev's rising to the top and then being able to push perestroika through with the strong support, initially, only of Alexander Yakovlev, Eduard Shevardnadze, and a rather small group of other officials. Since Shevardnadze was foreign minister, the Ministry of Foreign Affairs (MFA) was put to vigorous use as an instrument of change. Meanwhile, most of the other ministries were much less keen on change, and some, like the ministry of health, surreptitiously sided with the reactionaries.

Among Soviet diplomats, Kovalev stresses, there were both progressives and conservatives. Shevardnadze mobilized the former, including Kovalev father and son, and tried – with decreasing success over time – to neutralize the latter.

The liberals had usually spent years living abroad. This made it easy for them to observe how far, contrary to Soviet propaganda, the USSR was lagging behind the advanced countries in many fields, notably human rights. Helpfully, the author presents at this point some insightful portraits of senior MFA progressives such as his father, Shevardnadze, Anatoly Adamishin, Vladimir Petrovsky, Yuri Kashlev, and Aleksei Glukhov. He notes that the MFA leadership was sometimes referred to as "the Shevardnadze-Kovalev team", a reflection of his father's personal authority and closeness to Shevardnadze.

How did it happen that Andreï Kovalev was given important jobs by Shevardnadze? The key reason was the fact that he had been the lead writer for an outstandingly successful speech that Gorbachev gave to the international forum "For a Non-nuclear World, for the Survival of Humankind" in February 1987. In this, Gorbachev was the first Soviet leader to implicitly abandon Marxism and declare that human rights and values were universal. Thus Kovalev was, logically enough, assigned to the MFA team whose charge was to get implemented the massive domestic reforms that the speech effectively promised. These involved bringing Soviet legislation into line with the international human rights covenants that the USSR under Brezhnev had signed. This was a major task, given the strong incentive possessed by the KGB-aligned leaders of, for example, Soviet psychiatry and the Russian Orthodox Church to prevent anything more than cosmetic changes from being made to the existing laws.

Kovalev found himself dealing with precisely these people. Their fierce opposition meant that change could only be achieved in stages, over three to four years. Even then, some loopholes remained. It was a strange mission for diplomats to take on – domestic legislation in fields where they had no qualifications.

Kovalev's first meeting with the bosses of Soviet psychiatry provoked brazen denials of ethical abuse. Then, after he warned them that reform had been ordered from the top, they collectively walked out. His comment: "We met extraordinary resistance from the Ministry of Health". When asked to supply copies of existing regulations on the procedures for forcible hospitalization, ministry officials replied: "There are no regulations". Kovalev then made the same request in a private meeting with the USSR's Chief Psychiatrist, A. A. Churkin. He got the same answer. However, by this time he had obtained the regulations from a source of his own. He had been shocked by what he read. The document contained no safeguards of citizens' rights, and made it easy for a relative or co-worker or KGB officer to summon a doctor and have any individual, dissident or otherwise, forcibly interned in a mental hospital, without reference to a court. The regulations had been signed by a deputy minister of health in 1984. However, in view of its unconstitutional and KGB-friendly provisions, it had been treated as a state secret.

When Kovalev revealed this knowledge, Churkin sheepishly admitted the document's existence. Then he demanded to know: "How did you learn about it?"

To break down such resistance, Kovalev and his team collected evidence of different forms of abuse from dissidents, liberal lawyers, and a couple of secretly helpful psychiatrists, investigated lists of abuse victims that had been provided by Western governments and human rights groups, wrote inter-ministerial documents that quoted from the liberal psychiatric laws of Lenin's government, and offered the top psychiatric officials the carrot of diplomatic help to get the USSR readmitted to the World Psychiatric Association (WPA). This was attractive because in 1983 Soviet psychiatry had been pushed out of the WPA as punishment for using phony diagnoses to intern sane dissidents in mental institutions. Finally, in 1989, after most of these individuals had at last been released, Shevardnadze and Gorbachev forced a still resistant ministry of health to go along with a lengthy inspection visit to the USSR by a large delegation of American psychiatrists. The group's charge was to investigate all aspects of the system of abuse. As a member of this delegation, I witnessed at first hand several attempts by ministry officials to disrupt the visit.[2]

On another topic, Kovalev and his team set about trying to get freedom of religious belief introduced in the USSR and appropriate legislation passed. Predictably, they encountered forms of determined resistance from the leaders of the Russian Orthodox Church (ROC) that closely paralleled the unscrupulous blocking tactics of the psychiatrists. The Orthodox leaders were deeply frightened of freedom being given to, in particular, Roman Catholics, Protestants, and the Ukrainian Autocephalous Orthodox Church. They would lose not only a significant proportion of their flock, but also several thousand physical churches that had been taken from these denominations as a result of Stalin's bans and persecutions. Furthermore, the leaders' goal that the ROC should reacquire its tsarist-era status as Russia's established national church would be seriously jeopardized.

Kovalev describes vividly his meetings with some of the leaders of the ROC and other churches. He observed the predictable effects of their long-term collaboration with the KGB, and was dismayed by "the complete absence of any spirituality in my religious interlocutors". One of the Orthodox hierarchs, while wining and dining him, disturbed him with his worldliness and his enthusiasm over the murder of the dissident priest Alexander Men'.

Gorbachev's fall from power in 1991 evoked Kovalev's regret, but not surprise. From the spring of that year he had observed up close, from his seat outside Gorbachev's office, the rise of the conservative and reactionary opposition. He believes, as did Yakovlev, that Gorbachev's biggest mistake was to steadily emasculate the communist party. As its head, he should rather have maneuvered it into supporting and co-leading his reforms, until enough of a new system was in place. Then he could have gradually disengaged from it. But instead, by eroding and humiliating it, he provoked strong elements within it, in alliance with their comrades in the KGB and the military, to gradually create a hydra-headed opposition.

This opposition made its first major strike in the August 1991 coup. Although the revolt was overthrown in three days by the political resistance of Yeltsin, the Balts, and others, the hardliners never went away. As Kovalev persuasively argues, after the USSR's collapse, they regrouped around the Russian parliament and Yeltsin's crony and personal security chief, the former KGB officer Alexander Korzhakov. Then, even though in 1993 Yeltsin outlawed the parliament and used military force to kill or arrest those who resisted, and even though in 1996 he fired Korzhakov and two of his allies, on each of these occasions the hardliners regrouped and once again advanced. Key landmarks for them were their successes in persuading Yeltsin: in 1994 to invade Chechnya, in 1998 to appoint Putin as FSB head and Yevgeny Primakov as prime minister, and in 1999 to elevate Putin to the premiership.

Kovalev had had misgivings about Yeltsin ever since his political rise in the late 1980s. He had noticed - along with virtues like his inclination to support personal freedoms and free media - his authoritarian personality, his excessive hunger for power, his love of anonymous denunciations of individuals, his readiness to lie when convenient, his toleration of slack and incompetent performance by his staff (a gross example being rhe foreign policy advisor Sergei Prikhodko), and the ease with which his associates could manipulate his decisions when he had drunk too much. All this gave rise to contradictory behavior. He would resist the hardliners in both domestic and foreign policy, but then suddenly give in to them. Moreover, when his popularity slumped, he created the oligarchs, bought their political support, and approved the crude manipulation of the 1996 election in order to get himself reelected as president. Meanwhile, under his rule the Russian intelligentsia felt unprotected. They were besieged from two sides. On the one hand they were scared of any return to communism. On the other, they feared the further impoverishment of themselves and of Russia. Thus they tended to abdicate their traditional independence and just uncritically support the authorities.

Over the four years from 1997, Kovalev observed some revealing aspects of Yeltsin's dysfunctional administration from his job in the Security Council. He depicts the Council mostly through his sketches of five of the six heads of this body that he worked under. (He was ill during most of Putin's brief tenure). His first boss was the former speaker of the Duma, Ivan Rybkin. Rybkin apparently liked the work of Kovalev's group in fending off the hawks in the government who wanted to re-launch the war in Chechnya, and in carefully planning the delivery of humanitarian aid to a region ravaged by two years of destructive Russo-Chechen war.

Kovalev made a trip to Grozny to ensure that the convoy of trucks would receive safe passage. However, when all was set to go, some unknown intervention occurred and Rybkin refused to sanction the operation. He gave no explanation. Evidently the business or other interests of some powerful individual or group would have been harmed, if the small token of Russia's atonement for the war that the aid represented had been delivered.

Andreï Kokoshin came next, a rude and arrogant egocentric, according to Kovalev, who thought he didn't need help from his staff. He soon left, after writing bad reports on the staff that he hadn't used. Most of the president's orders to him had just piled up on his desk untouched. He was interested only in issues of nuclear non-proliferation and export controls, the field for which Kovalev was the responsible official. But he did not consult Kovalev, who, it happened, had uncovered a dangerous situation in which Russian scientists were being driven by poverty to sell classified information.

This was the time when the scandalous case of a senior Yeltsin official, Yevgeny Adamov, came to light. He was widely suspected of commercially motivated crimes in the field of arms exports. Kovalev says that the evidence he found on this subject pointed to criminal activity. In 1998 he was appointed as Security Council representative on prime minister Primakov's commission of enquiry into the Adamov case and related issues. Kovalev writes that Adamov apparently had active links with well-known figures in the world of organized crime, and that he set up ten companies in the US with a Russian émigré partner. Also, the impression grew in informed circles that the secret proliferation of nuclear materials might actually, de facto, be part of Kremlin policy. The commission's report, signed by Primakov, recommended that Adamov be fired. However, all this work came to nothing, because Adamov's partners included Yeltsin's daughter Tatyana Dyachenko and other members of the president's political "Family". Apparently these people barred any action.

In 2005, however, the Americans, who had long been on Adamov's trail, got him arrested by the Swiss police. After a period in jail he was turned over to the Russians rather than the Americans. He was tried, sentenced, but, thanks to his high-level associates, soon released.

The next head of the Security Council, a former KGB general called Nikolai Bordyuzha , was the only one of the six to leave with a positive reputation. Apparently honest, he also showed himself to be both focused and hard-working. His successor was Putin, who, on becoming prime minister four months later, passed the torch to his close associate Sergei Ivanov, who served from 1999 to 2001. Kovalev found Ivanov to be a remarkably superficial and hypocritical person, with deep prejudices and the cunning of a fox. He was also a narcissist who wore bright pink and blue shirts and ties to the office.

However, the most incompetent of the six was the last, a former police chief called Vladimir Rushailo. He knew nothing about international affairs and wasn't interested in them. At his first meeting with foreigners, he read out loud every word of his briefing paper, including the reference section at the end. He didn't realize that this section included some classified information. The unsuspecting Rushailo was happy with his performance – and the foreigners were even happier.

In 1999 Russia's mounting political chaos and bureaucratic paralysis, both aggravated by Yeltsin's deepening problems with alcohol, produced a situation that played into the hands of the already prospering reactionaries. Hence Yeltsin's calculated early resignation and the orchestrated election of Putin. This was followed by Putin's cleverly judged measures to "restore order" and by a gradual, mostly disguised trend towards reaction over the next few years From 2003, Kovalev argues, the reaction steadily discarded its disguise as being unnecessary, given that most of the Russian people actually supported or tolerated it.

Here Kovalev displays the insights of a social psychologist. It is difficult, he argues, for human beings to accept and adapt to large-scale change. In the late 1980s communist dogmas and idols were destroyed wholesale. For a time, the people rejoiced that they could now express their resentments and hatreds of the communist regime, could exercise some choice and enjoy some personal freedoms.

But then Russia's status as a super-power vanished. And then the economic disasters of the early 1990s struck most of the population. They had to struggle just to survive. They could do nothing to right the wrongs of communism. As time went by, they began to want relief from their sense of guilt and helplessness. They craved freedom from responsibility, conscience, and choice, and protection from knowledge about the past. They consciously or subconsciously desired strong leadership and censorship of the media.

All this was highly convenient for Putin, who declared off the record in December 1999: "Order number one has been carried out. The FSB has successfully embedded itself in the government." Kovalev argues convincingly that this was probably the first real chance for the secret police to take power themselves. He dismisses, as do I, the theory that Andropov had a chance to do it in 1982. He points out that in 1956 Andropov had his eyes opened by the Hungarian revolution, when he was Soviet ambassador in Budapest. Also, in 1975 he had supported Soviet acceptance of the human rights provisions of the Final Act of the Conference on Security and Cooperation in Europe. And he had backed the promotion of "within-system dissidents" like Fyodor Burlatsky and Georgi Arbatov. None of this indicated a man who favored a dictatorship run by the secret police.

Much of part two of Kovalev's book consists of his long cry of lamentation for the fate of his country under Putin. It is a terrifying and all too justified indictment. He goes to the heart of the matter by quoting Nikolai Nekrasov. In 1875 the poet said that Russia had endured harder times in the past, but not times that were morally more despicable (*podlei*). This judgment, which Kovalev finds even more applicable to the present than to 1875, evokes another example of Putin's astounding good luck. His rule has coincided with an unprecedented rise in the world prices for oil and gas. The resulting financial windfalls enabled the government to pay off its debts, fill the coffers of the treasury, and start spending serious money on remilitarization (much of it fortunately embezzled). Remilitarization was considered essential to the overarching project of "restoring Russia's greatness (*velichie*)".

Kovalev's succession of laments is a long one. The regime took control of the national TV channels and imposed on them an effective censorship. Dissent and opposition were isolated in a small "informational ghetto", where they could do little harm. The Kremlin dubbed Putin "the national leader" and photographed him in a wide variety of heroic roles and meetings with bikers, submariners, sportsmen, and entertainers. It promoted the Stalinist practice of voluntarily informing the authorities about suspicious or undesirable activities (*stukachestvo*). It organized and indoctrinated groups of young stormtroopers, sometimes called Putinjugend, who flexed their muscles on demonstrating dissidents and wayward foreign ambassadors. It sponsored the development of a "national ideology" (previously attempted in vain by Yeltsin), partly to make it easier to identify and target "enemies" among the population. Candidates for this status have included Caucasians, Central Asians,

Islamists, and "political extremists" of various stripes, especially radical liberals and radical Russian nationalists. And it stepped up the amount of secret police eavesdropping on citizens' phone conversations and various means of electronic communication.

The regime also set up a commission under President Medvedev to counter attempts to falsify history by putting Russia in a bad light. And it tried to prevent the Conference on Security and Cooperation in Europe from passing a resolution condemning the Molotov-Ribbentrop Pact. It promoted the Russian Orthodox Church as being, in all but name, the country's established national church, and plied it with both material and non-material privileges. As a result, the church's leaders routinely bless the government in public and vote for its nominees in elections.

On the political side, Putin's regime eroded democratic institutions by abolishing the popular election of governors, banning the formation of blocs of parties, removing the line "Against all" on election ballots, forbidding candidates to attack each other on television, narrowing the possibility of calling a referendum, reducing the minimum turn-out needed for elections to be valid, and reintroducing the Soviet practices of falsifying election results and requiring state employees to vote for the main government party. It also expanded the use of violence and murder against political opponents (Anna Politkovskaya, Alexander Litvinenko) and "inconvenient people" (Ivan Kivelidi, Roman Tsepov), and used massive violence and state terrorism in the north Caucasus, especially Chechnya, and in emergency situations like the Nord-Ost and Beslan tragedies.

In the field of illegal arms sales, the Kremlin protected practitioners of sales from exposure, and when Kovalev worked in the Security Council he saw materials that provoked grave doubts in him as to whether the government was covertly proliferating nuclear materials.

Putin and his associates, by their example, caused corruption to become rampant in almost all spheres of life, and encouraged xenophobia. They failed to discourage the highly dangerous practice of *dedovshchina* or systematic bullying in the military. They pumped streams of money into an irretrievably demoralized army and a grossly inefficient weapons industry, with negligible results. They neglected the renewal of Russia's infrastructure and the building of badly needed new roads. And they allowed the education and health care sectors to provide declining levels of service to people who could not afford to pay for privatized services.

The most serious broad problems, in Kovalev's view, are first that the authorities act as they wish, with no sense of being accountable to the law; and second that the population has been demoralized and rendered passive and manipulable by its political emasculation and its sense of helplessness in the face of police power and all-pervasive corruption.

In foreign policy, Kovalev sees the picture as equally gloomy. Through the regime's unearned sense of entitlement, Russia became "a danger to itself and those around it". Toward the West, Putin's administration was markedly more hostile than Yeltsin's was, but still contrived on most occasions to mask the extent of this hostility. It also offered the West its cooperation in certain limited spheres. Putin was astute to seize the opportunity presented by Al Qaeda's attack on the US in September 2001, to promote the convenient Russian line that extremist Muslim terrorism is a single, inter-connected, worldwide phenomenon, and therefore the West should cooperate with the Kremlin in combating such terrorism inside Russia.

In the face of all this, Kovalev retains the hope that there are in fact some limits to the Putin regime's anti-Western policies. He argues, plausibly, that the Russian ruling class has deposited its capital in the West for safe keeping, and cannot therefore afford to go too far.

As for Russia's neighbors in the CIS, Kovalev recounts the manifold ways in which the Kremlin has alienated them through its bullying, political interference, and use of such tools as: gas supply blackmail, trade embargos, encouragement of regional secession (contrary to Russia's traditional position), and, in the case of Georgia in 2008, outright military force.

As mentioned earlier, Kovalev rebukes the West for not opposing seriously enough the unrealistic but dangerous grandiosity of the Putin regime's foreign policy. The grandiosity obtains in regard both to the CIS and to the world at large. In some cases like that of Georgia, the West's lack of concern is "amoral". More broadly, however, the West is indulging in a morally dubious Realpolitik that is likely to contain the seeds of danger for the West itself. It does not understand that, as Kovalev perceptively writes, Russia is currently led by individuals whose personalities display "a childish willfulness" (*infantilizm*). This willfulness comprises egocentricity, cruelty, an inability to take account of the views and interests of others, hysteria, theatricality, an imperviousness to reason, irresponsibility, emotional immaturity, an inability to separate fantasy from reality, and a lack of concern for other people's suffering.

Kovalev sees Russia – with such an albatross of a leadership around its neck – as having entered a second period of "stagnation" (*zastoi*). The first was under Brezhnev and his successors in the 1970s and the first half of the 1980s. Today the country's leaders are even more incompetent than were the Brezhnevite gerontocrats. They can tighten the screws, but will continue to use terror only against individuals and small groups. They "simply won't be capable of indulging in mass repressions". These people have taken Russia into a dead-end, and so far there is no sign of a new group of Gorbachevites waiting in the wings, preparing to extract it. Moreover, Russia is like "a disintegrating, delayed-action bomb". Thus internal upheavals and/or territorial fragmentation are conceivable and even likely in due course. Eventual hope lies in an arduous and protracted rebuilding of society and state from below.

Kovalev ends with some words from Chaadayev. His choice of quotation, like the themes of his eloquent book, show how closely, across nearly two centuries, he and Chaadayev are in tune with each other. "It is permissible, I think," writes Chaadayev, " in the face of our tribulations, not to share the aspirations of the unbridled patriots who have brought our country to the edge of the abyss, and who believe they can muddle through by persisting in their illusions and not caring to notice the desperate situation that they themselves have created."

It would have been pleasant if Kovalev could have reached a less harsh conclusion. But, like Chaadayev, he believes that a cure can proceed only from a diagnosis that discerns correctly the core of the disease. In this book he offers an unflinching, perceptive, and compellingly written diagnosis.

Peter Reddaway[3]
September 26, 2011

---

3   Professor Emeritus of Political Science, George Washington University, Washington, DC

Вводные пояснения

Эпоха перехода Советского Союза от тоталитаризма к демократии в годы, которые называют перестройкой – пожалуй, один из интереснейших, запутаннейших и парадоксальнейших периодов во всей истории человечества. Вряд ли у кого-либо могут возникнуть сомнения относительно значимости демонтажа на одной шестой части суши режима, который недостаточно назвать даже людоедским. А что касается запутанности истории происшедшего, всё ещё сложнее. Для начала её надо хотя бы признать, к чему далеко не все готовы – у каждого участника или даже наблюдателя тогдашних невероятно увлекательных и драматичных событий – своя правда, порой не имеющая ничего общего не только с тем, что принято называть истиной, но и с элементарной правдивостью. И это – первоисточники...

Личные и иные амбиции ряда авторов мемуаров, государственных и партийных деятелей, исследователей этого периода истории, журналистов настолько искривляют исторические зеркала, что в них уже сейчас, спустя непродолжительное время после происшедшего в СССР во второй половине 80-х годов, зачастую затруднительно отделить правду от её фальсификаций, пусть порой и неосознанных, совершаемых по незнанию происходившего. Но в этом незнании почти никто не сознаётся, что порождает Большую Ложь, столь характерную для России.

Как избежать соучастия в фальсификации истории каждый (естественно, при условии, что считает это необходимым) решает сам. Один из возможных путей – писать только о том, в чём участвовал лично или, как минимум, соучаствовал. Такой подход позволяет, не претендуя на «истину в последней инстанции», сделать набросок той части *делания добра из зла* (это – по Роберту Пен Уорену, персонаж которого считал, что больше добро делать не из чего) в СССР, участником которой я был и отдать должное тем, кому в меру своих сил помогал, будучи в силу ряда обстоятельств активным и информированным сотрудником советского министерства иностранных дел.

Ниже речь пойдёт о попытках ликвидировать тоталитаризм, в которых принимал участие автор, работая в министерстве иностранных дел и в секретариате президента Горбачёва в 1985 – 1991 годах, а также о наблюдениях по его регенерации, в том числе, на дипломатической работе и в аппарате Совета безопасности России. Хотя всё, о чем будет говориться ниже, основано на его личном опыте и содержит изложение (порой подробное) его собственного видения событий, в которых он принимал участие, это не мемуары, а скорее зарисовки, точнее – свидетельство.

Предисловие

Кульбиты, выделываемые российской политикой и российской историей, начиная с демонтажа советской тоталитарной системы, порой завораживают. Взращённый коммунистической тоталитарной системой и вознесённый её на вершину власти Михаил Горбачёв её же и рушит. Другой коммунист, тоже занимавший высшие посты в партийной иерархии СССР и по легенде конвертировавшийся в демократы, становится первым президентом постсоветской России и практически по наследству передаёт власть отставному офицеру КГБ Владимиру Путину, который последовательно и методично весь послеельцинский период выкорчёвывает ростки демократии, появившиеся при Горбачёве и Ельцине. То, что недавно считалось достижениями – демократические реформы общества, суверенизация России – объявляется Путиным чёрным наследием, а кончина СССР – крупнейшей геополитической катастрофой XX века.

Уже во времена президентства Ельцина российская власть стала занимать практически не замаскированные реваншистские позиции – сначала по отношению к Латвии, Литве и Эстонии, к войне в бывшей Югославии, позже – и по другим вопросам. Изменения, происшедшие в мире в результате горбачёвской демократической реформации (термин А. Н. Яковлева) – вывод советских войск из Афганистана, прекращение холодной войны, начало обуздания гонки вооружений, прекращение поддержки терроризма и иных «антиимпериалистических» (то есть антизападных) сил – были в том или ином виде провозглашены поражением. Причём причины всех подлинных и мнимых бед России по какой-то извращённой логике ищутся в демократии, которой в России никогда и не было. Начинается даже не уход, а бегство от её ростков, возвращение к холодной войне, попытки навязывать другим свою волю без учёта их интересов и интересов третьих стран. Внутри страны не позже чем с 2000 года, ведётся последовательное наступление на права человека и демократические свободы, реставрируется диктатура. Полным ходом идут возрождение российского империализма советского образца, образа врага, психологии защитников осаждённой крепости, по меньшей мере, осуществляются попытки в направлении ремилитаризация страны.

Всё это крайне интересно профессиональному и особенно информированному в происходящем историку, коим является автор этих строк. Особенно интересно, *как делается* история. В своё время это любопытство было в значительной степени удовлетворено, в частности, за счёт работы в министерстве иностранных дел – сначала СССР, после его кончины – Российской Федерации, в секретариате президента Горбачёва, в Совете безопасности России, не говоря уже о воспитании в семье высокопоставленного дипломата. Участие по мере сил и возможностей в демонтаже тоталитаризма плавно перетекло в гораздо менее эффективные попытки противодействия очевидной уже при Ельцине тенденции к появлению реваншизма и реакции. (При этом отнюдь не утверждается, что именно Ельцин был вдохновителем такой политики; возможно, свою роль сыграла его повышенная внушаемость и другие слабости). Но иногда удавалось нейтрализовывать некоторые крайне вредные шаги страны во внешней и внутренней политике. Например, уже в 1997 году вынашивалась идея нефтегазового шантажа неугодных Кремлю стран, которую тогда удалось без особых усилий блокировать. С приходом к власти Владимира Путина ситуация в корне изменилась: верховная власть, имеющая чётко сформулированный конфронтационный вектор своей внешней и внутренней политики, перестала прислушиваться к иным мнениям, насколько обоснованы они бы ни были. Оставаться во властных структурах смысла не имело, тем более что соучастие в восстановлении ситуации, когда Россия, как до горбачёвской оттепели, вновь представляет опасность для себя и для окружающих, противоречила и личным убеждениям, и семейным традициям. Поэтому я произвёл перемещение из-за кулис в первые (благодаря своему ноу-хау) ряды зрительного зала. А ноу-хау достаточно обширное: от военно-политических вопросов, внутренней и внешней политики России и её зарубежных партнёров до прав человека. Плюс к этому – взгляд на происходящее с точки зрения профессионального и информированного историка.

Что же видно из-за кулис и из первых рядов партера?

Близкое к наихудшему развитие событий в России обусловлено рядом разнопорядковых и разноплановых факторов. Среди них необходимо выделить психологические, которые в России играют непропорционально большую роль, в частности, за счёт высокой внушаемости и лёгкости манипулирования большей частью населения. У россиян не было шанса приобрести инстинкт свободы и иммунитет от несвободы, чем весьма эффективно используют власть предержащие, в частности, компрометируя демократию и либерализм. Этому, например, служит возвеличивание Сталина; не случайно этот тиран, согласно опросу государственным телевидением общественного мнения, стал в 2008 безусловным лидером симпатий россиян – власть хорошо поработала, чтобы результат был именно таким. Но результаты этого опроса – не только свидетельство эффективности кремлёвского гипноза, но и подтверждение того, что после смерти тирана страна так и не смогла оправиться, оставшись под гипнозом злодеяний погубивших её личностей и их человеконенавистнических догм.

Этому способствовало и то, что, хотя массовые репрессии закончились, сохранился и даже усовершенствовался механизм подавления инакомыслия. В результате страна впала в социально-экономический и политический маразм, от которого её не смогли излечить не только щадящая терапия Михаила Горбачёва, но и жёсткие меры Бориса Ельцина. Ремиссия российских недугов оказалась непродолжительной; радостно воспринятый подавляющим большинством населения отказ от демократии при Путине безоговорочно подтверждает всю серьёзность положения дел в российском обществе. Новый геноцид населения Российской Федерации в Чечне и фактическая аннексия части территории Грузии вызывает аллюзии к самым мрачным сталинским преступлениям.

Внешняя политика Путина-Медведева заставляет вспомнить и такие мрачные страницы истории, как советско-финская война, аннексия Латвии, Литвы и Эстонии...

Особенно интересно историку, если он обладает достаточной долей скепсиса и критичности, как подтасовываются факты, как разного сорта мифы подменяют действительность.

Реваншизм уже приводил Россию к катастрофе. Например, когда после её поражения в войне с Японией и на фоне серьёзных неудач на фронтах во время первой мировой войны, в 1917 году победила большевистская реакция. После поражения в Афганистане, которое аукнулось геноцидом собственного населения в Чечне. Нет никаких оснований полагать, что реваншизм, зародившийся при Ельцине и расцветший буйным цветом при Путине и Медведеве, хоть для кого-то обернётся благом.

Любой объективно мыслящий российский историк не может не признать очевидного для людей этой профессии факта. А именно: российская реальность традиционно не имеет ничего общего с её пониманием населением страны и за её границами – власть предержащие в России в совершенстве овладели искусством лжи и лицемерия для достижения своих целей. К ней прибегали и в дореволюционной России, и особенно, после большевистского переворота 1917 года. Один из наиболее ярких примеров тому – миф о том, что этот переворот и всё, что происходило после него, включая сталинский геноцид собственного народа, делалось для этого самого народа, который не только был провозглашён самым свободным и счастливым, но и сам уверовал в это. В результате лживые жестокие тираны были популярны, те, кто стремился улучшить жизнь людей и говорил правду – ненавидимы, как, например, Михаил Горбачёв, который ликвидировал тоталитаризм как систему и был близок к тому, чтобы уничтожить рабство в качестве менталитета нации. Именно его считают «предателем интересов России».

Горбачёв со своими соратниками – Э. А. Шеварднадзе, А. Н. Яковлевым, весьма ограниченным кругом их единомышленников, а также своих приближённых, – сделал необходимую грязную работу по расчистке авгиевых конюшен тоталитаризма. Но он наделал столько очевидных для любого историка ошибок, что не мог устоять.

Смена личностей, возглавляющих государства – явление нормальное. Удручает другое. Складывается впечатление, что в России существует некая закономерность, которая не только обрекает на неудачу редкие и непродолжительные попытки либеральных реформ и здравомыслия во внутренней и внешней политике, но и после каждой такой попытки страну отбрасывается настолько далеко назад, что её населению как будто делается вакцинация от свободы.

Дипломатия и демократические реформы

Представим себе. В центре столицы ещё тоталитарного Советского Союза по совершенно непонятным с точки зрения здравого смысла причинам, почему-то именно в Министерстве иностранных дел работает несколько человек, целенаправленно разрушающих на государственной службе тоталитарную основу этого самого государства. Ведь именно МИД инициировал и «продавливал» чуть ли не все демократические изменения советской действительности.

Почему внешнеполитическое ведомство тогда ещё тоталитарного СССР занималось, – причём безоглядно, с открытым забралом, – разрушением тоталитарного режима, становлением демократии и правового государства в этой забытой законностью и справедливостью стране? Этим вопросом вполне справедливо задавались те немногие, кто был в курсе этой деятельности МИДа. Ответ на него вполне соответствует относительно упорядоченному сумбуру начавшейся с приходом к власти Горбачёва эпохи перемен: так решило руководство министерства.

Дело в том, что именно многие дипломаты в силу своей профессии, знания окружающего страну совсем *иного мира*, лучше и яснее многих других понимали не только необходимость, но и конкретные пути демократического реформирования общества. Во многом иначе они видели и положение в стране, не только сравнивая советскую действительность с жизнью в западных странах, но и зная претензии Запада к СССР по правам человека. (Вряд ли можно считать случайностью, что, например, общепризнанный главный идеолог перестройки Александр Яковлев тоже многие годы провёл на дипломатической работе в Канаде).

Разумеется, дипломатическая служба была отнюдь не одномерна, скорее походила на слоёный пирог. В частности, из-за того, что львиную долю сотрудников советских посольств и постпредств составляли сотрудники спецслужб, во многих из которых доминировали вбитые в них рефлексы ненависти ко всему «чужому». Впрочем, этим грешили и многие дипломаты. Существовала забавная ситуация: все рвались работать за границу по карьерным и финансовым соображениям, работая там, наслаждались жизнью, отдыхая от «преимуществ» советского бытия, но при этом не принимали существовавшее вне своей страны положение вещей. Люди же с более широким кругозором и не столь подверженные гипнозу, многое видели и понимали. До начала осуществления политики горбачёвских реформ они были вынуждены мимикрировать к окружающей среде. Зато после того, как была провозглашена политика нового мышления, в МИДе уже были люди, подготовленные своими убеждениями, знаниями и опытом к её реализации.

Можно сказать, что МИД и Эдуард Шеварднадзе нашли друг друга, и в министерстве произошёл уникальный синтез людей, владеющих наукой и искусством дипломатии с политической волей и знанием во всех деталях советской действительности горбачёвским министром иностранных дел, который до того как стал первым лицом в тогда ещё советской Грузии, возглавлял там министерство внутренних дел. Собралась эффективная команда единомышленников, о которой уместно сказать несколько слов.

Приход Шеварднадзе на пост министра иностранных дел вызвал у очень многих сотрудников министерства, мягко говоря, аллергию. После простого и понятного «мистера Нет» – Андрея Громыко – Шеварднадзе был загадочен. Особенно для тех, кто не был допущен хотя бы до одного из самых сложных вопросов или попросту не ориентировался в происходящем. Почти год Шеварднадзе присматривался к министерству, избегая перемен в его руководящем эшелоне. Только перед самой чернобыльской трагедией он сменил своих первых заместителей. Вместо Георгия Корниенко и Виктора Мальцева на эти должности были назначены Анатолий Ковалёв и Юлий Воронцов. Потом заместителями министра стали ближайшие сотрудники Ковалёва Анатолий Адамишин и Владимир Петровский.

Здесь уместно сказать хотя бы несколько слов о тех, кому во многом современная Россия обязана тем хорошим, демократическим, что она сейчас имеет. Итак, сверху вниз.

Об *Эдуарде Шеварднадзе*, которого и доброжелатели, и враги называли Серебряным Лисом, я могу судить только о том, что знаю лично – слишком много лжи и клеветы, порожденных непониманием и ненавистью, всегда было вокруг него. А лично я знаю, что он внёс неоценимый вклад в становление демократии в стране, что он был наряду с Александром Яковлевым одним из главных авторов демократических реформ. В то же время достоверно я не знаю ничего, из того, что он делал, став руководителем Грузии.

Во времена горбачёвской перестройки этот подвижный, обаятельный, темпераментный, седовласый человек был столь же почитаем сторонниками демократических реформ, сколь ненавидим их противниками. С его именем связывались прекращение гонки вооружений, «бархатные революции» в восточноевропейских странах, окончание холодной войны, движение СССР по пути создания в стране демократии и соблюдения прав человека. Его враги обвиняли его в «сдаче» внешнеполитических позиций СССР, в ослаблении военного потенциала страны. Сторонники восхищались мужеством, с которым он списывал в архив замшелые догмы, способствовал сближению СССР с цивилизованными демократическими странами. Вокруг него всегда кипели страсти, казалось, он притягивал их к себе.

Его первый заместитель (и отец автора этих заметок) *Анатолий Ковалёв*. Без него Шеварднадзе не пропускал ни одного серьёзного внешне- или внутриполитического вопроса (не знаю, почему: из-за близости Ковалёва к Горбачёву или из симпатии и доверия). Ещё при расцвете застоя, в семидесятые годы, Ковалёв добился того, чтобы СССР взял на себя несвойственные для себя обязательства по правам человека, в частности, по Заключительному акту Совещания по безопасности и сотрудничеству в Европе (СБСЕ). Был близок ко всем руководителям СССР, начиная с Брежнева, особенно к Горбачёву, имел на него прямой выход. Другая ипостась Ковалёва – поэт. Ему было присуще парадоксальное сочетание идеализма, основанного на нестандартной для людей этой профессии и этого времени веры в здравый смысл, и бойцовских качеств – он был хитроумным шахматистом, рассчитывающим дипломатические комбинации на много ходов вперёд, в юности занимался боксом, футболом и другими видами спорта. Синтез творческого подхода с бойцовскими качествами позволил ему быть эффективным во внешней политике и во внутриполитической сфере.

Вместе с тем, ему мешали определённая идеализация своих политических единомышленников и тех, кого он к ним относил, а также избыточная лояльность по отношению к Шеварднадзе и Горбачёву. Бойцовские качества помогали в хороших начинаниях, но не пускались в ход, когда в ход шли иллюзии.

Именно благодаря тандему Шеварднадзе-Ковалёв министерство добилось решения о включении прав человека в сферу вопросов обеспечения международной безопасности XXVII съездом КПСС.

Заместитель министра иностранных дел СССР *Анатолий Адамишин*. Либерал даже в самых мелких мелочах, умница и интеллигент, который сделал для демократии и либерализма много больше всех записных демагогов вместе взятых. Он любил сравнивать себя со средневековым тараном, который использовали Шеварднадзе и Ковалёв. Это, конечно, впечатляет, но если и таран, то отнюдь не средневековый – Адамишин действовал слишком интеллектуально, изобретательно, по-настоящему талантливо для того, чтобы можно было принять это сравнение. Этого тонкого и изобретательного дипломата отличала недюжинная смелость и исключительная человеческая порядочность.

Владимир Петровский, который сменил Анатолия Адамишина на месте куратора вопросов прав человека и демократических стандартов после отъезда Адамишина послом в Рим. Даже после отставки Эдуарда Шеварднадзе он продолжал активно работать на направлении прав человека, делать всё возможное для созыва и успеха Московского совещания Конференции по человеческому измерению СБСЕ.

Начальник Управления по гуманитарным и культурным связям МИДа (УГКС) *Юрий Кашлев*. Я с ним практически не работал (всё время существования УГКС он возглавлял советскую делегацию на Венской встрече СБСЕ), но он – человек удачливый и в Вене многое сделал для решения наших внутренних проблем.

Действительным начальником УГКС был первый заместитель Кашлева, близкий к Ковалёву и Адамишину *Алексей Глухов*, на которого было официально возложено руководство Управлением на время отсутствия Кашлева. Без его решимости, изобретательности и смелости МИДу вряд ли удалось бы добиться конкретных результатов в области демократических реформ и прав человека, несмотря на политическую волю его руководства.

Юрий Решетов первоначально был заместителем заведующего «внутренним» отделом, работал креативно и эффективно. После того, как УГКС был разделён на три части, возглавил вновь образованное правочеловеческое Управление. Он сам себя характеризовал как соглашателя, поясняя при этом: «Я хочу нравиться всем». Думаю, что вопрос одного из руководителей внешней политики США относительно того, на кого он работает: на МИД или на КГБ, не был лишён некоторого смысла – такова цена «соглашательства».

Говоря о людях, занимавшихся этой сферой проблем и становлением демократии в целом, было бы несправедливо не упомянуть о Евгении Гусарове, Юрии Дерябине, Феликсе Станевком, Борисе Цепове, Андрее Козыреве.

Но вернёмся к вопросу о том, почему и как МИД СССР проявлял несвойственную для себя активность в вопросах прав человека. Для этого, разумеется, необходимо было создать соответствующие условия, дать легальное обоснование даже естественному для МИДа диалогу по правам человека с зарубежными партнёрами. Таким основанием стало инициированное МИДом решение XXVII съезда КПСС, согласно которому, как тогда говорили, гуманитарная сфера была впервые в истории страны названа одной из основ международной безопасности. Тем самым МИДу СССР был дан официальный мандат на то, чтобы он занимался проблемами прав человека, причём, скажем, не американского, французского или немецкого, а своего – советского, что до того было невозможно не только для дипломатической службы, но ни для любых правительственных организаций, кроме карательных, ибо за это они и карали тех, кто осмеливался *даже говорить* о правах человека.

Итак, сразу после XXVII съезда КПСС в МИДе было создано Управление по гуманитарному и культурному сотрудничеству (УГКС), главной задачей которого являлось решение всего комплекса вопросов в области прав человека. В УГКС входили два давно существовавших подразделения МИДа, занимавшихся культурой и сотрудничеством с ЮНЕСКО, и два новых, чисто правочеловеческих отдела. Один из них обеспечивал участие СССР в международных правочеловеческих организациях. Второй, в котором я и работал, занимался преимущественно «внутренним обеспечением советской внешней политики», разгребал бесконечные списки политических и религиозных заключённых, отказников, людей, неправомерно помещённых на психиатрическое лечение. В круг ведения этого отдела входила и работа с соотечественниками за рубежом (к сожалению, она практически не велась). И все острые вопросы нашего перестроечного жития-бытия. Однако, было далеко не очевидно, каким образом можно вплотную подступиться к уборке в собственном доме, к выметанию из него мусора, выведению из него всяких грызунов и насекомых.

Даже в нашем Управлении, куда подбирались по мере возможности диссиденты по призванию, существовали острейшие расхождения. Позорной страницей стала антишеварднадзевская компания, вызванная его заявлением в ООН о приверженности СССР Международному биллю о правах человека. Никогда прежде ничего подобного не говорилось. Для профессионалов суть сказанного была ясна: СССР официально заявил, что он будет в полном объёме выполнять свои международные обязательства, заключённые под эгидой ООН. Скорее всего, именно поэтому некоторые сотрудники УГКС устроили настоящую общемидовскую истерику: «Министр сказал глупость, никакого Международного билля о правах человека нет! Почему он не посоветовался с нами, с профессионалами?!» В искренность инициаторов этой провокации поверить невозможно именно из-за их профессионализма[4]. Но, конечно, кое-кто ее поддержал по недомыслию, незнанию материи и элементарной терминологии. А большинство – чтобы подорвать авторитет загадочного для них министра или просто посмеяться.

А в действиях Шеварднадзе было действительно много загадочного для тех, кто не был допущен хотя бы до одного из самых сложных вопросов или попросту не ориентировался в происходящем. Почти год Шеварднадзе присматривался к Министерству, избегая перемен в его руководящем эшелоне. Только перед самой чернобыльской трагедией он сменил своих первых заместителей.

С собой в МИД он привел заместителем министра по кадрам беспощадного реакционера и догматика В. М. Никифорова, умевшего и не брезговавшего использовать все инструменты кадровой политики. До этого он работал в орготделе ЦК КПСС и курировал Грузию. Большинство считало, что Шеварднадзе его руками проводит свою линию. Я знал, в том числе на собственном опыте, что это не так. У Никифорова была мощная поддержка реакционной части руководства партии и аппарата

---

4   Для атмосферы в тогдашнем МИДе был характерен такой эпизод. Шеварднадзе хотел познакомиться с руководством УГКС и пригласил его в свой кабинет. К сожалению, Глухова тогда в Москве не было, временно исполняющим обязанности начальника Управления был другой заместитель Кашлева В.Н. Софинский, которого заведующий «внешним» отделом Ю.Н. Колосов подговорил высказать министру эти претензии. При этом сам Колосов предпочёл остаться в тени. Шеварднадзе, по свидетельству присутствовавших при этом людей и по более поздним отзвукам, был разгневан такой позицией руководства своего любимого детища. Вскоре Колосов был переведён на преподавательскую работу.

ЦК КПСС и он ориентировался на них. Более того, Никифоров был навязан Шеварднадзе в качестве своего рода надсмотрщика над ним и министерством в целом и у него, возможно, были свои специфические инструменты для того, чтобы пытаться вынудить Шеварднадзе проводить свою линию.

Радикальное изменение советской дипломатии при Шеварднадзе и произведенные им кадровые изменения вызвали к нему ненависть многих дипломатов, значительной части руководящего и среднего звена министерства (советников и экспертов). Многие не принимали новую политику, другие не понимали, третьи лишились поддержки снятых или перемещенных на второстепенные роли прежних руководителей МИДа и его подразделений, перед которыми они выслуживались годами и десятилетиями. Все они выдумывали и распространяли самые невероятные слухи, нередко граничащие с клеветой.

Внешняя политика стала одним из главных оселков демократических изменений в СССР. В доперестроечные времена она больше всего напоминала маловразумительный персонаж из театра теней, чаще всего повторяющего слово «нет». С началом перестройки она обрела яркие краски и новый лексикон. За предельно сжатый срок на внешнеполитическом направлении удалось добиться максимальной отдачи, по крайней мере, в плане влияния внешней политики на положение дел внутри страны, на жизнь людей. Именно во внешнеполитической области произошел прорыв в области деидеологизации, столь необходимой для демократизации страны и уважения в ней прав человека.

Деятельность МИДа на правочеловеческом направлении при Шеварднадзе можно условно разделить на три основных компонента. Прежде всего, надо назвать освобождение из мест лишения свободы политических и религиозных заключённых, а также их выписку из психиатрических больниц. Второй – решение проблем тех, кого называли отказниками, то есть людей, которым было отказано в эмиграции. И, наконец, третий – «приведение советского законодательства и практики его применения в соответствие с международными обязательствами СССР» (это и был мой основной реферат). При переводе с бюрократического на обычный язык, получалось, что на государственной службе в МИДе я официально занимался вопросами демократизации страны, то есть деятельностью, которая согласно тогдашнему законодательству, каралась лишением свободы.

Здесь надо пояснить, что на этапе попыток трансформировать Советский Союз в правовое государство международные стандарты в области прав человека, сформулированные в Международном билле о правах человека, других документах в гуманитарной области, выступали в качестве своего рода «абсолютного оружия». Тому имелось несколько причин. Прежде всего, был нужен надежный, проверенный на опыте других ориентир, который помог бы не заблудиться при открытии Америк. В условиях острейшей политической борьбы вокруг необходимости демократизации советского общества этот ориентир должен был быть *защитимым* от идеологических крестоносцев. А здесь, как мы говорили, существует *«обобщенный опыт жизнедеятельности государств»*. Аргумент тем более действенный, что если СССР воздержался при голосовании Всеобщей декларации прав человека (о чём, впрочем, мало кто помнил), то Международные пакты (усилиями, в том числе, Анатолия Ковалёва) он ратифицировал.

Акцент на международные стандарты добавлял легальности нашему диалогу с западными странами, прежде всего с США, в области прав человека. В результате советские дипломаты перестали уходить от обсуждения с западными, в основном – американскими, собеседниками их озабоченностей по поводу нарушений прав человека в СССР. А передаваемые нам списки узников совести, узников психиатрии, «отказников», прежде чем направлять эти списки на проработку в министерства и ведомства на предмет оправданности выдвигаемых нам претензий, мы нередко сами и дописывали. К счастью, никто так и не догадался их сверить с оригиналами, иначе скандал был бы грандиозный. Да и кому могло прийти в голову, что советские дипломаты по собственной инициативе дополняют «враждебные» западные списки?

Когда нас обвиняли, что мы позволяем другим вмешиваться в наши внутренние дела, всегда наготове был *наивный* ответ: мы же осуществляем сотрудничество по реализации международных стандартов по правам человека! Быть может, это звучит парадоксально, но без информационной и критической подпитки со стороны наших зарубежных партнеров, более того – без их давления, решение многих вопросов демократизации нашей жизни было бы крайне осложнено, если не невозможно. Особую роль в этом сыграл помощник по правам человека госсекретаря США Ричард Шифтер. Забавно, что западные представители во многом выполняли функцию посредников между советскими властями и советскими же диссидентами – более простого пути для диалога между ними тогда не нашлось...

У МИДа было ещё одно мощное средство давления на противников либеральных реформ – Венская встреча государств-участников СБСЕ. Это, казалось бы, чисто дипломатическое мероприятие было нами полностью использовано для демократизации страны. Дело в том, что СССР добивался принятия Венской встречей решения о проведении в Москве совещания по правам человека. Фактически тем самым МИД спровоцировал своих западных собеседников на то, чтобы они более активно добивались уважения Советским Союзом прав человека, что нам и было надо. Запад вносил *нужные нам* предложения, советская делегация в Вене запрашивала согласие Москвы, МИД добивался согласия «заинтересованных министерств и ведомств» (которые на это зачастую шли, думая, что выполнять свои обещания им не придётся), делегация в Вене получала согласие, а этим самым министерствам и ведомствам ничего не оставалось делать, как выполнять собственные обещания, что зачастую отнюдь не входило в их планы. Аналогичным образом дело обстояло с Копенгагенским совещанием по правам человека.

Разумеется, МИД использовал и другие внешнеполитические возможности для решения правочеловеческих проблем. Уникальный шанс для нанесения сокрушающего, как нам тогда казалось, удара по имеющимся здесь завалам давало выступление М. С. Горбачёва в ООН 7 декабря 1988 года. Я был в кабинете Глухова в момент, когда ему по «вертушке» позвонил Анатолий Ковалёв и поручил подготовить соответствующий фрагмент выступления. (Горбачёва и Шеварднадзе в тот момент в Москве не было, так что Ковалёв действовал по собственной инициативе, а позже докладывал этот вопрос на заседании Политбюро). Фрагмент должен был быть максимально кратким и ёмким. Я с радостью взялся за первоначальный набросок, над которым потом работали и Глухов, и Ковалёв. В результате, стоя на трибуне ООН, Горбачёв, едва сдерживая искреннее ликование, сделал сенсационное заявление: «В местах заключения нет людей, осужденных за свои политические и религиозные убеждения». Скрытая от посторонних глаз подготовка этих слов была достаточно драматична.

Итак, в МИД СССР был подготовлен текст, откровенно противоречащий действительности. С тем, чтобы эту действительность взорвать, что в конечном итоге и удалось сделать. Горбачёв сразу одобрил нашу заготовку. В ЦК КПСС была молниеносно внесена записка о мерах, необходимых для внутреннего обеспечения такого заявления с проектом постановления, содержащим конкретные поручения министерствам и ведомствам. Оно было одобрено в рекордно сжатые сроки. До произнесения речи оставалось только несколько суток. Говорят, в Прокуратуре и в КГБ в течение этого времени никто не спал. К 7 декабря все известные МИДу диссиденты закончили своё хождение по ГУЛАГовским и психиатрическим мукам[5]. Стало возможным произнести эту фразу. Более того, Горбачёв объявил на весь мир, что «в проекты новых законов предлагается включить дополнительные гарантии, исключающие любые формы преследования по этим мотивам».

Мы использовали каждые переговоры Горбачёва с «подходящими» западными собеседниками для того, чтобы освобождать к ним как можно больше политических и религиозных заключённых, давать разрешение на выезд отказникам. Мне неизвестно, чтобы сам Горбачёв когда-либо обсуждал какие-либо списки – разумеется, это были вопросы для менее высокого уровня. Но его переговоры давали нам прекрасную возможность для решения стоявших перед обществом в целом и перед конкретными людьми проблем.

Разумеется, диалог шёл и по другим направлениям. Например, по поводу визита в СССР Папы Иоана Павла II в связи с празднованием 1000-летия крещения Руси. Несмотря на то, что Шеварднадзе употребил всё своё влияние для положительного – и уверен, единственно правильного – решения, добиться его принятия не удалось – победили ЦК КПСС и КГБ СССР вкупе с Русской православной церковью. Великий понтифик так и не осуществил свою мечту посетить Россию. Тест на подлинную демократию и на подлинную свободу совести не прошли ни перестроечный СССР, ни его продолжательница – Российская Федерация.

Таким образом, присущий МИДу дипломатический инструментарий был полностью задействован для демократической реформации страны.

---

5   Именно – известные МИДу. У автора в первой половине 1990 годов был тяжёлый разговор по этому поводу с выдающимся правозащитником Сергеем Адамовичем Ковалёвым, который перечислил не выпущенных на свободу инакомыслящих; объяснения, что их не было в списках, он принял, я бы сказал, частично.

Но этого было явно недостаточно для того, чтобы избавить страну от застарелых наслоений пыли и грязи тоталитаризма и его инструментария, выветрить из неё идеологическую духоту, атмосферу страха и прочие неприятные запахи. Здесь требовался выход на высший политический уровень. Особенно, с учётом того, что демократической триаде Горбачёв-Шеварднадзе-Яковлев противостояла бо́льшая часть остального руководства страны. Не будь Шеварднадзе не просто министром иностранных дел, а членом самого высшего руководства страны в качестве члена Политбюро ЦК КПСС, значительная часть демократических реформ в СССР и в России была бы невозможна.

Политический потенциал министра мы эксплуатировали, насколько нам позволяло наше воображение. Серебряный Лис, как называли Шеварднадзе, нас в этом только поощрял и даже подталкивал на ещё большую активность, за что честь ему и хвала.

Именно в качестве члена Политбюро Шеварднадзе инициировал, в частности, принятие законов об отмене политических и религиозных статей Уголовного кодекса, о введении религиозной свободы, о праве на свободный выезд из страны и на возвращение в неё, положил конец карательной психиатрии в СССР и прочая, и прочая. Всё это было сложными многолетними операциями нашего министерства.

На повседневном же уровне валились так называемые «голосовки» – членам Политбюро направлялись проекты решений «Инстанции», как на профессиональном жаргоне назывался ЦК. Реакцию на те из них, которые касались демократии и прав человека, Шеварднадзе поручал подготовить Адамишину, который вызывал меня – иногда с Глуховым, иногда с Решетовым, иногда одного. Где-нибудь приткнувшись (как правило, в крошечной тёмной комнате, где сотрудники секретариата моего курирующего замминистра хранили всякий небесполезный хлам, включая письменный стол), набрасывался проект реакции министра – а она зачастую была нужна, причём разгромная. Но – внешне пристойная, «в подарочной упаковке». Писались «особые мнения» примерно по следующей схеме. Вначале воспевалась хвала прозорливости автора, его демократичности и всему, что подходило по теме записки. Зачастую подчёркивалась необходимость решения поставленного вопроса. А уже после этого следовало нечто вроде: однако, представленный проект с точки зрения международного права и (или) ленинских норм нуждается в некоторой доработке. Далее в большинстве случаев следовал разгром, изредка предлагалось откорректировать, как правило, существенно, представленные предложения. На случай таких вызовов у меня в кейсе всегда лежали основные международные договоры СССР, документы СБСЕ и цитатник Ленина вкупе с оным Маркса и Энгельса – ведь на реакцию времени почти не давалось, от силы час-другой, а моё рабочее место находилось в другом здании.

Не могу не отдать должное Шеварднадзе – ни разу не было, чтобы он не прореагировал, когда это требовалось. И, конечно, Адамишину, который всё это и инициировал. Доходило до смешного: Шеварднадзе подписывал подготовленные мною «особые мнения» (так назывались записки в ЦК КПСС с несогласием по вопросам, предлагаемым на утверждение) даже тогда, когда я на это не рассчитывал.

Конечно, мы и сами не ворон считали. Неоценимую помощь здесь оказал не кто-нибудь, а Владимир Ильич Ленин и другие «основоположники». Что такое «ленинские нормы» тогда практически никто не знал. Но цитирование высказываний Ленина, особенно если они подкреплялись Марксом и Энгельсом, производило практически безотказное, буквально гипнотическое действие на самых завзятых догматиков и реакционеров, для которых Ленин – святыня. Были произведены настоящие «раскопки» подходящих высказываний Ленина, Маркса и Энгельса, принятых при Ленине законодательных актов. Что только ими не аргументировалось! И необходимость отмены смертной казни, о которой вождь пролетарской революции весьма убежденно говорил, пока не захватил власть и не приступил к массовому истреблению людей. И недопустимость цензуры. И необходимость обеспечение свободы совести. И свободы въезда-выезда. И альтернативной военной службы. И наведения порядка в области психиатрии. И, даже, отмены прописки.

Мы жонглировали цитатами и всем, что удавалось разыскать подходящего для становления демократии в стране. Но многого ни я, ни мои коллеги не знали сами. Было несколько неловко, когда после того как Шеварднадзе внес в Политбюро подготовленную мной записку о необходимости разработки и принятия закона о свободе совести, соответствующего международным обязательствам СССР и «ленинским нормам», было опубликовано секретное письмо Ленина, развязавшее настоящую войну против священнослужителей. Но дело было сделано, Политбюро приняло решение о необходимости демократичного закона.

Чтобы заниматься правами человека, надо было обладать в прямом смысле слова неформальным мышлением. Например, приходит сообщение из США: 100 раввинов хотят посетить кладбище в Западной Украине, визы им не дают. Звоны-перезвоны ни с Советом по делам религий, ни с другими «заинтересованными министерствами и ведомствами» ничего не дают. Звоню председателю исполкома городка, куда собрались раввины, по глуховскому телефону правительственной связи «ВЧ», спрашиваю, в чём проблема. Оказывается, кладбище разрушено, ограды нет, памятники повалены. Грожу международным скандалом – кладбище восстанавливают, раввины получают возможность поклониться своим предкам. Другой эпизод. КГБ перехватило письмо отчаявшейся женщины из Украины Генеральному секретарю ООН о том, что она много лет живёт в одной небольшой комнате в коммунальной квартире с мужем, двумя детьми, своими родителями, не помню, то ли сестрой, то ли братом, и её (его) семьёй. Их не расселяют, новую квартиру не дают. К письму была приложена фотография, как они там спали вповалку – на обеденном столе, под ним... Глухов разрешил позвонить по «ВЧ», и я до полусмерти напугал жуликоватого председателя исполкома международным скандалом. Неразрешимый в течение многих лет жилищный вопрос эти бедолаги решили чуть ни за неделю. (Ко мне зашёл Глухов: Андрей Анатольевич, вашего секретаря просят соединить с вами, кажется, всё решено...)

Использовали пресловутое единство внешней и внутренней политики и противники реформ. Так, один высокопоставленный сотрудник КГБ СССР рассказывал мне о том, что убийство в тюрьме известного советского диссидента Анатолия Марченко было подгадано таким образом, чтобы скомпрометировать в глазах государств-участников Венской встречи СБСЕ курс реформ Михаила Горбачёва и, в частности, предложение о проведении в Москве совещания по правам человека. Думаю, лгать ему было незачем...

Демократизация общества была «коньком» Шеварднадзе. Многое из того, что было сделано при перестройке, делалось по его инициативе. Здесь работал настоящий конвейер. Достигнутое нередко приписывают себе те, кто не только не имел к этому ни малейшего отношения, но и всячески препятствовал нашему министерству в этой его деятельности. Бывший начальник УВИР МВД СССР Рудольф Кузнецов настаивает на том, что именно он инициировал и разработал закон о выезде-въезде. А бывший главный психиатр Минздрава Александр Чуркин представляет себя главным реформатором советской психиатрии… Здесь и сказать нечего – ни в Страшный, ни в людской суд ни они, ни подобные им, явно не верят…

Инвентаризация

Практически сразу после создания УГКС Э. А. Шеварднадзе «разрешил» доложить ему имеющиеся проблемы в области прав человека. В этой форме передачи поручения министра была либо крупная перестраховка, либо изрядная доля лицемерия. В действительности сам Шеварднадзе всячески стимулировал, как уже говорилось выше, работу МИДа по правам человека. Думается, это во многом объясняется тем, что он прекрасно знал по своему опыту работы в Грузии реальное положение дел в этой области. С этого поручения началась работа по инвентаризации международно-правовых обязательств СССР, их сопоставления с действующим законодательством и существующей практикой и выработка предложений по приведению советского законодательства в соответствие с международными обязательствами СССР.

Предыстория этого поручения Шеварднадзе и его последующего развития носит семейный характер. То, что при перестройке было названо человеческим фактором, человеческим измерением, родилось в разговорах отца с Шеварднадзе. Вскоре после начала перестройки отец написал на его имя записку, отталкиваясь от формулы Маркса, согласно которой свобода каждого – непременное условие свободы всех. В этой же записке говорилось о необходимости создания в МИДе самостоятельного направления работы в области прав человека. На совещании заместителей министра поддержки записка не получила.

Как уже отмечалось выше, в 1986 году в речи М. С. Горбачева на XXVII съезде КПСС, к которой отец тоже имел самое непосредственное отношение, гуманитарная, правочеловеческая сфера была названа одной из основ советской внешней политики. Таким образом МИД получил без промедления реализованный мандат на то, чтобы заниматься правами человека.

***

Инвентаризация – слово вроде бы сухое и сугубо административно-бюрократическое, вызывающее ассоциации с бухгалтерским учетом. Но именно им обозначалась работа по диагностике самых больных вопросов советского общества, по поискам путей его лечения. Это была инвентаризация мрака. Она находилась в противоречии с элементарным инстинктом самосохранения, так как то, что мы делали, со строго юридической точки зрения было государственным преступлением. Ибо именно таким образом согласно духу и букве действовавшего тогда законодательства должны были трактоваться наши усилия по врачеванию страны. Если отвлечься от формально-юридической стороны дела, картина не делалась от этого менее безотрадной – интересы слишком многих могущественных людей затрагивала наша деятельность. Кто-то потерял годы жизни в ГУЛАГе за простую критику тоталитарной системы. Мы приступили к её планомерному разрушению, будучи на государственной службе в ещё тоталитарном СССР.

Признаюсь: ощущение опасности было очень велико. То, что борьба непростая и бескомпромиссная, чувствовалось кожей. В ней каждый должен был определить свои человеческие, политические и гражданские позиции. И тогда, когда поднимались крупные вопросы, затрагивающие общие интересы, и во время битв за освобождение из лагерей и психиатрических больниц узников совести. Но я считал и считаю, что одна спасенная человеческая судьба оправдывает собственное бытиё, не говоря уже о связанных с этой работой рисками и издержками. А таких судеб были сотни...

Мы чувствовали себя чуть ли не преступниками в собственных глазах. Судить самих себя – труднее всего. Конечно, дипломатической работой это можно было назвать только с очень большими натяжками. Но, честно говоря, на этапе становления правочеловеческого направления работы МИДа у меня была возможность самому выбрать круг своих обязанностей и о своём выборе я никогда не жалел. Потому, что без такой инвентаризации никакого прогресса в обеспечении прав человека в СССР, никакой демократизации там не было бы. Ибо для того, чтобы что-то изменить, надо предварительно узнать. И не в общих чертах, а в деталях.

С самого начала работы по инвентаризации стали выявляться вещи, мягко говоря, странные. Начать с того, что ни одно министерство (включая министерство юстиции) и ведомство не знали, какие обязательства нёс СССР по международным договорам в области прав человека. Не интересовало это до начала перестройки и МИД, хотя именно он по действующему тогда законодательству должен был отслеживать выполнение СССР договорных обязательств. Любопытно, что подобную работу не пришло в голову сделать никому из ученых, занимающихся правами человека. Хотя с другой стороны это и объяснимо – влезать в такую тематику было по меньшей мере опасным и неблагодарным делом. И мало кому посильной в силу ее закрытости.

Мой кабинет о пяти столах граничил с залом для совещаний. С моей грудой бумаг туда я и иммигрировал, напрочь запретив входить уборщицам и прочей публике – они бы всё перемешали, и я бы потерял много времени, чтобы разобраться с перепутанными бумагами. (Было особенно забавно, когда уборщица вкупе с охранником здания меня там заперла; выбраться среди ночи оказалось совсем непросто).

В результате моей работы выяснилось, что только по Международному биллю о правах человека СССР имел более шестидесяти обязательств. И по всем – нарушения международного права даже с формальной, законодательной точки зрения. О существовавшей тогда практике не приходилось говорить вовсе. Картина вышла устрашающая. В руках МИДовских либералов эта инвентаризация стала мощным оружием. Министр Шеварднадзе её очень ценил и неоднократно на неё ссылался.

Внешне она представляла собой многостраничный трехколонник, в левой части которого содержались обязательства СССР. В средней – относящиеся к ним положения действующего законодательства. И, наконец, в правой – наши предложения. Они касались, например, отмены смертной казни, ликвидации института прописки, отмены политических и религиозных статей уголовного законодательства, принятие законов, гарантирующих право покидать свою страну и возвращаться в нее, свободу совести, свободу печати, права лиц, страдающих психическими расстройствами, и т.д. Предлагалось также ввести альтернативную службу по соображениям совести, внести изменения в уголовно-процессуальное законодательство и многое другое.

Все эти предложения превратились в крупные направления работы нашего Министерства, а в министерстве – Управления по гуманитарному и культурному сотрудничеству. Разумеется, далеко не всего. Львиная доля его сотрудников занималась культурным сотрудничеством и ЮНЕСКО.

Когда готовилась инвентаризация, один из моментов, который мы особо акцентировали, хотя для этого пришлось несколько неуклюже выйти за рамки Международного билля о правах – невыполнение нами обязательств по Заключительному акту СБСЕ о праве лиц знать свои права и обязанности и поступать в соответствии с ними.

Дело в том, что в доперестроечные времена правовая безграмотность населения была выгодна властям. Повсюду в магазинах красовалась Конституция СССР, в которой были записаны многие красивые слова о правах человека, но которая оставалась не более чем пустопорожней декларацией. Конституция не только не имела прямого действия и не была подкреплена текущим законодательством. За ссылку на неё в суде могли лишить слова или вывести из зала суда. Достать, например, Кодекс законов о труде (КЗОТ), Уголовный кодекс (УК), или Уголовно-процессуальный кодекс (УПК) было невозможно: их тиражи искусственно занижались. Не просто их было получить и в библиотеках. Один из моих сослуживцев произвел эксперимент – он попросил в библиотеке КЗОТ. Дальше произошел такой диалог. Библиотекарь спросила: «А вы кто?» – «Слесарь Пупкин». (Он в телогрейке и в кирзовых сапогах возвращался с дачи, чем и воспользовался). – «А зачем вам КЗОТ?» – «Так, почитать...» – «КЗОТА нет, он на руках». Действительно, зачем слесарю читать КЗОТ? Чтобы узнать, на что он имеет право? До поры до времени это считалось лишним: если каждый слесарь начнет требовать полагающееся, к чему это приведет?! Характерно для существовавшей системы, что даже библиотекарша это понимала...

Пробивалась идея необходимости повышения юридической грамотности населения не без труда. Как и во многих других случаях помогло то, что тогда называлось «ленинскими нормами», точнее – выдёргивание подходящих к случаю высказываний вождя большевистского племени.

При инвентаризации стало окончательно ясно, что одна из основных проблем – всякого рода подзаконные акты. Каждое министерство и ведомство могло заниматься собственным «нормотворчеством», принимая свои закрытые инструкции, которыми и руководствовались исполнители. Другими словами, не только Конституция, но и многие законы не имели прямого действия. Опротестовать действия должностного лица было практически невозможно.

Я был потрясен, когда узнал, что Министерство юстиции и МВД даже приблизительно не знали, какие инструкции регулируют прописку и сколько их, даже порядок их численности. Оказывается, некоторые инструкции действовали еще с первых послереволюционных лет – их просто забыли отменить. И возникали сюрреалистические ситуации, когда у какой-нибудь паспортистки оказывалась древняя инструкция, о которой все забыли и которой больше ни у кого нет, а она работает по ней. А на вопрос, почему отказывают в прописке, отвечает: «Не положено, есть инструкция».

Известие о том, что в Вене мы взяли на себя обязательство опубликовать и сделать легкодоступными все подзаконные акты и инструкции, регулирующие права человека, представители Минюста, МВД и Прокуратуры встретили смехом. Потом, впрочем, им пришлось отменить неопубликованные инструкции.

В связи с контролем государства за перемещениями граждан СССР – и внутри страны, и, тем более, вовне, – который был одной из основ советской политики, уместно обратиться к истории удавов и кроликов, рассказанной Фазилем Искандером.

Однажды одному из кроликов удалось выскочить из пасти удава. Великий Питон так вспоминал эту историю: «...Это были самые черные дни нашей истории. Было неясно, что расскажет сбежавший кролик о нашем внутреннем строении. Как воспримут его слова остальные кролики». Для того, чтобы подобное впредь не повторялось, было решено «ограничивать свободу кроликов внутри удавов». С тех пор кролик в животе удава мог шевелиться только в нужном направлении. Мало того, удавы несли полную ответственность за поведение проглоченных кроликов.

«Ответственность» власти перед самой собой имела двуединый характер. С одной стороны, она позволяла регулировать распределение населения на территории страны. Введение в 1932 году паспортного режима и системы прописки, по замыслу её авторов, должно было решить определенные задачи, связанные, в частности, с коллективизацией. Паспортный режим служил инструментом контроля над перемещением людей, изменением местожительства. Цель – «держать и не пущать». Ряду категорий населения паспорта поэтому попросту не выдавались.

Прежде всего, это касалось крестьян, которые не могли, не имея паспортов, никуда деться из своих совхозов и колхозов.

Шеварднадзе поддерживал наши усилия по ликвидации прописки, и после завершения Венской встречи государств-участников СБСЕ работа на этом направлении вышла из «подполья» на межведомственный уровень. Добиться удалось немногого. Низкая результативность объясняется несколькими причинами. Главная из них – позиция московских властей, наложивших, кажется, раз и навсегда вето на отмену института прописки. «Демократ» Попов в этом ничем не отличался от своих «номенклатурных» предшественников.

Были для срыва ликвидации прописки и сугубо эгоистические причины. Когда удалось выйти на согласованное всеми решение, один из высокопоставленных МИДовских бюрократов предпочёл решить свои личные проблемы – ему надо было срочно кого-то прописать в Москве. От каких мелочей иногда зависит судьба важнейших вопросов!

«Движение в правильном направлении» и «поведение внутри удава» означали и железный занавес, среди прочего не позволявший советским людям свободно выезжать из страны и возвращаться в неё. Именно разработка закона о выезде из СССР и въезде в СССР стала одним из направлений «главного удара» нашего министерства. В сталинский и застойный период здесь сложилась ситуация, анормальная по ряду причин. Прежде всего, потому, что выезд за рубеж или невозвращение из-за рубежа рассматривалось как действие антисоветское, уголовно наказуемое. «Невозвращенцы» даже «удостаивались чести» фигурировать в ст. 64 УК РСФСР «Измена Родине».

Практиковалась противозаконная высылка из СССР неугодных властям лиц и лишение их советского гражданства. Автоматически и также вопреки закону его лишались в соответствии с Указом Президиума Верховного Совета СССР люди, выезжающие из СССР по израильской визе, причем фактическое место их постоянного жительства уже значения не имело.

Громоздкая, усложненная донельзя система оформления для выезда за рубеж, явная нелепость ряда критериев, принимавшихся раньше при решении этих вопросов, в сочетании с возведенной в абсолют секретностью обусловили появление т.н. отказников.

Наиболее часто причинами для отказа в разрешении на выезд за рубеж были соображения секретности, причем на этом основании можно было оставаться в числе отказников десятилетиями. При этом действовало практическое «право вето» на выезд ближайших родственников. А запретить выезд могли только из-за того, что квартира находится напротив секретного объекта и выезжающий *мог* видеть или сфотографировать тех, кто там работает. Плюс к этому, бумажная волокита.

Выехавшим же за рубеж на постоянное место жительства было практически невозможно вернуться в страну, даже чтобы навестить родственников.

Таким образом, система крепостного права государства на своих граждан действовала не только на национальном, но и на международном уровне. Этот «железный занавес в действии» находился в вопиющем противоречии с международными обязательствами СССР.

С началом перестройки стали приниматься меры для исправления аномалий в положении дел с проблемой въезда в СССР и выезда из СССР. Резко сократилось количество отказов на выезд за рубеж на постоянное местожительство. Значительно упростилась процедура оформления для временного выезда по частным делам. Соответствующие решения стали сверяться с положениями документов Хельсинкского процесса.

В разработке закона о выезде-въезде я участвовал с начала но, к сожалению, не до конца. Это было вызвано тем, что Решетов, в отличие от Глухова, крайне болезненно реагировал на ситуации, когда наше управление конфликтовало с другими министерствами. А отношение к позиции МИДа и лично к моей наиболее ясно выразил Рудольф Кузнецов, занимавший тогда должность начальника управления виз и разрешений МВД СССР (после развала СССР он почему-то числится демократом), который заорал на меня во время межведомственного совещания в министерстве юстиции:

– *Ты что, на лесоповал захотел!?*

– Это хорошая мысль: там прекрасный воздух, здоровый образ жизни. Да и общество подобралось бы самое изысканное, во главе с моим руководством, позицию которого я сейчас и довожу до вашего сведения.

Был объявлен перерыв. Ко мне сразу подошёл Кузнецов с извинениями и объяснениями, что это была шутка. После этого с ним и его службой работать, то есть договариваться, стало проще.

С этим проектом закона пришлось хлебнуть много разного. Ведомствами постоянно вносились неприемлемые для МИДа поправки. Я всё это считал не только противоречащим международному праву и нашим собственным интересам, но и попросту унизительным. А подчас просто глупым. Например, вызывает Адамишин и показывает записку в ЦК КПСС, подписанную одним высокопоставленным партократом, в которой говорилось, что в случае принятия закона чуть ли не все прибалты уедут за границу. Как реагировать? Меня разобрал смех: если и уедут, то вместе со взморьем и республиками.

Борьба вокруг принятия закона не только торпедировалась одними ведомствами, но и использовалась для решения своих проблем другими, что сильно помогало первым. Вдруг категорически против принятия Закона начинает выступать министерство транспорта: оно-де не в состоянии обеспечить действие закона, надо не только увеличивать парк, но и тянуть новые железнодорожные ветки. Всполошился Аэрофлот: самолетов у него мало. Минфин тоже не остался в стороне: откуда мы возьмем столько валюты для обмена, спрашивали там. Единогласный вывод противников принятия Закона был таков: надо время для проведения необходимых «подготовительных мероприятий». Разумеется, когда закон был всё-таки принят, хотя и с поэтапным введением в действие, никто и пальцем не пошевелил для его обеспечения, никакие «подготовительные мероприятия» не проводились.

Как и при составлении других законопроектов, я считал главным не просто декларировать право, но и подкрепить его соответствующим действенным механизмом. Правительственный законопроект, представленный Верховному Совету отцом и принятый в первом чтении, отражал многие принципиально важные положения. Сразу оговорюсь, что в парламентской рабочей группе по подготовке к принятию закона во втором чтении я не участвовал и поэтому могу говорить только «за себя».

Итак, чего же в конечном итоге удалось добиться в нашем чуть не «семейном» Законе? Прежде всего, в нём содержалось положение, согласно которому при поступлении на работу, связанную с ограничениями на выезд по соображениям секретности, – а такие ограничения предусматривалось устанавливать непосредственно «на местах», – поступающие должны были заранее об этом информироваться. «Верхняя граница», за которую не могли выходить ведомства при определении сроков секретности – 5 лет. Эти сроки могли быть продлены лишь в исключительных случаях Комиссией по гражданству Президиума Верховного Совета СССР. Еще один ключевой момент Закона в этой области – возможность обжалования отказа в разрешении на выезд на постоянное жительство в Комиссию ПВС, которую все боялись, как огня. Зачастую было достаточно её запросить об обоснованности запрета на выезд того или иного «отказника», чтобы ведомства сами его сняли. Предусматривалось судебное обжалование спорных случаев о неисполненных обязательствах лиц, выезжающих за рубеж. Этим снималась еще одна из болевых точек проблемы въезда-выезда. Таким образом, впервые после октябрьского переворота было на деле обеспечено право советских граждан на выезд из страны и на возвращение в неё.

***

Разумеется, инвентаризация не ограничилась одним, хотя и обширным, письменным докладом Шеварднадзе.

Когда наше управление только было создано, «традиционные» разработчики законов (такие как Минюст, Прокуратура) старались нас близко не подпускать к разрабатываемым проектам законов. Сейчас это смешно, но факт остается фактом: текст одного из проектов был просто украден одним из моих коллег, что позволило нам своевременно вмешаться. Чиновники из других министерств вполне искренне не могли понять: а МИДу-то что? Разобравшись, стали пытаться скрывать от нас, что идет та или иная работа, не пускать в рабочие группы.

Направлением нашего главного удара сразу стала реформа уголовного законодательства. Уголовный кодекс (УК) РСФСР, являвшийся «образцом для подражания» для других республик, имел ключевое значение в механизме самосохранения власти. Прежде чем обратиться к содержанию этого замечательного документа сделаем историко-юридический экскурс. Уже в УК РСФСР 1922 года (напомним, что до этого «правосудие» вершилось лишь на основе «революционного правосознания») содержались такие статьи, как «пропаганда и агитация в направлении помощи мировой буржуазии» (ст. 70, и это, наверное, знаменательно..)., «Изготовление, хранение с целью распространения и распространение агитационной литературы в контрреволюционных целях, ложных слухов или непроверенных сведений, могущих вызвать общественную панику, возбудить недоверие к власти или дискредитировать ее». Самое любопытное, что «при недоказанности контрреволюционности означенных действий» наказание всего лишь смягчалось. Позже (но уже на хорошо подготовленной почве) возникла печально знаменитая ст. 58-10 сталинского Уголовного кодекса «Антисоветская агитация и пропаганда», лихо и практически без изменений трансформировавшаяся в действовавшую и во времена перестройки ст. 70 УК РСФСР.

В соответствии с этой статьёй гласность была... уголовной преступницей. И не простой, а особо опасной. Ибо не к каким-нибудь, а к особо опасным государственным преступлениям относилась «антисоветская агитация и пропаганда», которая и трактовалась в ст. 70 УК РСФСР. Текст этой статьи был сформулирован столь всеобъемлюще, что лучше всего его процитировать полностью: «Агитация или пропаганда, проводимая в целях подрыва или ослабления Советской власти либо совершения отдельных особо опасных государственных преступлений, распространение в тех же целях клеветнических измышлений, порочащих советский государственный и общественный строй, а равно распространение либо изготовление или хранение в тех же целях литературы такого же содержания».

Теперь попробуем разобраться в этой поэме. Прежде всего, ст. 70 защищала то, чего в СССР не было, а именно советскую власть, которую партократы с легкостью неимоверной путали со своей личной и коллективной властью. Эта статья вкупе со ст. 190¹, толкующей как преступление против порядка управления «систематическое распространение в устной форме заведомо ложных измышлений, порочащих советский государственный и общественный строй, а равно изготовление или распространение в письменной, печатной или иной форме произведений такого же содержания», давала возможность привлечь к уголовной ответственности, например, за дневниковые записи. Интересно, что статьи, аналогичной ст. 190¹, введенной Указом Президиума Верховного Совета РСФСР от 16 сентября 1966 г. и «отредактированной» указом от 3 декабря 1982 г., не было даже в сталинском Уголовном кодексе.

Любой говорящий, а тем более пишущий, если он, конечно, не был человеком крайне осторожным, находится «под колпаком» этих двух статей, ибо они были составлены по принципу: был бы состав преступления, а человек – найдется.

Разумеется, как и в других случаях, мы проводили параллели действовавшего тогда Уголовного кодекса со сталинским, усердно замалчивая тот факт, что он мало чем отличался от «святых» ленинских норм.

8 апреля 1989 г. был принят Указ Президиума Верховного Совета СССР «О внесении изменений и дополнений в Закон СССР «Об уголовной ответственности за государственные преступления» и некоторые другие законодательные акты СССР». Прежде всего, Указ, пользуясь привычной нумерацией статей, изменил редакцию ст. 70 УК РСФСР. С принятием Указа былая и, безусловно, нарочитая расплывчатость формулировок этой статьи, делающая возможной ее произвольное толкование, сменилась ясной юридической формулой. Новая ст. 70 УК РСФСР «Призывы к свержению или изменению советского государственного и общественного строя» содержала два принципиально важных критерия. Первый из них – публичность таких призывов. Второй (если речь идет об изменении государственного и общественного строя) – способом, противоречащим Конституции СССР. Было внесено важное изменение и в «литературную часть» этой статьи, в соответствии с которой запрещено только изготовление *с целью распространения* (а не личные заметки, как прежде) таких материалов, а также их распространение.

Одновременно с этим Верховный Совет РСФСР отменил ст. 190[1] УК РСФСР.

Таким образом, ушла юридическая основа для борьбы с инакомыслием «уголовными» средствами. Реакционеры, однако, взяли недолговременный реванш, сделав уголовно наказуемыми оскорбления или дискредитацию государственных органов, должностных лиц (а это, конечно, было особенно важно для авторов статьи) и, что самое удивительное, общественных организаций и их общественных органов. Эта печально знаменитая ст. 11[1], которая просуществовала лишь до Первого съезда народных депутатов СССР, буквально излучала страх. Между ее строк так и читалось: «Как же так, мы, самые мудрые, самые последовательные, самые идеологически выдержанные, работающие (или кормящиеся) в государственном аппарате (а может быть даже и в аппарате ЦК КПСС) и в общественных организациях, «созданных в установленном законом порядке и действующих в соответствии с Конституцией СССР», о чем и говорит ст. 11[1] – и остались без защиты?!» Но народные депутаты СССР не вняли этому воплю отчаяния.

В появлении на свет ст. 11[1] была немалая доля вины МИДа. Дело в том, что когда её проект пришел на голосование Шеварднадзе, он был не в Москве. Заключение на проект поручили сделать Решетову, который доложил МИДовскому начальству, что этот проект целиком соответ-

ствует международным стандартам. Выступил он в поддержку этой аб-
ракадабры и по телевидению, причем убедил поддержать её академика
В. Н. Кудрявцева, которому даже не дали времени внимательно прочитать перед телепередачей текст закона.

Однако, и изменений, внесённых в Уголовный кодекс, было явно
недостаточно для гласности, обеспечения свободы мнений и средств
массовой информации. Самый наглядный пример тому – Чернобыль-
ская катастрофа, о которой, согласно действовавшему тогда законодательству, нельзя было даже упоминать. Дело в том, что местоположение
атомных электростанций было строго засекречено.

Секретность – одна из несущих опор режима, основанного на лжи и
страхе. Подступиться к этой «святыне» удалось, скомбинировав несколько факторов: её безумную дороговизну для МИДа (каждое слово в
шифрпереписке идёт на вес золота), разработку закона о выезде-
въезде, несуразности в перечне засекреченных сведений и, конечно, понимание необходимости смягчения режима секретности руководством
министерства.

Борьба с цензурой как с государственным институтом, традиционно олицетворяющим в России удушение свободы слова, как ни парадоксально, закончилась сравнительно лёгкой победой[6]. Впрочем, сторонни-

---

6   Для её обеспечения мы доложили Шеварднадзе о том, что основоположники
марксизма-ленинизма придавали большое значение свободе печати. К. Маркс
рассматривал ее как «нормальное состояние печати, печать – как бытие свободы» (К. Маркс, Ф. Энгельс. *Соч.*, т. 1. С. 62-63). В. И. Ленин писал в проекте
резолюции о свободе печати, что «рабочее и крестьянское правительство под
свободой печати понимает... предоставление каждой группе граждан, дости-
гающей известной численности (например, 10000), равного права на пользование соответственной долей запасов бумаги и соответственным количеством
типографского труда» (В.И. Ленин. *Полн. собр. соч.*, т. 35. С. 62-63). (Здесь
уместно отойти от практически дословного изложения этой докладной с тем,
чтобы обратить внимание на вопиющую несуразность идеи «вождя мирового
пролетариата»). Далее мы излагали гораздо более демократичные, чем на
начальном этапе перестройки, «ленинские нормы» в отношении цензуры. 6
июня 1922 г. декретом Совета Народных Комиссаров было принято Положение о Главном управлении по делам литературы и издательств (Главлит),
опубликованное в N 40 Собрания узаконений и распоряжений рабочего и кре-
стьянского правительства от 15 июля 1922 г. и в *Известиях* от 23 июня 1922 г.
В функции Главлита входило воспрещение издания и распространения произведений: а) содержащих агитацию против Советской власти; б) разглашающих
военные тайны республики; в) возбуждающих общественное мнение путем
сообщения ложных сведений; г) возбуждающих националистический и религи-
озный фанатизм; д) носящих порнографический характер. От цензуры освобо-
ждались издания Коммунистического Интернационала, ЦК Российской комму-

кам перестройки и гласности, ответственным за идеологию (прежде всего, А. Н. Яковлеву), главным редакторам средств массовой информации пришлось ещё вести долгую борьбу, но уже в объективно иных условиях.

Но вернёмся к действовавшему тогда Уголовному Кодексу. Начнем со статьи 64 Измена Родине, открывающей его особенную часть. И тут же выясняется, что сюда относятся «бегство за границу или отказ возвратиться из-за границы в СССР». Нет, наверное, особой нужды пояснять, что (пользуясь правоохранительным жаргоном) «невозвращенцы» всего-навсего воспользовались международно-признанным правом покидать свою страну. Продолжение этой статьи звучит, на первый взгляд, более «криминально»: «Оказание иностранному государству помощи в проведении враждебной деятельности против СССР». Если же абстрагироваться от громких слов, станет ясно, особенно в контексте дальнейших политических статей УК РСФСР, что сюда можно было бы подвести любую профессиональную деятельность за рубежом, связанную, например, с журналистикой и советологией. Наказание – вплоть до смертной казни с конфискацией имущества.

Была предусмотрена уголовная ответственность и за организационную деятельность, «направленную к» (стиль-то какой!) особо опасным государственным преступлениям, опять «к созданию организации, имеющей целью совершить такие преступления, а равно участие в антисоветской организации» (ст. 72).

Для того, чтобы удавить саму возможность проведения демонстраций (разумеется, не тех, на которые из-под палки загоняли людей партийные и профсоюзные бонзы) и тем более забастовок, в УК РСФСР предусматривалась ответственность за организацию и «активное участие в групповых действиях, грубо нарушающих общественный порядок или сопряженных с явным неповиновением законным требованиям представителей власти» (иначе говоря: «Разойдись!!!»). И, естественно для той правоохранительной психологии, если эти «действия» повлекли

нистической партии, Губернских комитетов Российской коммунистической партии и вообще вся партийная коммунистическая печать, издания Государственного издательства и Главного политико-просветительного комитета, Известия Всероссийского Центрального исполнительного комитета, а также и научные труды Академии наук. В отношении этих изданий Главлит и его органы обеспечивали функции только военной цензуры. По соглашению между Главлитом и соответствующим Народным Комиссариатом от цензуры могли освобождаться специальные ведомственные издания.

нарушения работы транспорта, а уж тем более – государственных или общественных предприятий, учреждений и организаций.

В целом же сложилась странная амальгама провозглашенных прав и свобод с уголовной ответственностью за то, что ими не пользуешься. Право на труд обернулось уголовной статьей о тунеядстве. Право на охрану здоровья – извращениями Минздрава, делающими возможным произвол врачей. Право на жилище – появлением «бомжей», статьей о бродяжничестве и пропиской, о чем уже говорилось. Право на пользование достижениями культуры – травлей лучших ее представителей и запретом на их произведения. Свобода научного, технического и художественного творчества существовала лишь для самого себя. Право вносить в государственные органы и общественные организации предложения об улучшении их деятельности, критиковать их недостатки в работе обернулось статьями 70 и 190[1] УК РСФСР, равно как шансом для смельчака, рискнувшего воспользоваться этим правом, оказаться в психбольнице «по неотложным показаниям». О свободе слова и печати уже говорилось. Свобода собраний, митингов, уличных шествий и демонстраций «осуществлялась» исключительно для выражения трудящимися их поддержки политики КПСС и Советского правительства. В ином случае пользование этим правом приравнивалось к хулиганству или к уличным беспорядкам. Свобода совести во многом реализовывалась через религиозные статьи УК РСФСР. Неприкосновенность личности и неприкосновенность жилища присутствовали в Конституции разве что для соблюдения приличий. А ее статья 56, гласящая, что «личная жизнь граждан, тайна переписки, телефонных переговоров и телеграфных сообщений охраняются законом», выглядели попросту издевательством.

При инвентаризации мы все время наталкивались на неподкрепленность конституционных норм текущим законодательством и, более того, на противоречие им действовавших законов. Я и мои коллеги считали необходимым принять меры, направленные на обеспечение действенности Конституции. Аргументы «демократических» противников такого решения, которые в основном сводились к тому, что Конституция недостаточно хороша и что она практически не отличается от сталинской, не учитывали двух основных моментов. Первый и главный из них состоял в том, что никакая правовая система не может существовать, не имея единого стержня, не опираясь на Конституцию. Как только текущее законодательство, а тем более закрытые ведомственные инструкции и другие нормативные акты вступают с ней в противоречие, система (разумеется, если она демократическая, а не тоталитарная) начинает рушиться. Во-вторых, сама по себе Конституция, хотя она действительно в своей основе была сталинской, содержала комплекс норм, при выполнении которых права граждан были бы защищены. Другое дело, что именно поэтому Конституция в былые времена никогда не действовала. Мы все время пытались пробить предложение о создании Конституционного суда. Нам казалось, что вопрос, говоря бюрократическим языком, «отпал», когда был создан Комитет конституционного надзора. К сожалению, это решение было половинчатым.

Практически всё время перестройки велась острейшая и весьма показательная с точки зрения зрелости населения и его «рулевых» борьба вокруг отмены смертной казни, на которой мы настаивали. Практически все неспециалисты выступали категорически против. Их активно поддерживали средства массовой информации. Всё-таки МИД не сдавался, оперируя своим обычным набором: высказываниями «основоположников» и международным правом, зарубежным опытом, логикой. В результате было принято компромиссное решение: состав преступлений, при которых смертная казнь могла применяться, был резко снижен, в частности, из него были изъяты экономические преступления. Я же считал, что её необходимо отменить, предусмотрев длительные сроки тюремного заключения, вплоть до пожизненного.

***

Нередко инвентаризацией приходилось заниматься под давлением обстоятельств.

«Перестройка может превратиться в подранка чрезвычайных положений». Это предостережение отца прозвучало с одной из самых тяжелых в стране трибун – на февральском пленуме ЦК КПСС 1990 года – и было отнюдь не случайно. В годы перестройки чрезвычайщина выстреливала то в одном, то в другом регионе страны. Каждый раз это была беда. В большинстве случаев она была спровоцирована неосталинистами, которые рассматривали насилие как инструмент своей политической игры. Жизни людей, их благополучие становились разменной монетой в борьбе политических и других амбиций. Ставка – власть.

Иногда складывалось впечатление, что чрезвычайщину провоцировали чуть ли не отовсюду – слева, справа, сбоку, снизу. Характерно, что чрезвычайщики в Литве проговорились и назвались «Комитетом национального спасения»...

В этой связи уместно вспомнить, что без грубого насилия в отношении собственных граждан СССР прожил после смерти Сталина совсем недолго. В 1962 г. власти решили привычными средствами «навести порядок» в Новочеркасске. Характерно, что даже в ходе расследования, проведённого в 1993-1994 годах, виновных в гибели людей не оказалось...

События в Нагорном Карабахе подстегнули разработку законодательного регулирования режима чрезвычайного положения. Примерно за год до его принятия я был включён в межведомственную группу по подготовке тогда ещё Указа Президиума Верховного Совета СССР. С учётом последующих событий не берусь сказать, не была ли эта работа началом подготовки к попытке решения стоявших перед страной проблем силовым путём. Тем более, что есть основания предполагать, что и сами события в Нагорном Карабахе были одной из провокаций противников реформ. С одной стороны, мне известен рассказ отставного полковника КГБ о том, как он по поручению своего руководства участвовал в подготовке событий, равно как и достоверные сведения об обстрелах Степанокерта «градами» советской армии. Однако это ничего не доказывает. Конечно, можно выстроить убедительную версию преступной злонамеренной цепочки: Нагорный Карабах – Указ Президиума Верховного Совета – ГКЧП, но, на мой взгляд, она не будет достаточно убедительной из-за отсутствия доказательств.

Для меня эта работа оказалась полной неожиданностью: я узнал, что мне предстоит ею заниматься только тогда, когда уже пора было мчаться на первое заседание в зале коллегии Министерства юстиции СССР. Собрание было весьма представительным. Буквально сразу после начала заседания слово взял один из присутствовавших генералов и (стоя) выступил за то, чтобы в условиях чрезвычайного положения вся власть передавалась бы военным. Я (сидя) как головой в омут бросился в абсолютно неподготовленную импровизацию о разнице между чрезвычайным и военным положением, доказывая нецелесообразность такого решения. Генерал вставал ещё трижды, каждый раз наталкиваясь на моё всё более жесткое сопротивление. Последний наш «обмен мнениями» был коротким: «Но у меня поручение начальника Генерального штаба!», – уже с мольбой в голосе сказал генерал. Мой ответ был короток и определён: «Это не аргумент для МИДа». Разумеется, никаких инструкций у меня не было (я просто не имел физической возможности их получить), и я действовал на свой страх и риск. Но, как бы там ни было, больше военные к этому требованию не возвращались. Более того, они даже перестали появляться на заседаниях рабочей группы.

В дальнейшем, уже отстаивая позицию МИДа с полным на то основанием, я прежде всего добивался того, чтобы законопроект полностью соответствовал международным обязательствам СССР. Другой крайне важный момент – закрепление в проекте Указа детально регламентированного механизма введения и осуществления режима чрезвычайного положения. С тем, чтобы исключить любой волюнтаризм, неоправданное ограничение прав людей.

Особенно сильным давление обстоятельств было в результате событий в Тбилиси. Дело было не столько в указаниях руководства, хотя и их хватало, сколько в личном неприятии происшедшего. Мы предложили по горячим следам принять закон, строго регламентирующий применение силы. Разумеется, несмотря на поддержку министра, правоохранительные ведомства это предложение заблокировали. Огромная работа, в частности, по выяснению того, какие специальные средства могут быть использованы для наведения «порядка» (среди них присутствовал и печально знаменитый газ «Черёмуха») закончилась ничем, а сотрудники министерства внутренних дел и прокуратуры, передававшие мне совершенно секретные внутренние инструкции и другие документы, в конечном итоге рисковали зря.

Вся работа по наведению порядка в области прав человека велась в условиях острейшей политической борьбы. Особенно сложной и затяжной она была во времена всевластия ЦК[7]. После первого съезда на-

---

7   По не вполне понятным для меня причинам, А. С. Черняев, который был одним из руководителей внешнеполитической службы ЦК КПСС, работавший заместителем заведующего отделом, которым являлся кандидат в члены Политбюро, секретарь ЦК Б. Н. Пономарёв, всячески принижает в своих дневниках (Анатолий С. Черняев. *Совместный исход. Дневник двух эпох. 1972 – 1991 годы*. М.: РОССПЭН, 2008). роль партийного аппарата в формировании и реализации советской внешней политики. На тысяче страниц своих опубликованных дневников он ни разу не упомянул, что любой внешнеполитических чих не был возможен без согласия ЦК. Такое умолчание во многом ставит под сомнение достоверность всего этого уникального исторического свидетельства.Тем не менее, далее «Дневник» используется с учётом интересности мно-

родных депутатов СССР и избрания М. С. Горбачёва, который планомерно лишал партию и аппарат ЦК власти, Председателем Верховного Совета, все значительно упростилось. Отпала необходимость согласовывать все важные вопросы с отделами ЦК, хотя некоторые МИДовцы продолжали это делать. Это для меня отнюдь не исключало взаимодействия с сектором прав человека идеологического отдела ЦК. Им руководил А. С. Грачев, а после него К. К. Карагезян. Оба они, как и В. И. Тумаркин, А. С. Горковлюк и С. Б. Петров позже работали в Аппарате президента СССР. Хотя этот сектор в буквальном смысле слова действовал во враждебном окружении, иногда он просто творил чудеса.

В целом, довести вопрос до принятия решения было целой наукой. Государственный и партийный аппараты были крайне неоднородны. Сложилась парадоксальная ситуация, когда с одним и тем же министерством, ведомством, аппаратом ЦК можно было добиться диаметрально противоположных решений. Надо было только знать, с кем конкретно согласовывать какие вопросы для их положительного решения, на какие пружины нажимать.

А процедура принятия решений была крайне громоздкой. Сначала писались проекты записки и постановления ЦК КПСС. Они прорабатывались на уровне ответственных сотрудников всех министерств, ведомств, отделов ЦК, которые данный вопрос как-то затрагивал. Потом начиналось согласование (на уровне не ниже замминистра), визирование и подписание записки и проекта постановления. Нередко вопрос увязал в этой бюрократии окончательно или из него выхолащивалось основное содержание. Успех зачастую зависел от напора и волевых качеств исполнителя и, конечно, от степени поддержки, которой он пользовался у своего руководства. Поэтому для верности сначала мы писали докладную Шеварднадзе и в случае его согласия начинали действовать, ссылаясь на указания, содержащиеся в его резолюции. В конечном итоге всё, зависело от позиции министра и его «боевых» замов. Если вопрос попадал «не к тому, к кому надо», это было если не катастрофой, то чем-то близким к ней.

Дело в том, что многие МИДовцы и некоторые руководители министерства не только не приняли перестройку, но и сохранили прежние

гих фактов и наблюдений, а также личного мнения автора о Черняеве как о человеке честном и бесстрашном. В то же время автор является сторонником того, чтобы сохранять критический подход к этой публикации.

стереотипы о том, что является «МИДовскими» вопросами, а что – нет. Другими словами – «МИДовская» работа для них – зачастую механическое озвучивание памяток на переговорах, протокольные мероприятия, позирование перед камерами и никак (несмотря на заклинания Шеварднадзе) не внутренние дела.

Так, например, было при разработке комплекса мер по борьбе со СПИДом. С огромным трудом, преодолевая поголовное сопротивление, удалось включить в проекты решений ЦК и Совмина пункт о закупке за рубежом оборудования, необходимого для достаточного производства разовых шприцов и игл. Но, разумеется, как всегда бывает в подобных случаях, нашелся медицинский начальничек, которому это было невыгодно – он уже рапортовал, что больше шприцов и игл, чем производилось и планировалось производить в СССР, нам и не надо. Когда уже было согласие Минздрава и Совмина на выделение денег, он «упал» в ноги одному «большому» (по положению, но не по интеллекту) дипломату и умолил его вычеркнуть этот пункт. Тот рассудил: дело не МИДовское, и согласился. Катастрофическое распространение СПИДа в стране, преступное заражение им детей можно было бы предотвратить, займись этим другой человек.

В целом, при разработке нормативных актов по СПИДу МИД был вынужден действовать весьма активно. Дело в том, что первоначально разработанные проекты основывались на традиционных для страны методах: держать, не пущать, произвольно обследовать. Разумеется, одна из главных задач тогда состояла в недопущении «импорта» в страну этой болезни. Но это на мой и моих коллег взгляд не должно было означать, что любого человека по каким-то смутным подозрениям неизвестно у кого можно насильно обследовать, наказывать за отказ от обследования и т.д. Тем более, в условиях ужасающей антисанитарии и фактического отсутствия тех же разовых игл и шприцов в СССР.

Чье литературное дарование способно описать партийно-чиновничьи страсти вокруг законопроектов, касающихся обеспечения прав советских людей, демократизации советского общества? Интересы, а порой и амбиции межведомственные, внутриведомственные, личные, выдавались за интересы государства, народные. Чиновникам принадлежала истина в последней инстанции. «Государство – это я!» – так читалось на многих чиновных и столоначальничьих лицах. А государство в СССР претендовало на то, что оно общенародное. И нечего народу было знать, как все эти имяреки защищают его интересы. Тем более что откуда народ, общество, человек могут знать, в чем они заключаются? Помножим эту зарисовку на идеологизацию всего и вся и возведем в энную степень, стремящуюся к бесконечности боязнь «слететь» с насиженного места – и станет ясно, ради чего и какие создавались законы.

Целиком к решению задачи создания ситуации небезопасности для людей был приспособлен принцип презумпции невиновности, провозглашенный на словах и не работающий на деле. Обвинительный крен следствия и судопроизводства обусловил то, что на деле существовала презумпция виновности. Это, в частности, нашло свое отражение в том, что в отличие от большинства западных стран, адвокат допускался к участию в уголовном деле не с момента задержания, а только после окончания предварительного следствия. Отход от принципа презумпции невиновности обусловил нарушение того, что в Международном пакте о гражданских и политических правах зафиксировано как право не быть принужденным к даче показаний против самого себя или к признанию себя виновным.

Значительный размах получили внесудебные формы преследования, к которым А. Д. Сахаров относил увольнения с работы, препятствия к получению образования, высылку за границу, создание для человека условий, при которых он вынужден эмигрировать, лишение советского гражданства лиц, оказавшихся за рубежом[8].

При разработке всех актов, относящихся к правам человека, мы всегда твёрдо настаивали на их открытости. Часто возникали стереотипные споры: «Это публиковать нельзя». – «Значит, нельзя и принимать».

Как ни парадоксально, лишение ЦК КПСС и его аппарата властных полномочий на какое-то время значительно осложнило работу. Разладился механизм принятия решений и контроля над их исполнением, чем многие поспешили воспользоваться. Ранее эффективная помощь либералов из аппарата ЦК стала просто невозможной. Но зато стало невозможным и противодействие реакционеров этого органа власти. Увы, лишение власти реакционеров партийных с лихвой компенсировалось её прибавлением у реакционеров из госаппарата.

---

8   А.Д. Сахаров. *Тревога и надежда*. М.: Интер-Версо, 1990. С. 110.

***

Право человека быть самим собой было буквально выкорчевано из советского бытия на многие десятилетия. Нельзя было без риска для себя иметь мнения, противоречащие официальной идеологии по крупным вопросам и «официальной точке зрения» по текущим, каждодневным событиям; нельзя переехать с квартиры на квартиру без разрешения властей; нельзя «выбиваться из коллектива» и т.д. Каждый должен быть таким, как все.

А. Д. Сахаров писал о необходимости для человеческого общества интеллектуальной свободы, в которую он включал свободу получения и распространения информации, свободу «непредвзятого и бесстрашного обсуждения» и свободу «от давления авторитетов и предрассудков». По его мнению, «такая тройная свобода мысли – единственная гарантия от заражения народа массовыми мифами, которые в руках коварных лицемеров-демагогов легко превращаются в кровавую диктатуру. Это – единственная гарантия осуществимости научно-демократического подхода к политике, экономике и культуре». Угрозу же интеллектуальной свободе он определял следующим образом: «Угроза независимости и ценности человеческой личности, угроза смыслу человеческой жизни».

В Советском Союзе же возникла ситуация, которая удивила бы Козьму Пруткова[9], если бы ему было дано узнать, что его «Проект: о введении единомыслия в России» на долгие десятилетия из сатирического произведения превратился в историческое событие. Напомним, что основную идею этого пророческого произведения, написанного в середине XIX века, составляла «необходимость... установления единообразной точки зрения на все общественные потребности и мероприятия правительства». Величественная задача, не так ли? Козьма Прутков указывал и на «невозможность достижения сей цели без дарования подданным надежного руководства к составлению мнения». Таким «руководством» он предлагал сделать «учреждение такого официального повременного издания, которое давало бы руководительные взгляды на каждый предмет». Этот правительственный орган должен был быть поддержан достаточным полицейским и административным содействием властей. Причем «самым важным условием успеха будет выбор ре-

---

9   Козьма Петрович Прутков – коллективный псевдоним, под которым в 1950-1960-е годы XIX века выступали Алексей Толстой, братья Алексей, Владимир и Александр Жемчужниковы, а также Пётр Ершов.

дактора для такого правительственного органа». Что же касается редакторов частных печатных органов, им надо было «велеть... руководящие статьи из официального органа, дозволяя себе только их повторение и развитие». Комментарии, как говорится, не требуются.

После прихода М. С. Горбачёва к власти произошел разлом общества и руководства страны в отношении всех вопросов, связанных с мировоззренческой свободой.

Неотъемлемым компонентом господствовавшего политического культа был атеизм. Причем атеизм догматический, воинствующий, невежественный. На этом принципе во многом строилось воспитание «нового человека».

Главной же причиной гонений на пусть даже самое безобидное инакомыслие была жесткая политико-идеологическая установка на «морально-политическое единство общества». То есть, переводя с советского новояза на нормальный язык, устранение любых убеждений, не вписывающихся в установки сверху. Сюда, естественно, попадали все религиозные вероучения. Верующих, а тем более служителей церкви в лучшем случае терпели, они считались людьми «второго сорта», для них всегда были «открыты двери» ГУЛАГа, психиатрических больниц...

Все эти вопросы вполне закономерно оказались в центре внимания МИДа. Формальным поводом для этого стала непрекращающаяся критика Западом продолжающегося опустынивания голов. Ситуация была весьма сложная и противоречивая. С одной стороны усилиями лидеров перестройки в СССР произошло изменение политической философии, выразившееся в признании высшей ценности человеческой жизни, человеческой личности, приоритета общечеловеческих ценностей, примата международного права, возникновении такого беспрецедентного для России явления, как гласность. С другой – противники реформирования, демократизации страны делали всё для того, чтобы похоронить процессы обновления. Это им было тем более просто, что реальность как бы распалась на разрешенное и должное для обновления жизни в СССР. Преодолеть практику доперестроечного периода, когда всякого рода ведомственными инструкциями, носящими, как правило, закрытый характер, было запрещено даже разрешенное законом, оказывалось делом весьма непростым и трудоемким. Реальная жизнь во многом определила законотворческую деятельность. Это естественно. Законодательство, обеспечивающее культ личности и застой, создавалось десятилетиями.

В период перестройки задача состояла не в том, чтобы подретушировать действующие законы, как это было сделано в период хрущёвской оттепели, а привести их по духу и по содержанию в соответствие с интересами людей, развития страны, общества.

Ориентируясь на международные стандарты, мы исходили из того, что речь, разумеется, не могла идти о каком-то автоматическом перенесении чужого опыта и положений соответствующих международно-правовых документов на советскую почву. Например, в области свободы совести наличие в стране различных конфессий, деноминаций, толков и направлений – реальность, в которой заложен значительный нравственный потенциал, но которая при неосторожном отношении с ней была и остаётся чреватой новыми острыми и трудноразрешимыми проблемами.

Свобода совести

Начало работы по выправлению ситуации в области религиозной свободы было во многом характерно для романтического периода перестройки. Было ясно: есть проблема. Примерно понятно, что и как с ней делать. Но, тем не менее, долгое время практически ничего не происходило. Конечно, удалось «пробить» празднование 1000-летия крещения Руси и публикации Библии массовым тиражом. Кстати, это решение было принято только благодаря чудовищной усталости участников затянувшегося до глубокой ночи совещания в кабинете моего шефа в МИД СССР с одной стороны, и чувства безысходности от сложившейся ситуации – с другой. Дело в том, что МИД категорически настаивал на публикации Библии. Разного рода идеологи были не менее категорически против: боялись «опиума для народа». Все аргументы были повторены уже не по одному разу. Тогда мне пришло в голову сказать примерно следующее:

– Мне кажется, что мы несколько неточно формулируем вопрос. Дело в том, что публикация Библии не должна трактоваться как акт религиозной пропаганды. Ведь Библия – это величайший исторический и литературный памятник. Так же к ней относится огромное количество людей во всём мире. Думаю, что мы должны подойти к Библии именно с этой точки зрения. В этом случае я не вижу ни малейших противопоказаний для её публикации.

Так и было принято консолидированное решение «заинтересованных министерств и ведомств» о публикации Библии массовым тиражом
– решение настолько естественное, что, казалось бы, и говорить было
не о чем. А ведь до этого за хранение Библии наступала уголовная ответственность...

До сих пор вызывает стыд, что не удалось добиться решения об
участии в праздновании 1000-летия крещения Руси Папы Римского Иоана Павла II. Категорически выступили КГБ, Русская Православная церковь и, разумеется, та часть ЦК КПСС, которая ориентировалась на тогдашнего «№ 2» Лигачёва. Те, кто пришёл им на смену после развала
СССР, мало чем от них отличаются. Разве что в худшую сторону: в советский период не было такой неприкрытой враждебности, не было таких истерик и иных сомнительных ментальных проявлений в адрес Ва-
тикана ...

Ключевым, однако, был вопрос о том, что делать с законодательством, закрепившим в СССР религиозную несвободу. Он приобрел тем
большую актуальность, что из цековско-правоохранительных недр возник проект законодательного акта, окончательно загоняющий и без того
находящуюся в рабской зависимости от государства церковь в некое подобие концентрационного лагеря. Этот законопроект претендовал на то,
чтобы регламентировать все аспекты религиозной жизни страны, гру-
бейшим образом вмешивался во внутрицерковные дела. МИД наложил
на него своё вето и вскоре направил в ЦК КПСС записку, обосновываю-
щую необходимость принятия демократического закона о свободе совести, гармонизированного с международными обязательствами СССР.
Разумеется, как и в других случаях, мы оперировали международными
обязательствами СССР и тем, что тогда называли «ленинскими нормами», которые мы всячески противопоставляли действовавшим ещё в
первые годы перестройки сталинским.

«Классики» говорили о религии красиво. Карлом Марксом акцентировалось «право быть религиозным, быть на любой лад религиозным,
отправлять культ своей особой религии. Привилегия веры есть всеобщее право человека», – писал он. Столбовой дворянин Владимир Улья-
нов, вошедший в историю как Ленин, демагогически заявлял: «Религия
должна быть объявлена частным делом. Государству не должно быть
дела до религии, религиозные общества не должны быть связаны с государственной властью. Всякий должен быть совершенно свободен ис-

поведовать какую угодно религию или не признавать никакой религии, т.е. быть атеистом, каковым и бывает обыкновенно всякий социалист. Никакие различия между гражданами в их правах в зависимости от религиозных верований совершенно недопустимы». Церковные и религиозные общества, как голословно утверждал Ленин, «должны стать совершенно свободными, независимыми от власти союзами граждан-единомышленников». В «Проекте программы РКП(б), написанном Лениным в 1919 г., сказано о необходимости заботливо избегать всякого оскорбления чувств верующих.

Итак, на словах, которые мы и докладывали в «Инстанцию», всё было в порядке, а именно словам в «материалистической» и «атеистической» России придавалось какое-то поистине мистическое значение. Что же касается практики, в послеоктябрьский период она состояла в безжалостных гонениях на религию, целью которых было привести общество к единомыслию, при котором для религии не было места. В рассекреченном лишь в 1990 г. письме В. И. Ленина В. М. Молотову для членов Политбюро ЦК РКП(б) от 19 марта 1922 г. отчетливо выражена его крайне непримиримая, без преувеличения, террористическая позиция в отношении православной церкви и ее служителей. Поводом для общих репрессий в отношении духовенства стало сопротивление насильственному изъятию церковных ценностей (согласно лживому ленинскому письму, в пользу голодающих). Суть письма сформулирована коротко и ясно: «Чем большее число представителей реакционного духовенства и реакционной буржуазии удастся нам по этому поводу расстрелять, тем лучше. Надо именно теперь проучить эту публику так, чтобы на несколько десятков лет они не смели и думать». Ленин просил знакомить с письмом членов Политбюро вкруговую, не снимая копий, сохраняя его строгую секретность. Это же письмо демонстрирует и другие характерные черты партократического стиля решения проблем: секретное руководство со стороны Политбюро, использование представителей органов советской власти в качестве ширмы, сращивание политических и карательных органов, устные поручения – столь привычное «телефонное право». Командование судами... Документ исключительно интересный.

А указание Л. Д. Троцкого членам Политбюро ЦК РКП(б), главная мысль которого состоит в том, чтобы ориентировать «Правду» и «Известия» таким образом, чтобы во внутрицерковной борьбе «...не толкать обе стороны к сближению, а наоборот, дать возможность борьбе развернуться в самой яркой и решительной форме», выглядит актуальной и в начале XXI-го века... Видимо, не случайно: ведь вышеприведённые слова Троцкого и сопутствующие им рассуждения Ленин одобрил письменной пометкой: «Верно, 1000 раз верно!».

Забегая вперёд, отмечу, что именно в тот день, когда были впервые опубликованы эти документы, в МИД пришло подготовленное мною постановление «Инстанции», окончательно ставящее точку в вопросе о необходимости принятия закона, соответствующего международным обязательствам СССР и «ленинским нормам» государственно-церковных отношений. Коллеги, смеясь, спрашивали, какие нормы имелись в виду, не из секретного ли письма вождя?

Первым законодательным актом советской власти о религии и отношениях религиозных организаций с государством был ещё «теоретический» декрет СНК РСФСР от 20 января 1918 г. «О свободе совести, церковных и религиозных обществах», который, однако, преподносили как декрет «Об отделении церкви от государства и школы от церкви». В нём говорилось: «Каждый гражданин может исповедовать любую религию или не исповедовать никакой. Всякие праволишения, связанные с исповеданием какой бы то ни было веры или неисповеданием никакой веры, отменяются», декларировалось свободное исполнение религиозных обрядов. Зафиксировано также право граждан обучать и обучаться религии частным образом.

В то же время декрет предусматривал ограничение в преподавании религиозных вероучений. Церковные и религиозные общества ни много ни мало лишались права собственности на принадлежавшее им имущество, включая здания и предметы богослужебного назначения, которые по решениям государственной власти могли отдаваться религиозным обществам в бесплатное пользование. Другими словами – полный простор для произвола.

Реально же до принятия «Закона о свободе совести и религиозных организациях» действовало принятое в 1929 году постановление ВЦИК и СНК РСФСР «О религиозных объединениях» с изменениями и дополнениями, внесенными в 1975 году. Его правовые нормы полностью соответствовали не словам, а духу ленинизма-сталинизма: они содержали мелочную регламентацию положения религиозных групп и обществ, вводили множество запретов и ограничений для верующих граждан и религиозных объединений. Этот акт появился и «совершенствовался» в обоснование усиления антирелигиозной борьбы. О свободе совести в нем даже не упоминалось.

Религиозным объединениям запрещалось создавать кассы взаимопомощи, кооперативы, производственные объединения и вообще пользоваться находящимся в их распоряжении имуществом для каких-либо целей, кроме удовлетворения религиозных потребностей, оказывать материальную поддержку своим членам. Один из запретов стоит процитировать дословно, т. к. пересказ не в состоянии адекватно отразить полёт бюрократической и атеистической мысли. Итак, религиозным объединениям запрещалось «организовывать как специальные – детские, юношеские, женские – молитвенные и другие собрания, так и общие библейские, литературные, рукодельческие, трудовые, по обучению религии и тому подобные собрания, группы, отделы, кружки, а также устраивать экскурсии и детские площадки, открывать библиотеки и читальни, организовывать санатории и лечебную помощь». Другими словами, положение об отделении церкви от государства и школы от церкви было перевернуто таким образом, что церковь оказалась отделенной от общества.

Еще одно положение этого законодательного акта гласило, что в молитвенных зданиях могли храниться только книги, необходимые для отправления культа. На деле это означало отчуждение народа от Библии, Корана, и вместе с ними – от общечеловеческой мудрости и норм нравственности, вырабатываемых веками. Даже завзятому атеисту вряд ли удалось бы привести хоть один разумный аргумент в пользу знака равенства между религиозностью и, скажем, знанием Библии. Зато вполне понятно, что люди, находя в Библии: «Если слепой ведет слепого, то оба упадут в яму», «...Кто возвышает себя, тот унижен будет», «...Свет пришел в мир; но люди более возлюбили тьму, нежели свет, потому что дела их были злы. Ибо всякий, делающий злое, ненавидит свет и не идет к свету, чтобы не обличить дела его, потому что они злы; а поступающий по правде, идет к свету, дабы явны были дела его», – могут примерить эти неоднократно подтвержденные историей истины к своей жизни... Отсвет костров инквизиции, идеологического расизма лежит на подходе к верующим, как к особой категории граждан.

В МИДе приказом Шеварднадзе была создана рабочая группа, которая должна была заниматься всем комплексом проблем взаимоотношений государства с церковью под руководством В. Ф. Петровского. Вместе с В. С. Сидоровым, работавшим в то время заместителем начальника Управления международных организаций, нам было поручено осуществлять контакты с руководством Русской Православной Церкви и других конфессий. В скобках нельзя не отметить, что и эта работа была противозаконной... Ибо все без исключения контакты с религиозными деятелями должны были осуществляться исключительно через Совет по делам религий. На практике это означало нечто невообразимое. Если любому государственному служащему любого ранга требовалось что-то выяснить у священнослужителей или о чём-то договориться с ними, он должен был обратиться в Совет по делам религий. Его сотрудник связывался, если считал нужным, с кем-то из священнослужителей и по своему усмотрению передавал его реакцию. Разумеется, в таких условиях никакой диалог не был возможен. МИД сломал существовавшую практику и вышел на прямые контакты с религиозными деятелями.

Личное знакомство с иерархами Русской Православной Церкви было любопытным опытом. Например, приезжаем мы с Ю. А. Решетовым к митрополиту Ювеналию, чтобы проинформировать его об итогах Венской встречи государств-участников общеевропейского процесса. По наивности я полагал, что православная церковь должна быть очень довольна достигнутыми договорённостями: ведь православие, как и другие религии, по этому документу получали небывалые в нашей стране свободы. Ан нет! Входим мы в покои Ювеналия в Новодевичьем монастыре, владыка читает «Известия» с текстом документа. Видит нас, и вместо «здрасьте» отбрасывает газету:

– Мы что, теперь униатов должны признать!?

Решетов остолбенел. Я, набрав побольше воздуха, сухо подтвердил это предположение и что-то сказал о том, что получает Русская православная церковь, не забыв при этом ехидно упомянуть об отделении церкви от государства и равенстве всех религий перед законом.

На этом разговор фактически и закончился, не продлившись даже протокольных пятнадцати минут: больше говорить было не о чем...

Это была моя вторая встреча с Ювеналием. Первый раз, когда мы к нему приехали с Сидоровым, он был более чем любезен и произвёл на нас впечатление своей внушительностью и образованностью.

Поняв, что с Ювеналием говорить бесполезно, мы посетили Филарета (Минского), который проявил себя иначе: он долго и убедительно ругал за тупоумие, неповоротливость и пьянство тех, кто, по его мнению, должен был «выставить преграду» униатству. Думаю, большой жизнелюб Филарет был пристойнее, чем его более титулованный коллега. С учётом того, что оба в разное время занимались внешнецерковными сношениями, это различие выглядело более чем забавным.

Их преемник, митрополит Кирилл, который позже стал патриархом, – человек другой формации. Дипломат до мозга костей. Изощрён в протоколе. Уже тогда не менее амбициозен, чем Ювеналий, который в перестроечные времена небезосновательно претендовал на место патриарха. Для Кирилла любой русский должен стать православным, а если уж ему не понравится, может из православия выйти. Выгодная позиция...

Наиболее тесный контакт, завязался с митрополитом Питиримом (что, впрочем, вполне естественно). Он был интересным собеседником, человеком очень светским. Соблюдать вместе с ним Великий пост было невероятно вкусно.

Разумеется, были встречи с религиозными лидерами и других конфессий. На одной из них мы услышали:

– Как хорошо, что вы наконец пришли. Теперь мы будем знать, что нам делать.

Более неприкрытого демонстративного сращивания государства с религией я тогда не мог себе представить.

Из всего этого я вынес два основных вывода. Во-первых, меня удивило *полное отсутствие какой-либо духовности у моих религиозных собеседников.* Во-вторых, эти контакты дали мне возможность составить собственное мнение и о проблемах государственно-церковных отношений, и о проблемах внутрицерковных.

Всё это позволило МИДу (и мне как его представителю) занять собственную позицию при разработке нового союзного закона о свободе совести. Рабочая межведомственная группа по его подготовке собиралась в особняке Совета по делам религий при Совете министров СССР под председательством К. М. Харчева, возглавлявшего Совет. Позиции участников группы были ясными и диаметрально противоположными. Подавляющее большинство всячески противодействовало любой либерализации в этой области. МИД, который я представлял, Харчев и заведующая его юридическим отделом Т. К. Белокобыльская жёстко отстаивали необходимость полного соблюдения международных обязательств СССР.

Вокруг чего только не бушевали страсти при подготовке законопроекта сначала в межведомственной группе под председательством Харчева, а потом в группе Верховного Совета СССР, работой которой руководил А. Е. Себенцов. Идеологические опричники пытались даже запретить благотворительную деятельность церкви, включить в законопроект нормы, делающие невозможным открытие ею больниц... Себенцов часами с иронической полуулыбкой выслушивал бушующие в группе жаркие, нередко выходящие за рамки элементарных приличий споры (признаюсь, в особо жаркой схватке я даже как-то сорвал себе голос), делая при этом себе пометки, и после этого формулировал свои предложения. Инженер по образованию превосходил по юридическому мышлению юристов-мастодонтов, а по знанию проблем – людей, всю жизнь занимавшихся ими.

То, что работа по подготовке законопроекта проходила «в два приёма» и что дважды обсуждались одни и те же вопросы, делало её выматывающей. Вместе с тем, «парламентский» этап был крайне интересным. В нём принимали участие академик С. С. Аверинцев, М. А. Журинская. Русскую Православную Церковь представлял отец Иоанн Экономцев (на межведомственном этапе никакого церковного представительства, конечно, не было).

Принятие закона СССР «О свободе совести и религиозных организациях» не только окончательно ликвидировал старую, но и создал новую политико-правовую реальность, гарантирующую суверенитет личности в вопросах вероисповедания и отношения к религии.

Практически до принятия Закона действовала инструкция общесоюзного Совета по делам религий, в которой с категорической определенностью было сказано: «Не подлежат регистрации религиозные общества и группы верующих иеговистов, пятидесятников, истинно православных христиан, истинно православной церкви, адвентистов-реформистов, мурашковцев», – причем перечень не был закрыт, поскольку имел в конце «и т.п.».

Чем руководствовались ведомственные нормотворцы, налагая многочисленные запреты на свободу совести? Никакие «измы» не помогут ответить на этот вопрос. Речь, скорее, может идти о симбиозе всепроникающей идеологизации и воинствующего атеизма, дававший результаты удивительные. Как, например, приговор, вынесенный 3 июля 1985 г. Урупским народным судом Ставропольского края в отношении кришнаитов. Что же им вменялось в вину? Провинились они, оказывается, уже тем, что «одними из первых ознакомились с вероучением «Сознание Кришны». Так и написано – виновны. Не надо было знакомиться. А религиозные группы, которыми они руководили, оказывается, не были зарегистрированы «из-за их реакционной сущности». Деятельность же этих религиозных групп «под видом исполнения религиозных обрядов и проповедования идей вероучения сопряжена с причинением вреда здоровью граждан, с побуждением их к отказу от общественной деятельности и исполнению ими гражданских обязанностей». Звучит страшно и непонятно. Некоторую ясность в том, что же это за реакционно-членовредительская деятельность, вносит приговор нарсуда Замостянского района г. Винницы от 21 марта 1986 г. (дело № 1-41-86 г).. Оказывается, для преданного служения Кришне «необходимо заняться совершенствованием духа, соблюдая 4 регулирующих принципа (отказ от мяса, половых излишеств, наркотиков и азартных игр)...» Вот ужас-то какой!

А придумали все это, как установил Урупский нарсуд, коварные американцы. Обратимся еще раз к его приговору. «Религиозное международное общество «Сознание Кришны», – гласит он, – было создано в США в 1966 г. Его вероучение направлено прежде всего для решения (внимание, читатель!) политических задач, связанных с изменением социальной структуры государственного строя, на основе программы секты... Идеи этого вероучения начали активно распространяться и в нашей стране с 1977 г. Первые группы членов общества «сознание Кришны» создавались на базе кружков по изучению биополей, секций йоги, групп здоровья, лабораторий биоэлектроники при НТО им. Попова». Вот как надо осторожно обращаться с группами здоровья: оказывается, и они могут быть направлены на «изменение сознания и образа жизни людей» в антигосударственном направлении, как указывается в приговоре.

Разрешили кришнаитам молиться своему божеству только в 1988 году. И тут же перестала их вера быть уголовно наказуемой. (У меня с последователями этого религиозного учения были давние, хотя, как и во многих других случаях, «односторонние» до поры до времени, отношения. Дело в том, что я считал абсолютно лишним, чтобы роль МИДа и, тем более круг моих обязанностей и интересов, были известны «вовне». А кришнаиты фигурировали чуть ли не во всех возможных списках).

Новый закон сделал невозможным подобный волюнтаризм. В нем специально оговаривается, что уставы, положения и другие документы, определяющие вероучительную сторону деятельности и решающие другие внутренние вопросы религиозной организации, не подлежат регистрации. С принятием Закона «О свободе совести и религиозных организациях» булгаковскую максиму о том, что каждое ведомство должно заниматься своими делами, можно применять к свободе вероисповеданий без иронии. Государственные органы по делам религий перестали обладать властными полномочиями и уже не могли вмешиваться во внутреннюю жизнь религиозных организаций. Для правоохранительных органов сама по себе вера уже перестала рассматриваться, как нарушение закона.

Разумеется, разработка и принятие Закона проходили отнюдь не в безвоздушном пространстве. В этой связи представляется уместным вспомнить происходившее тогда. По оценкам Совета по делам религий, в начале 1991 года в СССР было около 70 млн. верующих, принадлежащих почти к 50 конфессиям, толкам и направлениям. Было зарегистрировано около 21 тысячи религиозных организаций, из которых свыше 10 тысяч представляли Русскую православную церковь (РПЦ), около 1,8 тысяч – греко-католическую церковь, примерно 1,5 тысяч – римско-католическую церковь, 1,6 тысяч – мусульманское вероисповедание, около 950 – украинскую автокефальную православную церковь. В 1990 году впервые были зарегистрированы общины кришнаитов, бехаистов, апокалипсистов.

Действовало около 12 тысяч храмов РПЦ, свыше 1,3 тысячи католических костелов, около 700 лютеранских кирх, свыше 100 синагог, около 100 реформаторских церквей, около 300 храмов грузинской и 60 храмов армянской церквей, а также около 3,5 тысяч сектантских храмов различных конфессий.

К 1 ноября 1990 г. верующим было передано свыше 1,7 тысячи бывших культовых зданий (общинам РПЦ – 1,2 тыс., мусульманским общинам – около 300). Было разрешено строительство свыше 1,1 тысячи новых молитвенных зданий (из них – 550 – РПЦ, 360 – мусульманским общинам). Разным конфессиям было дано разрешение на покупку и приобретение 183 молитвенных зданий.

Все более напряженной становилась ситуация во внутрицерковных делах. Остро давали себя знать центробежные тенденции. В октябре 1990 года произошло официальное отделение от Московского патриархата Украинской православной церкви, которая приобрела независимость и самостоятельность в управлении своими делами. Нагнетались взаимные упреки между Московским патриархатом и всеми несогласными с ним и наоборот.

В Московском патриархате считали, что если выделение в самостоятельное образование Украинской православной церкви шло в общем русле нормального внутрицерковного развития, то образование Украинской автокефальной православной церкви явилось проявлением уже совсем иных тенденций. Автокефальная церковь, в частности, обвиняла Русскую православную церковь в том, что она оказалась не в состоянии контролировать развитие ситуации в Западной Украине и «без борьбы отступила перед напором католицизма». Руководителям этой церкви удалось «оторвать» от РПЦ свыше 1 тысячи приходов. Аналогичные процессы протекали и в Молдове. Московский патриархат с не меньшим жаром попрекал киевских иерархов в полной бездеятельности, в неумении справиться со сложившейся ситуацией.

Обострились отношения между РПЦ и зарубежной русской так называемой «Карловацкой» православной церковью. Впрочем, они никогда не были в дружеских отношениях. Особую озабоченность московского патриархата вызвало то, что 1990 г. во Владимирской области был образован первый легальный «Карловацкий» приход.

Намётки нормализации в отношениях между РПЦ и Ватиканом, начатый между ними диалог, а также укрепление позиций католицизма в разных районах страны дали повод так называемому «патриотическому» крылу в русском православии (особенно в Сибири и на востоке страны) вести атаки на руководство Русской православной церкви, обвиняя его в попустительстве «окатоличивания» России и русской православной церкви.

Любопытно, что аналогичные обвинения предъявлялись и Горбачёву, особенно после его беседы с Иоанном Павлом II в Ватикане. Агентура серости и регресса обвиняли Горбачёва «в сговоре с Ватиканом» по «окатоличиванию» СССР. В действительности же речь шла об установлении дипломатических отношений между Москвой и Ватиканом.

Особо сложными и для государства, и для Московского патриархата были проблемы, связанные с греко-католиками восточного обряда, как правило называемых униатами, доминировавшими в ряде районов Западной Украины. В условиях демократизации советского общества требования верующих о восстановлении униатской церкви, насчитывавшей в то время по официальным данным от 4-х до 5 млн. последователей как самостоятельной религиозной организации на основе полного юридического признания Украинской греко-католической церкви со стороны государства и РПЦ было более чем естественным. Разумеется, одно из основных требований униатов было признание недействительными и незаконными решения Львовского собора о возвращении в лоно РПЦ украинских греко-католиков, находившихся с 1596 г. в унии с Ватиканом, вместе с принадлежавшими им храмами и прочей церковной собственностью, навязанные униатам в марте 1946 г. в условиях сталинских репрессий. Острота ситуации служила дополнительным возбудителем нагнетания националистических настроений, нередко приводила к открытым столкновениям и вспышкам насилия между униатами и православными. Русская православная церковь занимала по этому вопросу, как тогда говорили, «во многом одностороннюю позицию».

Я, как и большинство моих сослуживцев, считал необходимым как можно скорее нормализовать отношения между государством и униатами.

Униатство стало своего рода символом личной свободы, национального самосознания в ряде западных областей СССР. Бороться с ним было не только неразумно и вредно, но и бесполезно. На заседаниях межведомственной группы по разработке законопроекта о свободе совести приводились случаи, когда в милицию поступали сигналы о том, что буквально в двух шагах от отделения милиции идет униатская служба. Туда направляется наряд. Милиционеры возвращаются и докладывают, что никакой службы нет. Заявитель настаивает: ведь даже здесь слышно пение! И получает ответ, что никто, кроме него никакого пения не слышит, что это ему мерещится, что ему надо отдохнуть, иначе... Испуганному заявителю оставалось только вернуться восвояси. Он понимал, что это «иначе» означало психиатрическую больницу или статью уголовного кодекса.

Иерархи Русской православной церкви сетовали как на бездействие властей, так и на свою собственную беспомощность и неповоротли-

вость. Во многом она объяснялась ими острой недостаточностью православных священнослужителей, способных вести службу на украинском
языке, издаваемой на нём религиозной литературы. По их словам, этот
вакуум умело и активно заполнял Ватикан для «насаждения» католицизма в СССР. Другими словами, шла острейшая борьба между православием и католицизмом, в которой для Московского патриархата далеко не последнюю роль играло перераспределение церковной собственности. Московский патриархат не хотел терять полученное, греко-
католики стремились возвратить утерянное. К сожалению, в этом вопросе государство слишком долго стояло далеко не на позициях отделения
от церкви...

Мне и моим единомышленникам было ясно: необходимо исправить
историческую несправедливость. Это позволило бы и снять избыточное
иррациональное напряжение на западе Украины.

Процесс регистрации униатских общин начался с большим опозда-
нием, лишь в середине 1990 года и уже не мог сдержать широкой кампании по самовольному захвату храмов, переданных после 1946 г. государством в пользование православной церкви. Развиваясь при полной
поддержке со стороны городских и местных властей ряда районов, это
привело к тому, что к 1991 году позиции РПЦ в Западной Украине были
практически сведены к нулю в то время как раньше ей там принадлежало около 3 тысяч приходов, отошедших к греко-католикам и украинской
автокефальной православной церкви.

К началу 1991 года католические приходы (всего около 1,5 тысяч)
пустили корни в 12 союзных республиках, вплоть до отдельных районов
Сибири. Создавались административно-церковные структуры, форми-
ровались учебные заведения, учреждались монашеские ордена, благо-
творительные и миссионерские центры. Создавались католические
фонды помощи.

Высказывания бывшего председателя Совета по делам религий
при Совете Министров СССР К. М. Харчева, его полемика в прессе с ответственными работниками аппарата ЦК КПСС, отчасти приоткрывают
тогдашнюю «кухню» взаимоотношений между государственным и партийным аппаратом по поводу государственно-церковных отношений.
Противники обменивались не рапирными уколами. То были залпы из
орудий большого калибра, рассчитанные на безоговорочную компрометацию, на уничтожение (по крайней мере – политическое) противника.

Напомним основные позиции в «обмене любезностями», по которым велась полемика.

К. М. Харчев: Совет по делам религий и его председатель были связаны по рукам и ногам указаниями, идущими из аппарата ЦК КПСС и из правоохранительных органов.

Идеологический отдел ЦК КПСС: В искривлениях государственно-церковных отношений был виновен только Харчев, один Харчев и никто кроме Харчева.

Заметим, что ранее в стране не было общесоюзного закона, регулирующего право на свободу совести. Не имели таких законов и автономные республики. В союзных республиках действовали законы, «образцом» для которых стал акт РСФСР «О религиозных объединениях» 1929 года. Он изжил себя еще до своего принятия и сохранится в истории как мрачный фундаменталистский памятник борьбы государства с религией в эпоху диктатуры серости, выдержанный в стиле «социалистического реализма». Первый и последний союзный закон, пересмотр в его духе республиканского законодательства, вывели страну на современный уровень международных норм по правам человека.

Итак, новый закон, гарантирующий на союзном уровне свободу вероисповеданий, несмотря ни на что, был принят. С тех пор к недавним наркологам от идеологии применимы слова булгаковского Воланда: «...Ваша теория солидна и остроумна. Впрочем, ведь все теории стоят одна другой. Есть среди них и такая, согласно которой каждому будет дано по его вере. Да сбудется же это!».

На последнем заседании парламентской комиссии по разработке закона присутствовал недавно избранный патриарх Алексий II, наслышанный об активности МИДа и его представителя в защите прав верующих и религиозных организаций. Благословление агента КГБ, пусть возможно и бывшего, я не принял.

Действовал этот закон, к сожалению, недолго. Российский Парламент начал лихорадочную разработку своего собственного закона. Любопытно, что в российскую комиссию переметнулись те члены нашей комиссии, которые не могли отразить свои агрессивно-атеистические, чекагебистские и прочие подходы, которые не были приняты в комиссии Верховного Совета СССР.

Должен покаяться: занимаясь религиозными проблемами, я по наивности не брал в расчет тот факт, что религия может быть коммерческим предприятием. Церковники не были столь наивны – они-то знали свои возможности...

Страница книги скорби

Зимой 1986-1987 годов на тексте одного из радиоперехватов (был такой засекреченный источник информации для руководства страны, излагавший суть радиопередач «голосов», вещавших на СССР), в котором говорилось о политических злоупотреблениях психиатрией в стране, министр иностранных дел СССР Э. А. Шеварднадзе наложил резолюцию – срочно доложить ему действительное положение дел в этой области. С этого вечера всерьез началась работа по подготовке реформы советской психиатрии. Я оказался ангажированным в ней на годы вперед. Скажу откровенно: никто из вовлечённых в эту работу людей не подозревал всей трагичности, глубины и сложности стоявших здесь проблем. У нас были только нравственные ориентиры. Имевшаяся информация позволяла занять позицию, но не давала возможности всесторонне проанализировать проблему и выйти на весомые и, главное, реалистичные предложения – всё, что можно, было скрыто от посторонних глаз. Правозащитники, хотя знали больше, всё равно были примерно в таком же положении.

Вместе с тем было абсолютно ясно, что белый мрак, окутавший страну в застойный период, не мог идти ни в какое сравнение с клиникой профессора Стравинского, описанной М. А. Булгаковым. Здоровый человек, попавший в психиатрическую больницу, мог быть обезволен одним уколом. Другой укол – и он предстаёт сумасшедшим. И практически никто не выходил после «лечения» здоровым. К счастью, «лечили» не всех. Иногда из гуманных соображений, когда госпитализированный здоровый человек попадал на честного психиатра, иногда просто из-за нехватки лекарств...

Списки узников советской психиатрии занимали одно из главенствующих мест среди озабоченностей наших западных партнеров положением дел в области прав человека в СССР. В них назывались фамилии около 300 человек, помещенных на психиатрическое лечение по политическим причинам и зачастую привлеченных к уголовной ответственности по политическим или религиозным статьям уголовного законодательства. Плюс к этому – те, кто к политике отношения никогда не имел.

Многие годы в ответ на обвинения в злоупотреблениях психиатрией в политических целях, раздававшихся со всех сторон, советские психиатры либо гордо отмалчивались, либо говорили о клевете. В результате они были вынуждены выйти (а фактически –исключены) из Всемирной психиатрической ассоциации, оказались в состоянии устойчивой нравственной, научной и интеллектуальной изоляции от зарубежного опыта.

Навешивание на любую критику ярлыка «клевета» ясно показывало, что советская психиатрия долгие годы была тяжело больна. Психиатры прекрасно распознают отсутствие у своих пациентов способности к критической оценке своих поступков. Это – симптом. У самих себя они его не заметили. Справедливости ради нельзя не отметить, что веру в собственную непогрешимость ввели в советский повседневный обиход не психиатры. Они были, хотя и яркими, но только исполнителями определенной сверху политической линии.

С началом же перестройки возник вопрос: действительно ли всё благополучно в нашей психиатрии, нет ли рационального зерна в критике с Запада? А критика эта буквально леденила кровь. Суть ее можно вкратце свести к тому, что в СССР заведомо здоровых людей помещают в психиатрические больницы за их политические убеждения. Советским представителям передавались списки узников психиатрии в СССР, которые впервые стали объектом самого пристального внимания МИД СССР, аппарата ЦК КПСС, где под руководством А. Н. Яковлева этими вопросами занимался входящий в идеологический отдел сектор прав человека, заведовал которым будущий пресс-секретарь М. С. Горбачёва А. С. Грачёв.

Нельзя не отметить, что власть и психиатрия традиционно находятся в достаточно тесных отношениях. Вспомним, например, крупнейшего российского политического мыслителя П. Я. Чаадаева, провозглашенного сумасшедшим из-за неугодности его воззрений императорскому двору. Наверное, «Философические письма» свидетельствуют об обратном... Есть и другие свидетельства, позволяющие сделать вывод о том, что с психиатрией всегда были шутки плохи. Одно из самых выразительных содержится в знаменитой Нагорной проповеди и звучит весьма определенно: «...Кто скажет: «безумный», подлежит геенне огненной» (Мат.5, 22).

Установление в СССР диктатуры миросозерцания вызвало не только нравственные, но и юридические последствия. Ст. 58[10] сталинского уголовного кодекса, лихо перекочевавшая в качестве ст. 70 в УК РСФСР 1962 г., ст. 190[1] УК РСФСР, наряду с системой диагностики психических заболеваний, разработанной академиком Снежневским, создали те самые предпосылки, при которых нестандартные убеждения с легкостью неимоверной могли трансформироваться в уголовное дело, а оно, в свою очередь, в психиатрический диагноз. Потому что был такой закон, потому что так учили и воспитывали психиатров. Добавим к этому простор для произвола при внесудебной принудительной госпитализации (т.н. «госпитализация по неотложным показаниям»), который давали действовавшие тогда инструкции, и картина станет еще более безрадостной.

Злоупотребления психиатрией набрали силу после пражской весны 1968 года и подписания Заключительного акта Совещания по безопасности и сотрудничеству в Европе, давшими мощный импульс правозащитному движению в Советском Союзе.

В философской притче (а быть может, скорее в политическом памфлете, точно отражающим недавнее советское житие) Ф. Искандера «Удавы и кролики» поначалу удавам хватало для удовлетворения своих удавьих потребностей гипноза. А какой массовый гипноз может быть эффективнее утверждения: кто думает и говорит иначе, чем мы – сумасшедший.

Но это функция, так сказать, воспитательная. Организационно проблема удушить инакомыслящих кроликов решалась двумя путями. Первый, более сложный, состоял в их привлечении по политическим и религиозным статьям уголовного законодательства с последующим помещением на принудительное лечение в больницах специального типа, принадлежащих МВД СССР. Система работала безупречно. Лицо, привлеченное к уголовной ответственности, могло быть направлено на судебно-психиатрическую экспертизу на любом этапе следствия или судом. Правда, до суда дело в таких случаях, как правило, не доходило. Более того, не доходили до суда и подсудимые – их на него не допускали из «гуманных соображений». Многие из них даже адвоката не видели в лицо.

Зачем нужны были такие нарушения уголовно-процессуального законодательства? Оказывается, дело в том, что даже резиновые формулировки уголовных статей, позволяющие судить за мысли, высказанные жене, друзьям или записанные, например, в дневнике, не давали в ряде случаев оснований для привлечения к уголовной ответственности. Тогда – экспертиза. А в СССР, как известно, дисциплина – и локальная служебная, и всеобъемлющая партийная – подменяла и совесть, и здравый смысл.

Психиатрический инструментарий борьбы с инакомыслием был доведен до совершенства. Это, естественно, давало психиатрам свободу рук для произвола в целом. Но произвол одних порождал произвол других. Потребовать изоляции человека в психиатрической больнице по «неотложным показаниям» мог кто угодно – соседи, начальник. Это – второй путь вытравливания «ересей» из «монолитного советского общества».

Бороться с этим монстром оказалось делом весьма непростым. Для того чтобы начать движение в нужном направлении потребовался разговор моего отца, в то время работавшего первым заместителем министра иностранных дел СССР, с премьер-министром Н. И. Рыжковым, который удивился и возмутился, узнав о масштабах и механизмах злоупотреблений психиатрией в немедицинских целях. Рыжков спросил у отца, есть ли что-нибудь на бумаге. Получив подготовленную мною справку, на одном из ближайших заседаний Политбюро он, по свидетельству присутствовавших, гневно выступил по этому поводу. Однако маховик психиатрических репрессий был раскручен настолько мощно, что ясной и твердой позиции Генерального секретаря, премьер-министра, министра иностранных дел и А. Н. Яковлева хватило только для того, чтобы придать легальность ведущейся работе. Причем легальность весьма относительную, так как по существовавшим тогда правилам всё происходящее на заседаниях Политбюро держалось в строгой тайне, и я не должен был об этом знать, а тем более ссылаться.

Творцы психиатрического беспредела человеческой подлости – академики Вартанян и Морозов со своими приспешниками – упорно делали вид, что в советской психиатрии всё безупречно. Впервые я с ними лично столкнулся на совещании в кабинете начальника управления внешних сношений Минздрава СССР Э. Косенко. На этом совещании молчаливо присутствовал и главный психиатр Минздрава СССР А. А. Чуркин. Я под внешнеполитическим углом зрения сформулировал стоящие задачи, ощущая при этом профессиональные диагностические взгляды корифеев карательной психиатрии. Вартанян взорвался: «Как вы можете говорить о недостатках нашей психиатрии, когда ей рукоплещет весь мир!?» Такого неприкрытого лицемерия я уже не выдержал и весьма не дипломатично прочитал ему мораль о критике в наш адрес, о списках жертв злоупотреблений психиатрией, о нашем изгнании из Всемирной психиатрической ассоциации. Кончил я словами о том, что нашей психиатрии никто и нигде не рукоплещет, и надо устранить причины, вызывающие критику – такова политическая воля и не нам с этим спорить. (О том, что сформулировали эту политическую волю мы с коллегами, я счёл за благо умолчать). Расходились с совещания молча, даже не прощаясь, причём, разумеется, не по моей инициативе – я, хотя и пассивно, дал им возможность проявить элементарную вежливость.

Многие психиатры расценивали неизбежную перестройку их деятельности как настоящий Апокалипсис. В действительности же речь шла всего-навсего о том, чтобы их пациентов лечить в нормальных условиях и нормальными средствами, чтобы к больным относились с уважением, чтобы здоровые чувствовали себя в безопасности от карательной психиатрии. В конечном итоге всё это работало и на самих психиатров, так как без возвращения психиатрии здравого смысла им невозможно было вернуть себе уважение общества.

Я далек от того, чтобы огульно очернять судебных психиатров, а тем более психиатров вообще. Без активной и самоотверженной помощи профессора Б. В. Шостаковича, Г. Н. Милёхина и некоторых других, наведение порядка в советской психиатрии было бы ещё более проблематично. Среди психиатров было много людей добросовестно заблуждавшихся и сменивших позиции, по-новому взглянувших на вещи. Другие всё поняли без посторонней помощи. Так, один из них со стыдом поведал мне, как после войны, едва окончив институт, он без колебаний ставил диагноз, когда советские военнопленные рассказывали ему, как из гитлеровских лагерей они прямиком попадали в лагеря сталинские.

Но решающую помощь и в «диагностике» советской психиатрии и в её лечении оказали ведущие советские юристы в области психиатрии – профессор С. В. Бородин и С. В. Полубинская. Институт государства и права АН СССР, возглавляемый блестящим прогрессивным юристом академиком В. Н. Кудрявцевым, где они работали, первым в Союзе поставил вопрос о необходимости коренной реформы нашей психиатрии. Оттуда мы и получили первую достоверную информацию.

Поначалу задача казалась достаточно стандартной: разобраться, что происходит, подготовить предложения по реформе нормативных актов, внести их за подписью Шеварднадзе и министра здравоохранения в Политбюро. Неожиданности, сломавшие эту схему, начались практически сразу. Прежде всего, потому, что мы встретились с небывалым сопротивлением Минздрава. Естественное желание изучить действующие инструкции встретило у тамошних бюрократов весьма неожиданную реакцию: «никаких инструкций нет», говорили они нам. Мы же знали: есть. И не просто потому, что иначе быть не могло. У нас были их копии, вернее выпечатки из них, попавшие к нам чуть ни детективным путем. Более того, ничем не увенчались все мои попытки купить хоть какой-нибудь учебник по психиатрии – в продаже их не было. Литература по психиатрии хранилась в спецхранах и, соответственно, к ней требовался специальный допуск, недоступный для непсихиаторов.

При нашем первом знакомстве с главным психиатром Минздрава СССР А. А. Чуркиным я упомянул об этой инструкции под заранее продуманным и согласованным с руководством предлогом:

– Мне надо доложить руководству предложения по мерам, которые надо принять для возвращения СССР во Всемирную психиатрическую ассоциацию. – Эта завлекалочка была придумана, чтобы советские психиатрические феодалы и инквизиторы в одном лице согласились на реформирование их домена, а дабы сдвинуть дело с мёртвой точки, им надо было посулить нечто такое, что без этого им казалось невозможным. – В частности вызывает вопросы инструкция о психиатрическом освидетельствовании.

– Такой инструкции нет, – вскинулся Чуркин.

Я достал из кармана свой блокнот, пролистал и открыл его на нужной странице.

– Ну как же нет, Александр Александрович? Её полное название «Инструкция о порядке первичного врачебного освидетельствования граждан при решении вопроса об их психическом здоровье». Первый заместитель министра здравоохранения Щепин утвердил её 26 июня 1984 года.

– Такая инструкция есть, – с сомнением, чуть ли не вопросительно, признал Чуркин, который понял, что ему некуда деваться. – Только откуда вы о ней знаете?

– У нас есть свои возможности получения необходимой информации...

Ответ на вопрос, почему столь тщательно скрывался даже сам факт существования этого документа, лежал на поверхности. В его пункте 8 говорилось следующее: «В случаях, когда поведение лица, не состоящего на психиатрическом учете, вызывает у окружающих подозрение на наличие у него острых психических расстройств, способных угрожать жизни и безопасности этого лица или окружающих его лиц, а также к нарушениям общественного порядка, а сам он от посещения врача-психиатра отказывается», он освидетельствуется врачом бригады скорой психиатрической помощи или врачом-психиатром психоневрологического диспансера «по вызовам официальных должностных лиц, родственников или соседей». Не будем на этом останавливаться и перейдем к пункту 9 этой удивительной бумаги. Приведу и его максимально полно, чтобы избежать обвинений в передёргивании. Итак: «Отдельные лица, дезорганизирующие работу учреждений, предприятий и т.п. нелепыми поступками, многочисленными письмами нелепого содержания, а также необоснованными требованиями, могут быть освидетельствованы врачом-психиатром непосредственно в этих учреждениях...»

Попробуем вдуматься в приведенные пассажи. «Подозрения» у каких-то «окружающих», не имеющих специального, а может быть, вообще никакого образования, позволяют вызвать скорую, которой, скорей всего, и разбираться-то некогда, болен человек или здоров. А какой простор для должностных лиц, родственников или соседей приструнить неугодного, непослушного, несговорчивого! Апофеозом в этом пункте является предоставление возможности освидетельствовать человека, которого можно подозревать в том, что он не угрожает, а только может угрожать общественному порядку.

Смутно все сформулировано, нарочито смутно. А как разобраться, обоснованные требования или нет? Где критерии нелепости? И, наконец, а судьи кто?! В результате, практически любой человек, выбивающийся из общей массы нестандартным мышлением, экстравагантностью, правдоискательством наконец, мог быть госпитализирован, используя медицинскую терминологию, «по неотложным показаниям» или помещен судом на принудительное лечение.

Мне неоднократно приходилось встречаться с жертвами психиатрического беспредела. Многие из них приходили ко мне в МИД за помощью. Мрак в белых халатах вламывался к ним в квартиры и насильно увозил в психушки после того, как они выводили на чистую воду нечистых на руку начальников, выступали за элементарную справедливость. Само наличие психиатрического диагноза (а снять его было практически невозможно) лишал их многих элементарных прав. Некоторым из них приходилось бежать из родных городов, бросать семьи, чтобы избежать нового помещения в психиатрические застенки. Иногда им удавалось помочь, иногда нет...

Конечно, были и другие посетители. При общении с ними буквально физически чувствовалась опасность. Один из них пришел ко мне незадолго до того, как попробовал зарубить топором прокурора в его собственном кабинете.

Пришлось мне столкнуться с психиатрической гнусностью и в стенах МИДа. Выяснилось, что одному моему коллеге – человеку честному и принципиальному – его бывший начальник подстроил психиатрический диагноз. Сделано все было «по высшему классу» – психиатры его даже не видели! Но диагноз записали. Мой сослуживец многие годы находился в полном неведении об этом до тех пор, пока его не направили на несколько дней в загранкомандировку. Снять этот липовый диагноз оказалось делом непростым – его подписал один из психиатрических «генералов». К счастью, мой партнёр из института им. Сербского оказался его учеником. Придя на следующее утро после моей просьбы помочь моему коллеге, я застал его около поста милиции. Красные глаза, помятое простынно бледное лицо... (Впрочем, он меня сразу предупредил, что снятие диагноза будет мне стоить двух бутылок хорошего коньяка). Оказалось, что он приехал прямо от корифея. Пока я отпаивал его кофе в своём кабинете, он поведал, что его задачу очень упростило то, что записанного в истории болезни моего коллеги диагноза попросту не существует.

Параллельно с юридическими «изысканиями», о которых говорилось выше, нами велись и другие. Список жертв карательной психиатрии, представленный советской делегации в Вене дополнялся нами из всех возможных источников фамилиями, которые в нем в действительности не фигурировали. Проверить направленный нами в ведомства «венский список» по первоисточнику, как уже говорилось выше в более широком контексте, к счастью, никому в голову не пришло.

Разумеется, мы это делали далеко не ради чисто научного интереса. Составленные таким образом списки рассылались на проработку во все ведомства для возможного пересмотра участи названных в них людей. Возможного – так как в них оказывались и настоящие – уголовные – преступники, действительно страдающие психическими болезнями. Порой, правда, нас обманывали и с этим...

В подавляющем большинстве случаев медики пришли к выводу: фигурирующие в списках жертв карательной психиатрии люди могут быть выписаны из психиатрических больниц или переведены из тогда существовавших спецбольниц системы МВД в обычные больницы, принадлежащие Минздраву СССР.

Это – относительно известная сторона дела. В тени осталась действительная работа по освобождению жертв карательной психиатрии. Выглядела она порой драматично.

Прорыв состоялся при подготовке первого визита Горбачёва в США. Среди многочисленных справок был официально доложен документ, в котором перечислялись фамилии людей уже выпущенных из психиатрических больниц и тех, которые будут выпущены до его начала. Упрек в показухе здесь неуместен. Мы это делали не для американцев. А упустить уникальную возможность мощного давления на психиатров, правоохранительные органы и суды, которые, к сожалению, охотно продлевали сроки принудительного лечения и весьма неохотно его отменяли, мы считали недопустимым. Разумеется, списки были составлены при участии психиатров после того, как ими было проведено переосвидетельствование этих пациентов.

Тем не менее, в последний момент кто-то где-то решил пойти на попятный. Механизм освобождения инакомыслящих из психиатрических застенков забуксовал. Пришлось прибегнуть к жестоким мерам убеждения и объяснить психиатрам и «заинтересованным министерствам и ведомствам», что дезинформация Генерального секретаря ЦК КПСС может вызвать тяжелые последствия. Конечно, в том, что им говорилось, были изрядные передержки. Но как раз они-то и подействовали. Вывод я сделал предельно чёткий: «Делайте, что хотите, но сдержите обещания. Иначе нам всем не сносить головы».

В результате мое рабочее место превратилось в какое-то подобие оперативного штаба по выписке из психиатрических лечебниц. Телефон разрывался. «Суд отказывается отменить принудлечение». – «Делайте что хотите, но сдержите обещание». – «Мы ничего не можем сделать с судом!» – «Можете!» – «Х отказывается выписываться к сестре» – «Ищите другого родственника». – «Х в служебной машине в сопровождении машины ГАИ едет к...» – «А ГАИ то зачем?» – «Для скорости. Чтобы успеть к началу переговоров». – «Y выехал из больницы на служебной машине». «Y вошел в квартиру, открыв дверь своими ключами». И так далее.

Было ясно, что для наведения порядка в психиатрии нужен хороший закон. Мощное по временам начального этапа перестройки оружие нам дал тот факт, что в пресловутый ленинский период вопросы освидетельствования душевнобольных регулировались Постановлением (инструкцией) Народного Комиссара юстиции. Данное Постановление было подписано П. И. Стучкой и опубликовано в «Известиях».

Это было доложено Э. А. Шеварднадзе, который в полной мере понял убойную силу «ленинских норм» для советской психиатрической инквизиции. Закрутилась работа по пробиванию решения Политбюро о необходимости принятия законодательного акта, регулирующего все аспекты оказания психиатрической помощи. К сожалению, Минздрав вкупе с карательными органами преуспели в борьбе с МИДом. В результате 5 января 1988 года на свет явился Указ Президиума Верховного Совета СССР, вводящий в действие половинчатое Положение об условиях и порядке оказания психиатрической помощи. Положение появилось на свет в муках – и сторонников, и противников перестройки психиатрии. Хотя оно было разработано по инициативе Шеварднадзе, в записке которого в ЦК были заданы его ключевые параметры, оказать влияние на текст мы смогли только на этапе его письменного голосования членами Политбюро.

Несмотря на все недостатки Положения, в нем было немало позитивных моментов. Прежде всего, это была первая попытка именно законодательного, а не ведомственного регулирования оказания психиатрической помощи. Устанавливались жесткие сроки освидетельствования и переосвидетельствования пациентов, не добровольно помещенных в психиатрические больницы. Положение предусматривало не только административный, но и судебный, а также прокурорский контроль за действиями психиатров. Вместе с тем механизм такого контроля был обойден молчанием, а поэтому работать он не мог. Специальные психиатрические больницы, находившиеся в ведении МВД, передавались органам здравоохранения. Однако и это решение саботировалось до последней возможности. Одна из отговорок состояла в том, что зарплата персонала в спецбольницах выше, чем в обычных. Положение предусматривало установление уголовной ответственности за помещение в психиатрическую больницу «заведомо здорового лица». Благо ни о ком нельзя сказать, что он здоров «заведомо», надо признать, что формулировка составлена мастерски с точки зрения её недейственности.

Был в Положении и самодостаточный для практически любых злоупотреблений пункт, согласно которому «лицо, совершающее действия, дающие достаточные основания предполагать наличие у него выраженного психиатрического расстройства, при этом нарушающее общественный порядок либо *правила социалистического общежития* (курсив мой – А.К).... может быть подвергнуто без его согласия, согласия его родственников или законных представителей первичному психиатрическому освидетельствованию». Более расплывчатой и дающей простор любому произволу формулировки, чем пресловутые «правила социалистического общежития» придумать невозможно, так как их можно было трактовать абсолютно произвольно.

Другими словами, то позитивное, чего удалось добиться, было практически сведено на нет отсутствием механизма и традиционно резиновыми формулировками. Вместе с тем нет оснований преуменьшать значение Положения. Его принятие положило начало последующим реформам психиатрии.

Разумеется, по тем временам даже при полной поддержке министра, ничего не удалось бы сделать без тесного товарищеского сотрудничества с реформаторски настроенными сотрудниками аппарата ЦК КПСС. Там за эти вопросы взялся сектор прав человека. Именно благодаря непререкаемому в то время авторитету всесильного партаппарата психиатры начали сотрудничать с МИДом.

Позже, когда работа приблизилась к опасной черте, курирующий заместитель министра А. Л. Адамишин передал мне указание Шеварднадзе действовать в полностью автономном режиме, чтобы никто – ни в аппарате ЦК, ни в МИДе, включая моего собственного непосредственного начальника Ю. А. Решетова, – не знал чем и как я занимаюсь.

Вскоре меня вызвал А. И. Глухов, руководивший нашим Управлением. У него в кабинете был незнакомый мне мужчина. Шеф распорядился, чтобы я срочно принёс ему *все* (он очень ясно интонационно подчёркнул, что именно все, а потом для ясности повторил это ещё раз) черновики бумаг, которые я накануне передал для Шеварднадзе. Разумеется, это указание я выполнил не совсем точно, оставив себе кое-что про запас – без этого я просто не смог бы дальше работать. Минут через 20-30 Глухов пригласил меня опять. Он был мрачен. Оказывается, незнакомец, которого я у него видел, был порученцем Шеварднадзе, по распоряжению которого все без исключения бумаги по психиатрии я должен был ему передавать без визы, чтобы не оставлять следов на бумаге, и только в руки тогдашнему фактическому руководителю секретариата министра, будущему министру иностранных дел И. С. Иванову, которому я был должен докладывать на словах, кто ещё в курсе вопроса и, в случае необходимости, откуда получены сведения.

Об опасности здесь говорится не для красного словца. Попытки меня припугнуть разными, в том числе психиатрическими методами – мелочь, хотя и неприятная. Крупная провокация, о которой речь пойдет ниже, была предпринята накануне визита американских психиатров в СССР. Этот визит был нами инициирован по тем же внутриполитическим соображениям. Надо было получить мощный импульс извне, чтобы были веские аргументы для нового рывка перестройки психиатрии. Главным было добиться принятия решения о разработке действенного закона, строго регламентирующего все аспекты оказания психиатрической помощи и делающим невозможными новые политические злоупотребления блюстителями идеологической чистоты общества в белых халатах. Не менее важная, хотя и быстрее осуществимая задача состояла в том, чтобы вызволить из психиатрических застенков максимальное количество политических и религиозных заключенных.

Разумеется, чтобы советские психиатрические генералы согласились на проведение такого мероприятия, им надо было посулить нечто такое, что им казалось невозможным. Поэтому, аргументируя необходимость визита, мы всячески обыгрывали тезис о том, что без его успешного проведения возобновление советского членства во Всемирной психиатрической ассоциации, которым мы изначально заманивали психиатров и Минздрав в реформирование этой области, будет невозможным. Эту наживку они опять проглотили.

Первая встреча для подготовки визита американских психиатров в СССР проходила 9-12 ноября 1988 г. в Москве. Было заранее решено, что и подготовка к визиту, и сам визит будут проводиться под эгидой МИД СССР и Государственного департамента США, накопивших к тому времени уже немалый опыт по решению сложных правочеловеческих проблем. Соответственно, мне было поручено возглавить советскую делегацию, моим американским контрагентом был представитель Госдепа США посол Р. Фарранд. Американская сторона передала нам документ, содержащий условия, необходимые для успешной работы делегации. Первоначально он нам показался неприемлемым.

Американская делегация поставила себе четко очерченную задачу. Она состояла в том, чтобы определить, идет ли перестройка в советской психиатрии и сохранялись ли на тот период предпосылки для злоупотреблений ею в немедицинских целях. В соответствии с этим строился весь план работы американских специалистов. Нам был представлен список на 48 человек, из которых планировалось обследовать 15 госпитализированных больных и 12 человек, выписанных из больниц, что в конечном итоге и было сделано.

Не буду домысливать, какие трудности были у американских специалистов. Ясно было одно: им нужны стопроцентно достоверные по принятым в США критериям результаты их работы. Но сложилась ситуация, при которой осуществление политической воли сторон к началу сотрудничества зависело не только от правильного толкования намерений контрагента, но и от возможностей чисто технического характера. И, главное, от преодоления безукоризненно отлаженного в СССР механизма противодействия реформам. Казалось, действовавшего порой на уровне законов природы.

Успеху переговоров помогло то, что буквально накануне их начала главный психиатр Минздрава СССР А. А. Чуркин признал случаи «гипердиагностики» и «неоправданно долгого нахождения на принудительном психиатрическом лечении». (Впрочем, количество таких случаев, как он сам честно мне признался, он взял из головы и оно не имело ничего общего с действительностью). Не будем забывать при этом, что разработанная советскими психиатрами система диагностики психических заболеваний способна удовлетворить самый изощренный вкус самого взыскательного к обществу – не к себе! – политикана. Слово «гипердиагностика» в этом контексте звучит весьма зловеще.

Здесь уместно упомянуть о том, что как «медицинскую» часть нашей делегации возглавлял Чуркин, так с американской стороны эти функции выполнял один из крупнейших американских авторитетов в области судебной психиатрии доктор Лорен Ротт. Именно во многом благодаря его усилиям удалось возобновить советско-американский диалог в области психиатрии и, тем самым, дать новый импульс реформе советской психиатрии. Я почувствовал в Л. Ротте человека, увлечённого своим делом и которому можно доверять. Поэтому, когда в один из критических моментов подготовки к визиту мы на ходу, без свидетелей, обменялись мнениями, и Л. Ротт практически подтвердил мои предположения относительно целей и возможных результатов визита, я стал исходить из этого уже не как из собственной неизвестно правильной или нет догадки, а как из объективной данности. В докладной записке министру я написал примерно так: с высокой мерой вероятности можно ожидать, что... (далее следовали мои, в чём-то подтверждённые, а в чём-то подкорректированные Л. Роттом, выводы). Глухов и Адамишин, хотя и не без колебаний (а предположения высказывались довольно рискованные), записку подписали, но, вопреки общепринятой практике, эту записку должен был подписать и я (обычно такие бумаги подписывались заместителем министра или, в крайнем случае, начальником управления; исполнитель же их только визировал). Всё это очень помогло советско-американской «психиатрической разрядке» со всеми вытекающими отсюда внутренними последствиями.

Главное расхождение между нами и американцами, разумеется, было политическим. Мне была предоставлена достаточная свобода маневра с единственной, но очень существенной оговоркой – визит ни в коем случае не должен походить на инспекцию, а благо он в действительности инспекцией и был, проводиться на основе взаимности. Ю. А. Решетов и советские психиатры заранее предвкушали, как они будут выискивать в американских психиатрических больницах политических заключенных. Для вида пришлось немного поиграть в эту игру и мне.

Р. Фарранд занял крайне негибкую позицию: никакого ответного визита, никакой взаимности. «Какая может быть взаимность, когда у вас есть политические злоупотребления психиатрией, а у нас нет?», – вопросил он. Когда уже, как казалось, всё было согласовано и решено, а члены советской и американской делегаций начали подниматься из-за стола для рукопожатий и теплых самопоздравлений, я был вынужден взять слово и, подводя итоги переговоров, подчеркнуть, что визит будет осуществлен на основе взаимности. Фарранд сорвался на крик, чем доставил мне немалое удовольствие – всегда любопытно быть свидетелем скандального нарушения самих азов дипломатии. В ответ я ему сказал, что он пытается навязать нам режим капитуляции и ответственность за срыв визита, вопреки с таким трудом достигнутым договоренностям между советскими и американскими психиатрами, ляжет на Государственный департамент.

Разумеется, я знал, что на следующий день А. И. Глухов в рамках визита госсекретаря США Дж. Шульца должен был встретиться с помощником госсекретаря США по правам человека Р. Шифтером и не сомневался, что этот умный и тонкий дипломат займет иную позицию, чем его подчиненный, что и произошло.

Суть достигнутого соглашения, которое здесь цитируется почти дословно, состояла в том, что группе американских психиатров и других экспертов будет позволено осмотреть пациентов, посетить психиатрические больницы, обсудить вопросы законодательства и психического здоровья с тем, чтобы констатировать новое развитие психиатрической практики в Советском Союзе.

В итоге успешного завершения этого визита обе стороны были намерены интенсифицировать профессиональные контакты сотрудничества между советскими и американскими психиатрами. В этом контексте американская делегация ожидает ответного визита советских психиатров в США и предпримет все необходимые меры, чтобы обеспечить советским представителям возможность изучить и проанализировать американскую психиатрическую практику в благоприятных условиях, соответствующих целям советского визита и интересам продолжения сотрудничества.

Эта информация была зачитана по завизированному Чуркиным тексту в пресс-центре МИД СССР и обнародована за океаном.

Но самое интересное началось, когда все было окончательно согласовано и настало время выполнять взятые нами на себя обязательства. Частично сложности возникли из-за того, что достигнутые договоренности по техническим аспектам визита носили устный характер. Я заблокировал подписание какого-либо, пусть и неформального, документа – его пришлось бы согласовывать со всеми на свете, включая руководство Минздрава, МВД и КГБ СССР, что было заведомо невозможно. Отсюда – и многие разногласия. Кое-что, честно говоря, просто подзабылось – в нашей делегации никто ничего не записывал, а мне писать всё было просто нереально – приходилось постоянно быть начеку, реагировать, искать компромиссные варианты, успокаивать... Но основные проблемы возникли по вине генералов от советской психиатрии и медицины в целом. Дело в том, что пациенты, которые в первую очередь интересовали американских психиатров, проходили психиатрическую экспертизу в Институте имени Сербского. На их историях болезни стоял гриф «секретно». Экспертизу проводили академики и именитые профессора. В историях болезни встречались вещи чудовищные. Например, одного из пациентов отказывались выписать из больницы до тех пор, пока он не откажется от своих религиозных убеждений, за которые он и был госпитализирован. Все это хотели скрыть и поэтому решили дать задний ход.

У нас с американцами был согласован чёткий график подготовки к визиту, включая передачу американским психиатрам ксерокопий историй болезни пациентов, которых они с согласия этих пациентов должны были осмотреть. Истории болезни были рассекречены и частично, что называется под эмбарго, переданы мне. Подошел и прошел срок их передачи американцам, а согласия на неё Минздрава, несмотря на мои настойчивые напоминания, так и нет. Наконец раздаётся телефонный звонок, и В. Ф Егоров, ответственный в Минздраве за психиатрию и наркологию (Чуркин был в его непосредственном подчинении), говорит мне радостным голосом, что решение об их передаче принято. Я ответил, что немедленно вызываю представителя посольства США. Не успел я передать истории болезни, как вновь звонит тот же Егоров и уже совсем иным, официальным тоном заявляет: «Сегодня утром состоялось совещание всего руководства министерства, на котором было принято окончательное решение никаких историй болезни никому не передавать». Я уточнил, был ли он сам на этом совещании. Он ответил утвердительно, ещё раз подчеркнув, что на совещании присутствовало все руководство. Другими словами, меня специально дезинформировали с тем, чтобы свести счеты и при этом демонстративно сорвать визит. Разумеется, минздравовцы прекрасно знали, что за несанкционированную передачу такого рода информации была предусмотрена уголовная ответственность.

Такое решение означало не только срыв визита и конец перестройки психиатрии, но и победу самой чёрной реакции в целом. Положение спас Э. А. Шеварднадзе, позвонивший министру здравоохранения Чазову и попросивший «сделать всё необходимое для успеха визита». Несмотря на это, главный советский «медик», как мне рассказывали очевидцы, кричал накануне визита, что «Ковалёв торгует честью и достоинством родины». Что ж, у каждого своё понимание об этой самой чести и об этом самом достоинстве...

Итак, политически Минздраву деваться было некуда. Тогда он прибег к техническим средствам. Мне было заявлено, что ксерокопий нам, а соответственно и американцам, дать не могут, так как в Минздраве сломаны ксероксы, причем все. В институте имени Сербского и в вартаняновском центре психического здоровья, естественно, тоже. В кабинете Г. Н. Милёхина, в котором хранились истории болезни, произошел пожар. К счастью, истории болезни каким-то чудом уцелели. Ксерокопировать их пришлось в МИДе.

Американцы, конечно, не могли не почувствовать, что подготовка визита сталкивается со значительными сложностями. Поэтому в декабре Р. Фарранд и Л. Ротт приехали на однодневные, но затянувшиеся до глубокой ночи переговоры. Опять – реальная возможность срыва визита. В том числе из-за инверсии его содержания и формы, выпестованной десятилетиями монополии на истину и закрытости советского общества, боязнь того, «что скажет княгиня Марья Алексеевна». И заокеанская, и своя, советская. Заокеанская – от того, что она увидит. Своя – что кому-то открыли ранее закрытое. Несколько раз приходилось говорить переводчице не переводить высказывания наших психиатров, объявлять перерывы, чтобы их успокоить. В скобках отмечу, что Фарранд по-русски понимает и поэтому он не мог не видеть и не понимать того, что происходит. Выдержанный, хотя и эмоциональный Л. Ротт в один момент сказал, что дальнейшие переговоры бессмысленны. Чуркин срывался на крик. Всё же часам к четырём утра удалось договориться.

Помимо всего прочего, КГБ категорически не хотел пускать в СССР уехавших в США бывших советских психиатров, которые были необходимы американской делегации в качестве переводчиков. Впрочем, удалось решить и эту проблему.

«Исчезновения» пациентов и прочие несуразности продолжались до последнего момента, когда судьбу визита решали считанные часы.

Одного из «пропавших» пациентов мы с Милёхиным и его командой разыскивали до четырех часов утра, сидя в его кабинете в Институте им. Сербского. Нам упорно говорили, что из одной больницы его увезли, а до другой не довезли. Нашли мы его только через главврача больницы, куда этого пациента всё-таки привезли. Главврачу, наверное, испортили настроение, так как мы его обнаружили у любовницы. А от того, удастся ли показать этого пациента американским психиатрам зависело, выполним ли мы в последний момент наши обещания и состоится ли визит. Порой дипломатическая работа походит на сборник анекдотов...

Здесь уместно отметить, что среди случаев, с которыми в конце концов ознакомились американские психиатры в ходе своего визита в СССР, были такие «криминалы»: правозащитная деятельность, Украинская Хельсинкская группа (эмоциональная вспышка в помещении собеса); посещение квартиры А. Д. Сахарова – в прошлом – правозащитная деятельность; написал книгу о поэте Высоцком, автор других антисоветских сочинений; распространял литературу (Солженицын, Зиновьев, Медведев); защищал права инвалидов, подписывал обращения и т.д.)[10]. Разумеется, среди пациентов, осмотренных американцами, были и террористы, и убийцы.

В результате всех сложностей, в том числе и привходящих, окончательно вопрос о визите был решен буквально накануне его начала «передовой группой» американской делегации.

«Линия фронта» и при подготовке визита, и при его проведении проходила не по национальному и государственному принципу. Она разделяла тех, кто за здравый смысл, и тех, кто против него... Нельзя не отдать должного догматикам – убедительности у них хватало... на обе стороны. Это были переговоры в переговорах (или переговоры в квадрате), когда диалог шел не только с внешним собеседником, но и – главное! – с собеседником внутренним.

Визит всё-таки состоялся с 26 февраля по 12 марта 1989 г. Работа делегации и ее выводы подробно изложены в докладе по итогам визита. Поэтому не буду его пересказывать.

Как мы и договаривались с американцами, перед обнародованием своего доклада они прислали его текст нам с тем, чтобы мы смогли дать свои комментарии для публикации вместе с докладом. Когда готовились

---

10 *Schizophrenia Bulletin*. National Institute of Mental Health. Vol. 15, No. 4, 1989. P. 134-137.

наши комментарии, я приболел, и они были переданы посольству США в Москве без меня. Выйдя на работу и узнав об этом, я прочитал этот документ с сопроводительной нотой, подписанной Ю. А. Решетовым, который в то время был начальником моего управления, и пришел в ужас. Медицинская часть комментариев была написана предельно конфронтационно и, попросту говоря, грубо. Выгодно от неё отличалась юридическая часть, составленная профессором С. В. Бородиным и С. В. Полубинской. Медицинскую часть мы переделывали вместе с теми специалистами, которые не имели отношения к первому варианту. Но он-то был отправлен! Пришлось долго уговаривать Решетова заменить это безобразие новым текстом. В конце концов, он согласился. А вызванный мною представитель американского посольства раз десять просил повторить, что предыдущий вариант аннулирован и что мы просим считать, что его не было. Наверное, он на меня смотрел примерно также, как я смотрел на Р. Фарранда в момент его срыва. Однако американцы проявили мудрость и, насколько мне известно, нигде ни разу не обмолвились об этой истории.

Вскоре после визита было восстановлено советское членство во Всемирной психиатрической ассоциации, и моё, честно говоря, волюнтаристское обещание оказалось выполненным.

Сразу после окончания визита была внесена записка в ЦК КПСС с проектом его постановления, обосновывавшая необходимость принятия закона, о котором речь шла выше. Против этого уже не могли возражать ни медики, ни юристы.

Мощное сопротивление возникло с достаточно неожиданной стороны. Когда постановление ЦК уже, что называется, было «на выходе», особое мнение по этому поводу написал член Политбюро Чебриков, возглавлявший до перестройки и в самом её начале КГБ и при первой возможности убранный с этой должности Горбачёвым. Я подготовил ответ Шеварднадзе на эту писанину. Министр его подписал и уехал в отпуск. Через какое-то время меня вызывают в секретариат Министра и показывают новую бумагу Чебрикова по тому же поводу. Тон бумаги был очень не хорош и я решил подготовить адекватный проект ответа. Почему не принимать закон, если в его необходимости уверены и в Минздраве, и в Минюсте, и ведущие юристы, включая академика Кудрявцева? – говорилось в нём. Проект был отправлен Шеварднадзе на юг и он, несмотря на свою всегдашнюю деликатность, подписал это едва замаскированное

МОЖНО ЛИ ДЕЛАТЬ ДОБРО ИЗ ЗЛА? 95

издевательство. Чебрикову крыть уже было нечем, и постановление, наконец, было принято.

О роли Чебрикова в создании и сохранении карательных механизмов говорит и следующее. После того, как психиатры были поставлены под контроль, он, несмотря на активное сопротивление МИДа, «пробил» Минздравовский документ, допускающий любой произвол на основании одного лишь подозрения в алкоголизме или наркомании. Разумеется, этот документ был также подготовлен карательными медиками. Думаю, что страну спасла от наркологических репрессий только отставка Чебрикова.

После принятия постановления ЦК работа по подготовке закона закрутилась вовсю. Председательствовал в межведомственной рабочей группе профессор В. П. Котов. Тон работе задавали С. В. Бородин и С. В. Полубинская, подготовившие авторский проект закона. Мне тоже приходилось ходить на все заседания, которые, кстати, проходили в институте Сербского, и выступать достаточно активно. Когда проект закона был готов и одобрен заинтересованными министерствами и ведомствами, я предложил заняться им члену комитета по законодательству Верховного Совета СССР А. Е. Себенцову, которого хорошо знал по работе над законом о свободе совести. Он сразу согласился.

Первое заседание рабочей группы Верховного Совета проходило в октябре 1990 г. буквально накануне моего отъезда в Женеву для согласования «Принципов защиты лиц, страдающих психическим заболеванием, и улучшения здравоохранения в области психиатрии». На этом заседании присутствовал Л. Ротт, в своём выступлении очень точно обозначивший проблемы, которые, по его мнению, с которым я был полностью согласен, должен был решить закон.

Я считал, что «Принципы защиты лиц, страдающих психическими заболеванием, и улучшения здравоохранения в области психиатрии» должны быть приняты в таком виде, чтобы их можно было максимально эффективно использовать в наших внутренних баталиях. Разработанный проект закона давал мне достаточную свободу манёвра.

Не буду подробно останавливаться на этом документе. Скажу лишь, что его принятие существенно помогло в разработке соответствующего закона. И ещё одно. Сейчас, наверное, можно признаться, что согласие на эти принципы от имени СССР в Женеве в ноябре 1990 года я давал без санкции Москвы. Во-первых, потому что я исходил из их необходимости. Во-вторых, отход, который я себе позволил от одобренного ведомствами законопроекта (по крайней мере, я на это рассчитывал и этот расчет оправдался), я мог обосновать, если не буквой, то духом законопроекта. Более того, я категорически воспротивился тому, чтобы содержание достигнутых договоренностей докладывались шифрсвязью в Москву, так как это могло бы поломать достигнутый компромисс – телеграмма неизбежно попала бы в Минздрав, и Чазов и его друзья – карательные психиатры – предприняли бы все возможное и невозможное для того, чтобы меня дезавуировать. В этом случае реформа нашей психиатрии вновь вернулась бы к своему начальному рубежу. В жизни общественной – я в этом глубоко убежден – максимальная информированность людей абсолютно необходима с тем, чтобы общество могло саморегулироваться, чтобы оно было гражданским, а государство правовым. Аппаратная, и в ряде случаев политическая борьба – дело иное. Для того чтобы в ней добиться решений нужных для общества и для каждого конкретного человека, порой бывает необходимо всю ответственность брать на себя. Но это возможно только в случае полной уверенности в своей правоте и готовности к немалому риску. Помимо этого, я убежден, что проводил линию высшей государственной власти. В данном случае я решился пойти на этот риск и пренебречь межведомственными дрязгами, которые могли испортить дело. И этот риск оправдался, так как удалось закольцевать проблему и добиться максимального учёта Принципов в разрабатываемом проекте закона, который должен был приниматься Верховным Советом СССР осенью 1991 года. Августовский путч и вызванный им развал Союза сделал это невозможным. Однако работа не пропала даром – российский закон во многом повторяет наш проект.

Главное же – в период перестройки удалось политическими и законодательными средствами остановить психиатрическую опричнину. Может ли она возродиться? К сожалению, на этот вопрос должен быть дан утвердительный ответ. Те, кто считают себя «государственниками» (то есть теми, для которых государство – всё, человек – ничто), безусловно, как минимум, не возражали бы против этого. Для того чтобы ликвидировать карательную психиатрию, потребовались годы напряжённой борьбы. Чтобы её возродить, достаточно даже не злой воли (хотя и её нельзя исключать, особенно со стороны тех, кто благодаря этому упрочил бы своё положение в обществе, получил бы дополнительную власть), а простого недомыслия, ошибки, просчёта.

Как бы то ни было, *эта* страница книги скорби перевёрнута.

Московское совещание

Практически вся работа по вживлению прав человека в советскую отнюдь не правовую действительность прошла под знаком Московского совещания Конференции по человеческому измерению СБСЕ. В отличие от других дипломатических форумов, подготовка к Московскому совещанию носила далеко не дипломатический в традиционном смысле этого слова характер. Она практически целиком была замкнута на решение наших внутренних проблем. Так что вся моя предыдущая работа в МИДе так или иначе была связана с этим мероприятием. А начиная с осени 1990 года стала основной служебной обязанностью.

Именно в это время крайне обострился вопрос – что возьмет верх: демократические изменения, права и свободы, или же старые обиды, несправедливости, эмоции. Воинствующая серость, воинствующий догматизм после первого шока перешли в наступление и использовали весь диапазон доступных им средств – от создания все новых дефицитов на прилавках магазинов до разжигания межнациональной розни, насилия, запугивания людей. Возможность созыва, не говоря уже об успехе, Московского совещания стала основным показателем жизнеспособности демократических изменений в СССР, возможности их продолжения.

Московское совещание Конференции по человеческому измерению СБСЕ – наверное, самый драматичный из всех правочеловеческих форумов. Вплотную оно начало готовиться осенью девяностого года – на фоне шквальной критики в Парламенте в адрес МИД СССР, истерических требований о введении в стране чрезвычайного положения. Здесь, видимо, целесообразно подробнее остановиться на некоторых перипетиях перестройки.

Решительное наступление на перестройку началось 30 сентября 1990 года, когда Председатель Верховного Совета СССР Лукьянов поставил на обсуждение заволокиченный в коридорах власти проект постановления о денонсации договора с ГДР. Разумеется, это было сделано в отсутствие Шеварднадзе. 15 октября Верховный Совет пытался устроить аутодафе уже лично ему.

Видимо, как раз примерно в это время начался предстартовый отсчет времени к путчу. Откровенно реакционная парламентская группа «Союз» заявила о себе, как о влиятельной политической силе. Мне было известно, что ее вдохновителем и практическим руководителем был председатель Верховного совета Анатолий Лукьянов. Он сумел «приручить» парламент, сделать его карманным. Верхушка армии и МВД почувствовала себя безнаказанной. КГБ, возглавляемое чекистом-идеологом, прикрываясь разговорами о своей «открытости» и «перестройке», продолжал занимать прежние позиции – и в вопросах существа, и в том, что касалось сохранения всевластия этой организации.

Молчание Горбачёва, не взявшего под защиту ни внешнюю политику, ни министра иностранных дел, добавляло реакционерам наглости. Ситуация сложилась более, чем двусмысленная: президент СССР не реагирует на критику политики, за которую он получил Нобелевскую премию. Возможно, такая позиция объясняется завышенной оценкой Горбачёвым возможностей реакционеров и недооценкой потенциала демократов. Плюс к этому, президент во многом видел существующую действительность, отраженной через кривые зеркала устных и письменных докладов окружающих его заговорщиков – Болдина, Крючкова, Пуго и иже с ними. Возможно, именно поэтому тактика лавирования и сменилась «маневром вправо».

Тогда у меня было какое-то сюрреалистическое ощущение, что мы ведем бой с тенями прошлого, которые стремились, отбросив назад внешнюю политику, отбросить и внутреннюю. Позже стало ясно, что я ошибался: реакционеры прокладывали себе дорогу в будущее. Этому в немалой степени способствовала изначальная непоследовательность Ельцина, его популизм и жажда власти.

В интеллектуальном плане критика внешней политики была крайне невыразительной, рассчитанной на эмоции. МИД в целом и Э. А. Шеварднадзе обвинялись в дилетантизме. При этом начисто упускалось из вида, что крутой поворот нашей внешней политики от начетничества и идеологического идолопоклонничества к здравому смыслу и очеловечиванию международных отношений позволил добиться, казалось бы, невероятного. Мир освободился от хронического страха перед самим собой. Но в результате поворота к лучшему, реакционеры призывали вернуться к абсурдной разрухе прошлого.

Возродилась агрессивно-военизированная фразеология, в документах партийных форумов воспроизводились формулировки сталинских лет. Настойчиво звучали призывы вернуться к люмпен-дипломатии. Зачастую такие призывы камуфлировались обвинениями, клеветой. Сколько упреков было высказано в адрес внешней политики в связи с тем, что СССР якобы терял союзников. Вряд ли стоит вдаваться в то, насколько была действенна и эффективна Организация Варшавского Договора, пользовалась ли она доверием своих народов, как она выглядела с нравственной точки зрения, если размещенные за рубежом войска использовались для поддержания в повиновении правительств и народов своих союзников. Шквал критики вызвало восстановления мира и справедливости на Ближнем Востоке, когда Советский Союз выступил не с «классовых позиций отпора американскому империализму», а вступился за маленькое, проглоченное и разоренное более сильным соседом государство. На поверхность вынесло люмпен-профессионалов от политики. Полуграмотные, нахватанные по верхам демагоги, напичканные разного рода идеологическими штампами, с тех пор прочно утвердились во внешней политике. Впрочем, начали набирать силу и те, которых можно назвать флюгерами: услужливые политические лакеи, лишённые собственных убеждений, несмотря на порой неплохое образование и тренированный мыслительный аппарат.

События развивались драматично. День 20 декабря 1990 года, когда министр иностранных дел СССР с трибуны Верховного Совета заявил о своей отставке, зримо обозначил очередной излом в судьбе страны. От Шеварднадзе, пользующегося огромным авторитетом и в стране и за рубежом, прозвучало предупреждение о надвигающейся диктатуре. «Победила «партия порядка»» – такова была консолидированная реакция либералов на происшедшее.

Уход Шеварднадзе в отставку был ошибкой, облегчившей реакционерам реализацию их планов. Судя по всему, главной причиной этого решения стало отторжение от непоследовательности и двойственности деятельности Горбачёва. (Любопытно, что эту двойственность признавал и сам Горбачёв. По свидетельству Анатолия Ковалёва, после его встречи с президентом СССР в его рабочем кабинете в Кремле зимой 1991 года, Горбачёв вывел Ковалёва в коридор и сказал ему, что вскоре прекратит свой «дрейф вправо»). Можно с высокой долей уверенности предположить, что решение об отставке Шеварднадзе было для него мотивировано и эмоционально. Видимо, Шеварднадзе полагал, что не смог бы эффективно противодействовать угрозам, о которых он предупреждал. Что это было – капитуляция? Конечно, нет. Он утратил доверие к Горбачёву, о чём напрямую и жёстко, по свидетельству А. Н. Яковлева ему сказал[11]. Думается, эта отставка была не капитуляцией, а попыткой противостоять предсказанной Шеварднадзе диктатуре в ином качестве и иными средствами.

Работа МИДа по становлению демократии и прав человека в стране сходила на нет, чтобы уже не возобновиться. Новый министр иностранных дел Александр Бессмертных и его фаворит Юлий Квицинский брали реванш за своё унижение демократией и здравым смыслом.

Но до того министерству, главным образом благодаря Эдуарду Шеварднадзе, Анатолию Ковалёву, Анатолию Адамишину, Алексею Глухову и их помощникам, удалось немало сделать для демократизации страны. Именно внешнеполитическое ведомство Советского Союза добилось осуществления решающего прорыва во вживлении прав человека в российскую действительность. Резюмирую главные достижения МИДа на этом направлении: свобода выезда-въезда, религиозная свобода, отмена политических и религиозных статей Уголовного Кодекса, ликвидация карательной психиатрии, во многом свобода средств массовой информации. Разумеется, команда МИДовских либералов действовала в тесном контакте с главным идеологом перестройки Александром Яковлевым (в основном через Анатолия Ковалёва, с которым они были близки) и при поддержке, хотя порой непоследовательной, Михаила Горбачёва. В результате, к моменту окончания горбачёвской перестройки в 1991 году, были гарантированы основные права и свободы человека за исключением экономических свобод, введение которых пришлось на долю Бориса Ельцина.

МИДовские дела обошлись стране дорого. Шеварднадзе на посту министра и даже вице-президента имел бы все возможности для активного противодействия и, более того, недопущения путча. Бессмертных поступил «дипломатично»: отказался войти в ГКЧП, сказался больным и, прикрываясь своим первым замом Квицинским и за его подписью, разослал шифром советским посольствам документы ГКЧП, что было равносильно указанию его поддержать. А влияние и вес дипломатической службы недооценивать нельзя. Располагая шифрсвязью, МИД мог себя

---

11   А.Н. Яковлев. *Омут памяти*. М.: «Вагриус», 2000. С. 469.

повести совершенно иначе и дать указание послам выступить против путча, его не поддерживать или, как минимум, не отправлять вообще никаких указаний. Разумеется, направить указание против «нового руководства» было бы смертельно опасно. Многие дипломаты не стали бы его выполнять. Но нашлось бы достаточно честных людей, которые сделали бы правильный выбор[12].

Отставка Шеварднадзе в какой-то мере спровоцировала необъяснимую с точки зрения здравого смысла ошибку Горбачёва с протаскиванием Янаева на пост вице-президента СССР, обеспечившую заговорщикам легкость неимоверную в осуществлении их замыслов. В целом в кадровых ошибках Горбачёва было нечто хрестоматийное. К моменту путча из его команды были выбиты Э. А. Шеварднадзе, А. Н. Яковлев, В. В. Бакатин. *Горбачёв сдал свою команду.* Наибольшим влиянием на президента СССР пользовались Болдин, Крючков, Пуго, Язов. Используя все имеющиеся у них возможности, они устроили президенту настоящую информационную блокаду.

Рубикон был перейден в январе 1991 года. События в Прибалтике не оставляли поля для маневра – Горбачёву было необходимо быстро занять позицию. И попытка его сохранить повлекла за собой роковые последствия. В конечном итоге Горбачёв отмежевался от применения силы в Вильнюсе и в Риге, но – слишком поздно, чтобы быть по-настоящему услышанным. Доверие к политике перестройки и к президенту – и без того уже значительно подорванные – резко снизилось. Разумеется, после событий в Прибалтике нам поступил запрос в рамках механизма человеческого измерения СБСЕ. «Раскрутить» его в нужном для нас направлении, несмотря на все усилия, не удалось, и наш ответ оказался, мягко говоря, не на высоте.

Прибалтийские дела едва меня не замарали. Из ЦК обратились к МИДовскому руководству с просьбой помочь разобраться с законодательными нарушениями прав человека под углом зрения международного права. Мне это было «спущено» в виде задания. Я поставил условие, чтобы мне были предоставлены все действующие законы этих госу-

---

12 Небольшая иллюстрация. Бывший посол России в Париже, министр культуры Александр Авдеев рассказывал мне, как он пришёл к заместителю министра иностранных дел Владимиру Петровскому с предложениями об антипутчистских акциях МИДа. Петровский его подвёл к окну и показал танк, дуло которого было направлено на министерство. Главный тезис Петровского, согласно Авдееву, заключался в необходимости обеспечения безопасности сотрудников министерства и сохранении дипломатической службы.

дарств. А в их ожидании исписал целый ворох бумаги на основании имеющихся у меня текстов и ориентировки, разосланной замминистра Никифоровым по советским посольствам, и показал «плоды своих трудов» прекрасному юристу Рейну Мюллерсону, мнение которого очень ценил и в правовом, и в человеческом плане. Его заключение на мой многодневный труд был прост: всё не так. Каково же было мое изумление, когда, прочитав текущее законодательство прибалтийских государств, я не обнаружил там ни одной нормы из тех, за которые мы их клеймили! Когда навёл справки, выяснилось, что эти нормы были «выловлены» из разрабатываемых законопроектов... А в ЦК были весьма удивлены, когда услышали, что действовавшие на тот период законы Латвии, Литвы и Эстонии не содержали норм, противоречащих международному праву.

Драматизм событий нарастал. Предельного накала ситуация достигла 28 марта в день открытия съезда народных депутатов России, когда в результате провокации шести народных депутатов РСФСР, которыми прикрылись стоящие за ними силы, в Москву были введены войска. Российский съезд начал свою работу в Кремле, обложенном войсками. Демонстрацию демократов встретили боевые порядки, которые развертывались прямо под окнами здания, где я тогда работал. Демонстрация была остановлена спецназовскими и войсковыми кордонами метрах в ста. Ночью того же дня войска были выведены из Москвы.

Думаю, одна из целей, которые преследовала эта демонстрация силы, состояла в том, чтобы взять в кольцо Кремль с находящимися там Ельциным и российскими депутатами. Другими словами, провести генеральную репетицию путча. К счастью, демократы не дали себя спровоцировать, хотя КГБ делал всё возможное для разжигания страстей и нагнетания атмосферы страха. Например, москвичам были «обещаны» массовые погромы демократами.

Эмоции накалились еще больше. Выступления против Московского совещания стали резче. Объяснить, что его проведение поможет навести порядок в стране, удавалось очень немногим. Тем более, что власть была сконцентрирована в руках его противников. Поэтому действовать приходилось с оглядкой. Телефоны прослушивались в открытую.

Настоящий бой реакционеры дали в Верховном Совете СССР летом 1991 года, попытавшись устроить своего рода парламентский путч. Выступление премьер-министра Павлова сводилось к тому, что необходимо часть полномочий Президента СССР передать премьер-министру. Его поддержали Крючков, Язов и Пуго.

Я всегда считал, что многих ошибок можно было избежать, если бы Горбачёв занял более решительную позицию в отношении КПСС. Будучи генеральным секретарем ЦК, он был вынужден осуществлять сложнейшее демократическое маневрирование, делая вид, что он опирается на КПСС. Ретроспективно анализируя его деятельность на этом посту, становиться очевидным: она с самого начала была направлена на лишение партии властных полномочий. Наиболее ярко сказанное подтверждает принятая XIX партконференцией «авторская» резолюция Горбачёва о создании в СССР парламентской демократии. На XXVIII съезде КПСС выборы в ее руководящие эшелоны – Политбюро и секретариат – были разыграны таким образом, что ни один из людей, обладающих реальной властью, не вошел в их состав. Ибо действительная сила Политбюро состояла в том, что в него входили председатель КГБ, министры обороны, внутренних и иностранных дел, другие лица, занимавшие ключевые посты в стране.

Вместе с тем, совмещение Горбачёвым постов председателя Верховного Совета СССР, а позже – президента СССР с должностью Генерального секретаря ЦК КПСС, не раз заставляло его занимать крайне уязвимые и непопулярные позиции. Наиболее ярко это проявилось при обсуждении ст. 6 Конституции СССР, когда, будучи скованным партийной дисциплиной, да и элементарной этикой, он был вынужден выступать за ее сохранение.

Что же касается пленумов ЦК, то с точки зрения здравого смысла они проходили абсолютно иррационально. Реакционеры разыгрывали там свои сценарии под дирижерскую палочку Е. К. Лигачева (а пленумами дирижировал он), демократы молчали. Их пассивность обрекала Горбачёва на то, что он был вынужден противостоять этой, весьма грозной по тем временам силе, практически в одиночестве.

В целом, с весьма высокой долей определенности можно утверждать, что именно ошибки Горбачёва в отношении КПСС сыграли для перестройки роковую роль. Прежде всего, он пытался реформировать то, что реформированию не поддавалось. Это очевидно. Но переоценил он угрозу демократическим преобразованиям со стороны КПСС или недооценил ее?

Возможно, во многом позиция Горбачёва и других реформаторов объясняется следующим рассуждением идеолога перестройки Александра Яковлева. В своих мемуарах «Омут памяти» он пишет: *«Убеждён, что оставался единственный путь перехватить кризис до наступления его острой, быть может, кровавой стадии. Это путь эволюционного слома тоталитаризма через тоталитарную партию с использованием её принципов централизма и дисциплины, но с опорой на её протестно-реформаторское крыло. Мне только так виделась возможность вывести Россию из тупика».* [13]

В пользу того, чтобы рассматривать на том этапе КПСС в качестве мощного фактора, способного повернуть вспять процессы демократизации, говорит ряд факторов. Прежде всего то, что партия занимала крепкие позиции в КГБ, МВД и, главное, в армии. Введенный Лениным институт комиссаров со временем трансформировался в необъятный и могущественный аппарат армейских политработников. В сочетании со встречными шагами СССР и западных стран в направлении реального разоружения, другими проявлениями ослабления роли армии, это могло создать гремучую смесь.

Вплоть до поражения августовского путча 1991 года КПСС сохраняла свои позиции на периферии. Этот фактор также не приходиться сбрасывать со счетов.

В стране оставалось немало ортодоксальных коммунистов казарменно-социалистического толка. Они могли устроить массовые выступления в поддержку КПСС.

А партия, вернее, ее агрессивно-реакционное крыло, призывала вернуться в прошлое, ликвидировать плюрализм, гласность, свободу совести, свободу мнений.

Дополнительным аргументом для того, чтобы рассматривать КПСС в качестве серьезной политической силы являлся тот факт, что она оставалась единственной общесоюзной политической организацией.

Партократия имела определенную опору в обществе. Ее ударной силой стали ортодоксы от марксизма-ленинизма и многочисленные поклонники Сталина.

Немало было и людей, считавших, что экономические трудности страны, падение уровня жизни населения вызваны перестройкой, а не

---

13   Яковлев. *Омут памяти.* С. 10.

допущенными ранее ошибками и просчетами. Горькая правда о прошлом вызвала отторжение у многих людей старшего поколения.

Сказанное подтверждает то, что с КПСС надо было обращаться весьма осторожно. Или, напротив, крайне решительно, раз и навсегда выбив у нее почву из-под ног. Такую возможность Горбачёв упустил дважды. Первый раз, когда он был избран Председателем Верховного Совета СССР. Второй раз – став Президентом СССР. Трудно сказать, какие меры, в том числе и крайние, попробовали бы принять реакционеры. Ясно другое. Высшее должностное лицо в государстве смогло бы, наконец, высвободиться из партийно-идеологического болота, поставив себя в позицию общенародного надпартийного лидера. И – что отнюдь немаловажно – шквальную критику со стороны партократии принимать, будучи не в центре партийных форумов, а извне, отстраненно.

Уход Горбачёва с поста Генерального секретаря вызвал бы незамедлительный отток из КПСС значительного числа ее членов, которые оставались в ней исключительно из лояльности к зачинателю перестройки. КПСС осталась бы численно и интеллектуально обескровленной, потеряла бы вес и влияние на политической сцене.

Нельзя не признать: на начальном этапе перестройки Горбачёв в полной мере использовал свой пост Генерального секретаря ЦК КПСС для легитимной трансформации СССР в парламентскую демократию.

Трудно сказать, была ли у Горбачёва до путча реальная возможность демонтировать такие тоталитарные структуры, как КГБ, Комиссия Президиума Совета Министров СССР по военно-промышленным вопросам (ВПК). Конечно, аппарат ЦК КПСС не мог уже вершить судьбы страны, как прежде, подвергся значительным сокращениям. И, тем не менее, «остался в строю».

«Партийный» этап перестройки завершился на XIX партконференции, когда ее участники приняли – не понимая, что они делают! – по инициативе Горбачёва решение о переходе страны к парламентской демократии. Однако в логике этого крайне сложного процесса были заложены просчеты. Нормальный ход вещей, когда представительные органы власти избираются «по восходящей», был изменен. Для ускорения реформы, для того, чтобы сделать её возможной (не будем забывать, что у нее оставалось слишком много могущественных противников), выборы начались с уровня народных депутатов СССР. Плюс к этому – знаменитый партийный список, депутаты от общественных организаций.

Системная ошибка, которая заключалась в том, чтобы ликвидировать тоталитаризм, опираясь в этом на тоталитарную партийно-государственную систему, допущенная лидерами перестройки, изначально сделала практически невозможной демократизацию страны. Антидемократическая номенклатура сплотилась, чтобы сохранить свои посты и привилегии, привычные комфортные условия жизни и работы, сложившиеся за семь десятилетий после большевистского переворота. В результате решения вышестоящих органов власти бойкотировались нижестоящими. Возникла парадоксальная ситуация, при которой был провозглашён примат республиканского законодательства над союзным. Соответственно, городские органы власти вступали в конфликт с республиканскими, районные – с городскими и т.д.

Впрочем, это вряд ли даже можно считать ошибкой. В условиях существовавшего тогда мощного тоталитарно-репрессивного государства, страну нельзя было реформировать без учёта позиции КПСС, КГБ, армии, министерства внутренних дел, других соответствующих механизмов. Разумеется, речь идёт именно о реформации, а не о традиционно бессмысленном и кровавом, по определению классика, бунте. Действительная ошибка заключалась в том, что когда люди были готовы принять новую реальность, надежду на которую дала перестройка, Горбачёв испугался собственной партийной тени, испугался на деле не управляемых им карательных органов и не осмелился апеллировать к населению, не дав тем самым превратиться этому населению в общество.

Другая сторона этого вопроса заключается в том, что лидеры и подмастерья перестройки находились в плену своего воспитания, образования, опыта, что далеко не все из них смогли преодолеть массовый беспрерывный коммунистический гипноз. К сожалению, политические баталии времён перестройки во многом были боем с тенью: противники тоталитарного и преступного сталинизма часто бились за не менее преступный ленинизм[14], за «возвращение к ленинским нормам», которых, как уже говорилось, никто не знал. По мере узнавания истории собственной страны кто-то принял историческую правду, кто-то, в том числе из высшего звена реформаторов, к этому был не готов. Разрыв со сталинизмом многим дался весьма болезненно, а расстаться со сказкой о

---

14 Здесь не представляется уместным подробно останавливаться на этой теме, тем более, что она уже достаточна освещена.

«самом человечном человеке», как в детских книжках называли Ленина, кому-то оказалось не под силу. При этом нельзя не отметить, что большинство сторонников перестройки, включая её лидера Горбачёва, по существу стояли на социал-демократических позициях.

Всё это крайне затрудняло демократические реформы.

***

На этом противоречивом и неспокойном фоне и проходила подготовка к Московскому совещанию, решение о проведении которого было принято Венской встречей государств-участников СБСЕ. Горбачёв и Шеварднадзе стремились максимально задействовать валентности Венской встречи для продвижения реформ. Внешнеполитический инструментарий широко и весьма эффективно использовался при перестройке для решения внутренних задач. Тем более это было верно в случае хельсинкского процесса, так как по инициативе отца было предложено провести в Москве конференцию государств-участников СБСЕ для обсуждения всего комплекса гуманитарных проблем (МГК). Это был мастерский ход, загоняющий реакционеров в угол. Он оправдался молниеносно. Сначала, когда ведомствам приходилось давать согласие на те или иные формулировки Венского Итогового документа под угрозой того, что Запад не даст согласия на проведение МГК, затем – выполнять взятые на себя СССР обязательства. После окончания Венской встречи последовал «добивающий удар» – Политбюро ЦК КПСС, опять-таки по инициативе и в редакции отца, приняло решение о том, что положения Венского документа обладают для министерств и ведомств обязательной силой.

Итак, в выступлении Э. А. Шеварднадзе на Венской встрече государств – участников хельсинкского процесса было выдвинуто предложение о проведении в Москве общеевропейской конференции по всему комплексу вопросов в гуманитарной сфере. По тем временам – а перестройка тогда только начиналась – эта инициатива не могла не вызвать нечто вроде шока у наших партнеров. В конечном счете, после долгих и непростых переговоров, в Венском Итоговом документе была зафиксирована договоренность о проведении Конференции по человеческому измерению, состоящей из трех совещаний. Первые два из них прошли в Париже и Копенгагене соответственно в 1989 и 1990 годах.

Осенью 1990 года я засел за разработку концепции итогового документа Московского совещания – разумеется, не в качестве проекта, а отправной точки для последующих обсуждений с представителями министерств иностранных дел государств-членов. К тому времени, как мы были готовы к проведению бесед по этому поводу, грянули два события – заявление об отставке Шеварднадзе и трагедия в Вильнюсе. Противники проведения Московского совещания ликовали. К счастью они не знали (по крайней мере, формально) содержания разработанного в МИДе документа, так как было решено, вопреки существовавшей тогда практике, не согласовывать его ни с одним ведомством. А среди них должны были бы быть КГБ, МВД...

И в московском дипломатическом корпусе, и в некоторых столицах распространились слухи о том, Москва более не заинтересована в проведении совещания – об этом говорилось и в некоторых шифртелеграммах, об этом рассказывали сотрудники советских посольств, давали это понять и западные собеседники.

Вильнюсское беззаконие у многих ассоциировалось с политикой Горбачёва. Поэтому начали гневно звучать голоса, осуждающие присуждение ему Нобелевской премии мира, громко раздавались протесты против проведения в Москве общеевропейского совещания по правам человека. На этих позициях стояло большинство советских правозащитников. За рубежом выдвигались сомнения, порой нелепого толка. Мне рассказывали, что в одной из крупных европейских столиц заявили: мы не можем участвовать в совещании по правам человека, которое будет проходить в Колонном зале, где судили Бухарина...

Так или иначе, в начале 1991 года в Управлении по правам человека и по гуманитарному сотрудничеству МИД СССР начались консультации с представителями посольств европейских стран, США и Канады, аккредитованных в Москве. (Средств для того, чтобы провести консультации в столицах, естественно, не нашлось). На основе разработанной нами концепции зарубежным дипломатам излагалось наше видение того, каким мог бы быть московский документ.

Перед нами стояла двуединая задача. Первая из них – сделать шаг вперед по сравнению с уже принятыми в рамках хельсинкского процесса документами в рамках «третьей корзины». Вторая задача вытекала из понимания того факта, что наши партнеры пойдут на принятие Итогового документа, а союзные республики будут содействовать нам в этом только при том условии, если он будет адекватно отражать ситуацию в Европе и, главное, в нашей стране, прежде всего под углом зрения выполнения уже достигнутых договоренностей.

Исходя из того, что в копенгагенском документе была фактически описана модель демократии, в Москве мы предлагали сосредоточиться на проблемах отдельной человеческой личности. Большое значение мы придавали развитию и конкретизации такого фундаментального понятия, как суверенитет и самоопределение личности. Но главным для меня было включить в Московский документ тему интеллектуальной свободы. Далеко не лишним с учетом наших тогдашних трудностей было отразить положение о ее несовместимости с разжиганием розни по национальным, религиозным, политическим и иным признакам. Предлагали мы также зафиксировать принцип недискриминации по политическим и иным убеждениям.

Логическим развитием названных выше вопросов в проекте концепции был блок, посвященный гарантиям политического плюрализма государств-участников хельсинкского процесса. В данном контексте акцентировалось такое уставное положение ООН, как терпимость в качестве важнейшего правового и нравственного фундамента подлинного плюрализма. Данную проблематику предлагалось наряду с другими вопросами сделать объектом общеевропейского мониторинга.

Помимо этого, предлагалось предусмотреть или по крайней мере наметить возможные согласительные механизмы для разрешения межнациональных противоречий и конфликтов.

Отдельный блок московского документа имелось в виду посвятить защите прав и интересов уязвимых групп – детей, молодежи, инвалидов, престарелых, больных, включая лиц, страдающих психическими расстройствами. В его рамках, в частности, могли бы получить развитие положения копенгагенского документа, посвященные альтернативной службе по соображениям совести.

В конкретном плане, в частности, предлагался следующий текст: «Государства-участники будут руководствоваться международным правом прав человека, проводя свою политику в соответствии с высшими идеалами нравственности и гуманизма. Подтверждая свою приверженность принципу невмешательства во внутренние дела других государств, государства-участники заявляют, что этот принцип не может служить основанием для ущемления прав человека и для ограничения свободного потока информации, включая информацию, касающуюся прав человека. Они подтверждают также первостепенную значимость принципа сотрудничества, содержащегося в Заключительном акте Совещания по безопасности и сотрудничеству в Европе для дальнейшего прогресса в соблюдении прав человека».

Мы предлагали пойти на институализацию «параллельных мероприятий» неправительственных организаций в рамках функционирования «человеческого измерения» СБСЕ, официально оформив их как один из компонентов проведения совещаний в этой области. Для этого можно было предусмотреть в Московском документе возможность предоставления заинтересованным неправительственным организациям определенного статуса (например, статус наблюдателя при СБСЕ), разработав на основе имеющегося международного опыта необходимые критерии получения такого статуса.

Первая реакция большинства наших собеседников – удивление. Для многих из них оказалось неожиданностью, что Москва всерьез готовится к этому форуму. И практически все за редким исключением говорили о том, что на Копенгагенском совещании удалось добиться настолько многого, что говорить о каком-то Московском документе просто нецелесообразно – дай бог, чтобы выполнялось записанное ранее.

В то время ситуация в МИДе была очень непростой. С уходом Шеварднадзе подняли голову реакционеры. Либерально настроенные руководители министерства стали ощутимо терять влияние. В советской дипломатии начали все явственнее проявляться перепевки холодной войны. Позже, работая в аппарате президента СССР, я был поражен тем, что многие мои новые коллеги просто отторгали мысль о поправении МИДа – слишком это казалось противоестественным.

Мои единомышленники из министерства ходили «в синяках и шишках». Те, кто занял доминирующие позиции на Смоленской площади, били их за либерализм во внутренних делах и за попытки продолжать политику здравого смысла во внешних. И все-таки кое-кому удавалось выдерживать ежедневные выволочки у начальства, оставаясь на прежних позициях. На форумах СБСЕ советские дипломаты выступали в одиночку против всех с заведомо не защитимыми позициями. А в Москве продолжались баталии... Мужественную борьбу очень квалифицированно вёл Ю. С. Дерябин, возглавлявший в то время Управления СБСЕ в нашем министерстве. СССР в общеевропейском процессе оказался в состоянии небывалой изоляции. Другими словами, маховик подготовки к путчу раскручивался и в МИДе. Быть может и бессознательно, из-за совпадения нравственных и идеологических установок гекачепистов и вышедшей на передовые рубежи части МИДовцев.

Московскому совещанию в этом плане повезло. Еще Шеварднадзе поручил его подготовку В. Ф. Петровскому, курировавшему после назначения А. Л. Адамишина послом в Риме вопросы прав человека. В нашем управлении приказом Шеварднадзе был создан отдел по человеческому измерению СБСЕ, а я назначен его начальником с возложением функций заместителя начальника управления. (Правда, работал я в этом отделе в одиночестве – его укомплектование наткнулось на такое противодействие управления кадров, на деле возглавляемого моими личными врагами Валентином Никифоровым и Валерием Лощининым, что надо было либо все время тратить на его преодоление, либо заниматься подготовкой к Московскому совещанию). В результате, хоть и со скрипом, дело шло.

Кроме того, была создана группа, занимающаяся организационными вопросами проведения совещания. К счастью, эта работа меня не касалась. Тем более что на государственном уровне ответственность за организационную подготовку к Московскому совещанию была возложена на комсомольского вожачка, у которого, когда он во время путча возомнил себя президентом СССР, аж руки затряслись. А занимались подготовкой люди самые разные. И дипломаты-волкодавы, знающие общеевропейский процесс «от «а» до «я», и агенты Крючкова. Последних было, мягко говоря, немало. Ну и, конечно, все было пронизано людьми самого Янаева. Быть может, именно поэтому сопротивление созыву Московского совещания было более вялым, чем можно было предположить. Слишком велика была уверенность реакционеров в своей конечной победе, то есть в срыве совещания.

Проблемы громоздились одна на другую. Прокуратура СССР в своих лучших традициях заявила, что виновными в событиях в Вильнюсе были сами жертвы. Государствам-участникам СБСЕ не удалось дать вразумительный ответ на их запрос в рамках механизма человеческого измерения общеевропейского процесса. Войска, по ставшим целиком понятным лишь после путча причинам, продолжали удерживать телецентр в Вильнюсе. Было декретировано совместное патрулирование милицией и армией. Пылал Нагорный Карабах. Тандем Крючков-Пуго не давал хоть как-то улучшить положение заключенных. Явно поощряемая «сверху» и созданная КГБ «Память» окончательно обнаглела, подхлёстываемый ею антисемитизм стал приобретать угрожающие масштабы.

Что я мог сделать в этой ситуации, имея в своём распоряжении несуществующий отдел (то есть самого себя со своей должностью), письменный стол, бумагу и ручку? Подготовить и «пробить» внесение записки и проекта распоряжения президента СССР «О приведении советского законодательства и практики его применения в соответствие с обязательствами СССР по документам общеевропейского процесса».

В результате президенту было доложено, что у Советского Союза оставался ряд нереализованных обязательств, безусловно отвечающих задаче построения в СССР демократического правового государства. В этой связи акцентировалась потребность в том, чтобы незамедлительно принять шаги к выправлению сложившейся ситуации. Особо остро в данном контексте стоял вопрос о принятии во втором чтении Закона СССР «О выезде из СССР и въезде в СССР граждан СССР». Принципиально важным было принять решение о восстановлении в гражданстве СССР всех лиц, незаконно его лишенных.

Президенту было также доложено, что обязательство в течение одного года после завершения Венской встречи опубликовать и сделать легко доступными все законы и подзаконные акты, касающиеся передвижения в пределах территории государств, осталось невыполненным. Здесь легко было попасть в ловушку, механически опубликовав относящиеся к этому вопросу документы, и, тем самым, легализировав их.

Вопреки ясно выраженной политической воле, оставался нерешенным вопрос об участии СССР в Факультативном протоколе к Международному пакту о гражданских и политических правах. Мы предлагали предпринять практические меры для ратификации Верховным Советом СССР акта о присоединении к Протоколу уже на текущей, весенней 1991 года, сессии Верховного Совета СССР, что и было сделано. Одновременно с этим предлагалось снять оговорки, сделанные СССР в отношении Международной конвенции о ликвидации всех форм расовой дискриминации, Конвенции против пыток и других жестоких, бесчеловечных или унижающих достоинство видов обращения и наказания, а также о признании процедуры, предусмотренной ст. 41 Международного пакта о гражданских и политических правах.

Более того, в соответствии с Распоряжением должен был быть разработан и представлен в Верховный Совет СССР законопроект, направленный на обеспечение права советских граждан на свободу передвижения и свободу выбора местожительства в пределах территории СССР. При этом прямо указывалось на необходимость поэтапной (на мой взгляд, неоправданная уступка МИДа ведомствам) отмены ранее установленных здесь ограничений.

Одно из положений записки и распоряжения касалось восстановления в гражданстве СССР всех лиц, произвольно его лишенных. На этапе согласования документов нам говорили, что это невозможно, неосуществимо, что нет чётких критериев и т.д. и т.п. Я бился за него на пределе возможного. И не только потому, что понимал – проблему надо решать. В её первоочередности меня убедил Кронид Любарский. (О том, при каких обстоятельствах это произошло, будет сказано ниже).

И еще один пункт распоряжения президента СССР. Он касался подготовки законопроекта, «предусматривающего наказание лиц, виновных в совершении пыток и других жестоких, бесчеловечных или унижающих достоинство человека видов обращения». Речь идет, в соответствии с международными стандартами, не только о задержанных и заключенных. Документы хельсинкского процесса напрямую увязывают данный вопрос с определенными проявлениями психиатрической и иной медицинской практики. Не грех подумать в этом контексте и над тем, что происходит в некоторых детских садах, школах, как можно квалифицировать ставший чуть ли ни привычным произвол медперсонала над пациентами и о многом другом.

Первоначально было задумано, что вся подготовка к Московскому совещанию будет проходить в тесной координации с союзными республиками, столицы которых мы с Тимуром Рамишвили должны были объехать. В силу понятных причин это не получилось. Удалось лишь наладить хорошее взаимодействие с российским МИДом. Нашими партнерами были А. И. Колосовский и В. И. Бахмин. В силу личных связей удалось неформально переговорить с одним из руководителей МИДа Латвии.

Острейшая борьба развернулась вокруг подготовки к проведению т.н. «параллельных» мероприятий, организуемых общественностью. Будут ли созданы для них необходимые и соответствующие сложившимся стандартам условия? Отрицательный ответ на этот вопрос означал бы крах Московского совещания. Представители многих западных стран напрямую увязывали его с возможностью участия в совещании своих делегаций. Мы заверяли своих собеседников, что Советский Союз, как сторона, принимающая совещание, будет неукоснительно следовать выработанным международным стандартам их проведения. На деле все было намного сложнее.

Напомню, что подписание в 1975 году Заключительного акта СБСЕ породило такое новое для СССР явление как группы по наблюдению за его выполнением, получившие название «хельсинкских групп». Их судьба была предрешена и в ближней, и в более отдаленной перспективе. В ближней – постольку, поскольку тогдашние власти не собирались выполнять принятые обязательства. Точно так же, как и те, которые зафиксированы в незадолго до того ратифицированных Международных пактах о правах человека. В отдаленной – ибо государственная политика, возведшая в принцип бесправие людей, не могла не окончиться фиаско. И история до поры до времени воздавала должное мужеству и самопожертвованию советских правозащитников.

После Венской встречи «параллельные» мероприятия вошли в традицию общеевропейских совещаний по правам человека. Они открывали возможности для общественности оказывать воздействие на их ход, на принимаемые решения. Один из ключевых моментов подготовки к московскому совещанию заключался в их подготовке и проведении. МИД категорически выступал за строжайшее выполнение выработанных к тому времени стандартов проведения «параллельных мероприятий». Крючков – против. Он пытался их торпедировать якобы имеющимися у него «сведениями», что чуть ли не все «параллельные мероприятия» организовывались исключительно западными спецслужбами с единственной целью – вызвать массовые беспорядки и даже свергнуть советскую власть.

С «традиционными» общественными организациями, так называемыми GONGO (Government-Organized Non-Governmental Organization), тоже было вовсе не просто. Они по-прежнему, как в старые времена, ждали какой-то команды «сверху». Со своей стороны я им разъяснял, что мы готовы оказывать им самую активную и всестороннюю помощь, но ни о каком администрировании, указах «сверху», о которых некоторые из них просили, речи быть не может. Это вызывало минимум плохо скрываемое раздражение тех, кто, строя из себя правозащитников и демократов, на деле сохранял тоталитарное мышление.

Так называемые «неформальные» общественные организации были подвержены эмоциональным шараханьям и, плюс к этому, не имели никакого опыта организационной работы.

В результате ни те, ни другие, по крайней мере в своем подавляющем большинстве, упорно не приступали даже к определению тематики своих «параллельных» мероприятий.

С правозащитными организациями всё было совсем неоднозначно. Разумеется, происходящее вызывало у них отторжение. Но они почувствовали доброе отношение к себе со стороны МИДа. Мы им помогали как могли и чем могли. Увы, возможности после отставки Шеварднадзе были ограничены. Наши попытки наладить широкое и по-настоящему деловое сотрудничество с правозащитниками натыкались в МИДе на стену. Найти взаимопонимание очень помогла мудрая и всепонимающая Л. И. Богораз.

В целом битва вокруг «параллельных мероприятий» продолжалась до путча. Последнюю бумагу Крючкова о том, что их нельзя проводить, я видел накануне отлета Горбачёва в отпуск и уже в Форос направил свою реакцию на неё.

***

Три дня безвременья 19-21 августа 1991 года, которое символизировали войска и бронетехника в Москве, не стали, как тогда казалось, быстро погасшей вспышкой тьмы. Большинство придерживается той точки зрения, что последствиями путча стали разгром партийно-номенклатурной реакции, победа демократии в СССР и крах советской империи. Наверное, это слишком упрощённый подход для того, чтобы быть верным. Думаю, что многое происходящее в постсоветской России, включая приход к власти спецслужб в лице Путина со всеми вытекающими отсюда последствиями, во многом, если не в решающей мере, является отзвуками тех событий.

К моменту начала путча я работал в аппарате президента Горбачёва. Туда я попал в результате достаточно давнишней истории, благодаря которой на меня обратил внимание глава государства.

В начале осени 1986 года мне позвонил по телефону Анатолий Леонидович Адамишин, который тогда был заместителем министра, курирующим ЮНЕСКО, на ниве которой я тогда трудился, и назначил мне встречу недели через три. («Я улетаю на Генконференцию ООН, как вернусь, надо будет поговорить. Не забудь!». Адамишин был любимым учеником отца, а моим любимым учителем дипломатии, знал меня с детства, поэтому называл и называет меня на «ты», что естественно). Немало заинтригованный таким заблаговременным вызовом, в назначенные день и час я обнаружил в приёмной шефа моего старого друга Сергея Бацанова и двух тогда незнакомых мне сотрудников министерства: Юрия Степановича Дерябина и Феликса Станевского. (Вскоре Дерябин получил повышение в должности и вместо него в нашу группу был включён ставший моим другом Евгений Петрович Гусаров).

Задание Адамишина, ради которого он нас всех и собрал, оказалось не из лёгких: написать для Горбачёва не просто речь на форуме «За безъядерный мир, за выживание человечества», а концепцию новой политики, которая должна была в ней содержаться. Получилось так, что я оказался единственным, кого можно было полностью освободить от всех текущих дел – ЮНЕСКО явно не была главным приоритетом советской внешней политики. В результате пришлось срастись с авторучкой, бумагой и диссидентскими на тот момент мыслями. Я писал, другие критиковали и предлагали своё. В результате проект выступления понравился Горбачёву, который поинтересовался, кто именно его писал и не удовлетворился ни ответом «группа сотрудников», ни перечислением наших фамилий, а я, в результате, получил предложение работать в аппарате Президента СССР.

...16 февраля 1987 года я уехал с работы домой смотреть прямую трансляцию выступления Горбачёва. Конечно, волновался, произнесёт ли он выстраданное – тезисы о необходимости гуманизации международных отношений, об императиве нравственности политики, другие мысли, которые раньше не были в ходу.

Внутренней интонацией моего поколения была интонация надежды, в чём-то, казалось, противоречащая здравому смыслу. Ведь было ясно, что в стране всё идёт не так, как надо и что долго так продолжаться не может.

И вот эта интонация перестала быть внутренней. Она открыто зазвучала от первого лица в государстве. Именно поэтому я с таким напряжением ждал, согласится ли он с предложенными подходами.

Сначала мелькнула надежда – только чуть изменил несколько слов, строй фраз. Потом – разочарование: ну не писал я этого! И, наконец, чувство торжества, когда зазвучал подготовленный мной и моими коллегами текст. Казалось, что сделано большое важное дело. В сущности, так оно и было. А глумление над тезисом нравственности политики пусть останется на совести тех, кто глумится...

...В телефонной трубке прекрасно знакомый мне по телевизионным передачам красивый бархатистый голос со своей всегдашней рафинированной интеллигентностью спрашивает, не согласился бы я встретиться. Конечно, да! Кто же откажется от встречи с Андреем Серафимовичем Грачёвым, который в то время у многих ассоциировался с тем лучшим, что было заложено в перестройке! Этот молодой либеральный интеллектуал с коротко подстриженными седыми волосами и яркими живыми глазами довольно долго выспрашивал меня, как я отношусь к тому, что происходит с правами человека, к ситуации в стране, к международным проблемам. Закончился разговор приглашением работать в аппарате президента СССР, которое я радостно принял. Мне казалось, что работа в команде Горбачёва даст мне возможность более эффективно влиять на происходящее в стране.

Это было в начале осени 1990 года. До июня следующего года ничего особо важного в этом направлении не происходило. (Мой переход к Горбачеву долго блокировал тогдашний шеф КГБ В. А. Крючков, у которого не было ни малейших оснований относиться ко мне хотя бы нейтрально: крови я ему попортил немало). Зато произошло много другого. Включая трагедию в Вильнюсе. Пригласивший меня в горбачёвскую команду Грачёв опубликовал гневную статью против происшедшего и «выпал из обоймы». Э. А. Шеварднадзе, который был одним из лидеров демократических преобразований, как уже говорилось, заявил о надвигающейся диктатуре и о своей отставке с поста министра иностранных дел СССР. На его место был назначен Бессмертных, который с ястребиных позиций начал ревизию того позитивного, что было достигнуто в предшествующий период. В МИДе стало невероятно душно и затхло. Сторонники жесткого курса во главе с новым министром Александром Бессмертных брали реванш, фактически изменив советский внешнеполитический курс. МИДовские либералы во главе с моим отцом были практически отстранены от дел. (Впрочем, у отца сохранялся постоянный доверительный контакт с Горбачёвым). Ю. С. Дерябин, с которым мы тогда много работали – он возглавлял управление по работе с СБСЕ – мне рассказывал, что каждая его встреча с курирующим заместителем министра Квицинским заканчивалась скандалом, причём во всю работала традиционное бюрократическое правило, согласно которому прав не тот кто прав, а тот кто имеет больше прав.

Чуть ли не последним приказом Шеварднадзе по МИДу я был назначен начальником отдела по подготовке Московского совещания с возложением функций заместителя начальника управления. Меня чуть ни повсеместно сопровождало шипение: «Ну что, накрылось ваше совещание!?». Получив приглашение от Андрея Козырева, назначенного к тому времени министром иностранных дел России, я «подвесил» свой ответ: было неясно, как сложится с приглашением идти работать к Горбачёву, и мне (как выяснилось, ошибочно) казалось, что там у меня будет больше возможностей влиять на ситуацию. Из МИДа Союза я решил в любом случае уйти. Между тем, я тесно сотрудничал с ближайшим сотрудником Козырева Андреем Колосовским и со Славой Бахминым, ответственными за права человека в республиканском МИДе, с которыми у нас установились самые добрые отношения, встречался с диссидентами (особо тёплые воспоминания остались о Ларисе Богораз), «пробил» разрешение на проведение в Москве заседания Международной хельсинской федерации и визы для участия в ней неугодным карательным органам людям.

В ходе этого заседания произошёл небольшой инцидент. В перерыве, стоя в очереди за обедом, какой-то мужчина резко критиковал позицию нашего министерства в отношении хельсинского движения. Я ему представился и предложил ответить на все вопросы. «Кронид Любарский», – без тени доброжелательности представился в ответ он и уже адресно набросился на меня. Через несколько минут мы уже шутили, поедая чебуреки и вспоминая небольшую стычку, с которой началось наше знакомство. Именно благодаря Любарскому вопрос о возвращении советского гражданства незаконно лишённым его людям была сдвинута с мёртвой точки.

Тем временем Горбачёву была присуждена Нобелевская премия мира 1990 года, получение которой на церемонии в Стокгольме он доверил моему отцу. Всё это – на фоне в основном оправданных, а в чём-то абсолютно несправедливых упрёков в адрес Горбачёва. Впрочем, так или иначе, в происходящем он был виноват.

– Ты не знаешь, что это за «комитет национального спасения» и кто в него входит? – Этот вопрос на следующее утро после событий в

Вильнюсе Горбачёв задал отцу, прекрасно зная о его дружеских связях со многими прибалтами, равно как и о симпатиях к Латвии, Литве и Эстонии.

Конечно, растерянный, беспомощный вопрос Горбачёва заместителю своего министра иностранных дел, равно как многое другое, свидетельствует о том, что он не только не отдавал этот преступный приказ, но и не владел ситуацией.

Реально же кроме Горбачёва, в стране были две политические силы: «партия порядка» во главе с Лигачёвым, Крючковым, Пуго с одной стороны, и легко манипулируемый Ельцин – с другой. Кто им в то время манипулировал – вопрос непростой и вряд ли на него пока может быть дан однозначный ответ. Конечно, Ельцин, когда он стал символом демократических реформ, вряд ли даже понимал, что именно он символизирует: ведь он был посредственным партийным деятелем и выпивохой с завышенной самооценкой, достигшим, впрочем, немалых высот в тогдашней номенклатуре.

Так или иначе, к моменту, когда меня пригласили для оформления на работу в аппарат президента, у меня не было ни малейших сомнений в том, что в данной ситуации надо работать на Горбачёва. Кроме того, я исходил из того частично ошибочного, как выяснилось позже, факта, что это предложение не было бы возобновлено тому, кто выступил против президента накануне ввода войск в Москву в марте 1991 года. Тогда я опубликовал в «Известиях» статью, направленную против применения силы и практически содержащую призыв к неповиновению на случай, если будет отдан подобный приказ. (Позже, уже после путча, Горбачёв признал, что ввод войск в Москву был *его* ошибкой). Но то, что он взял на работу человека, осудившего его действия, говорит в его пользу гораздо больше, чем если бы я не ошибся в своих оценках данного события.

Нравственная правота не совпала с правотой событийной.

Руководитель аппарата президента Болдин был заинтересован в том, чтобы этот аппарат был недееспособен. В ином случае его и без того провалившиеся планы встретили бы еще большее сопротивление. Поэтому он затеял ремонт в кремлевском здании, где мы должны были работать, затягивал назначения сотрудников, выдумывал другие сложности для нормальной работы. Так, например, если Горбачёв в своем кабинете на Старой площади практически не появлялся, а работал в

Кремле, его ближайшему помощнику и моему шефу А. С. Черняеву был предложен по его выражению «застенок» – крошечный кабинетик, упирающийся окнами в Кремлевскую стену прямо за Мавзолеем. Расчет Болдина строился и на том, что Черняеву будет неудобно работать в Кремле, тогда как его группа почти целиком размещалась в здании ЦК на Старой площади. В целом он выдвинул и затвердил иезуитскую формулу: до переезда в Кремль сотрудники аппарата президента работают на прежних местах.

Тем, кто перешел в аппарат президента из аппарата ЦК, было проще – всё-таки почти всё начальство продолжало работать на Старой площади. У меня же ситуация была весьма пикантной. Я по-прежнему сидел в крошечном, примерно шестиметровом кабинетике на третьем этаже двухэтажного особняка МИДа на Калининском проспекте (видимо, до революции там размещались службы). И выглядело странно, и было невероятно неудобно из-за необходимости постоянно ездить на Старую площадь и обратно.

Когда президент незадолго до планировавшегося подписания нового союзного договора, ничего не ведая, уехал отдыхать в Форос, в отпуск ушли почти все его сотрудники. Я остался в Москве в связи с приближением Московского совещания – надо было решать содержательные вопросы, в частности те, о которых говорилось в моём (то есть извините, МИДа) докладе президенту, написать его выступление. В последний предпутчевский четверг я вместе с рядом других материалов направил его в Форос. Любопытно, что фельдъегери, которые их туда доставили, были арестованы «на объекте» путчистами.

А за день до этого говорил по «СК» с Черняевым. Он хотел выяснить, будет ли в срок выполнено задание. Меня интересовало другое: будет ли сделано необходимое для расчистки руин, появившихся в результате действий самозваных и анонимных «национальных спасителей» и, увы, «манёвром вправо» Горбачёва. Договорились о главном, причем вносить предложения президенту решили в лучших традициях – не согласовывая ни с кем. Правда, Черняев поручил мне работать в контакте с секретарём ЦК Дзасоховым, которого я благополучно проигнорировал.

Я «въехал» в Кремль в утро путча – хмурое и дождливое – и обосновался за неимением своего кабинета в личной канцелярии Горбачёва. (Позже мне передали о шушуканье: что это он там делал, на путчистов работал?) А мы сидели и целыми днями ждали, что, если кто-то из форосских пленников сможет вырваться, он наверняка прорежется именно по этому телефону. Кстати, так и получилось. Позвонила секретарша Черняева, но, не узнав моего голоса, повесила трубку. Так что и бдения, и риск оказались, за исключением каких-то личных впечатлений, напрасными. Честно говоря, было страшновато, и на то были некоторые основания. Курьер приносит бумагу. Референт Горбачёва её смотрит и, побледнев, протягивает мне: «Андрей Анатольевич, посмотрите...» (Это был новый список Аппарата Президента). «Ну и что?» – «Так вас же здесь уже нет!»

В президентский корпус Кремля есть два основных входа – «крылечко» и «уголок». Первый знаменит по многочисленным кадрам кинохроники и мемориальной доске Ленину. В догорбачевские времена пройти через «крылечко» считалось честью – то был вход для высших руководителей, для приглашенных и участников заседаний Политбюро, другими словами, – для избранных. Разумеется, охрана была соответствующей, то есть никто «посторонний» не мог подойти к «крылечку» ближе, чем на сотню метров. Потом многое изменилось, и через него стали ходить и обычные служащие. Второй вход – «уголок». Пройти к нему не легче, чем к «крылечку». Это – вход не парадный, а служебный, утыкающийся в кремлёвскую стену. Им я и пользовался во время путча, во избежание нежелательных встреч. Чтобы пройти от двери до лифта, надо было пересечь солидных размеров вестибюль. На второй день путча, едва я вошел, за спиной у меня возник молодёц – косая сажень в плечах, лицо непроницаемое. Прошел следом за мной вестибюль, вошел в лифт, поднялся на третий, президентский, этаж и, пока я входил в канцелярию Горбачёва и закрывал за собой дверь, стоял в коридоре, пристально глядя на меня. Такая простая и незатейливая акция устрашения...

Путч развязал революционный ход событий. Смехотворная пародия на взятие Бастилии – захват блока зданий ЦК КПСС – по сути ничего не изменил. КПСС уже агонизировала, оставшись без властных полномочий, без сколько-нибудь ощутимой поддержки в обществе.

Верх взяла жажда крушить и низвергать.

23 августа я был у здания ЦК. Там по-прежнему был кабинет Черняева и мы на всякий случай подошли туда с Игорем Малашенко[15]. Тол-

---

15 Впоследствии стал правой рукой владельца медиа-империи «Мост».

па у единственного подъезда, из которого выпускали из здания, была довольно спокойной и немногочисленной. Но «активисты»! Когда появлялась их очередная жертва, они выстраивались в шеренгу, оставляя лишь узкий проход между собой и стеной здания. Улюлюканьем и оскорбительными выкриками дело не ограничивалось. Толкали, давали пощечины, плевали в лицо. В том числе женщинам. Я понимаю, что при схематичном мышлении можно ненавидеть партократов, хотя хамство неприемлемо нигде, никогда и ни в чьем отношении. Но в чем виноваты машинистки, уборщицы, гардеробщицы?

Милиция стояла в сторонке на безопасном расстоянии.

Свержение памятников, переименование улиц, полное отрицание прошлого – все это уже было в 1917 и в последующие годы. После августовского путча верх вновь взяла ненависть. В повторяемости событий российской истории есть нечто магическое.

Страну все больше захлестывала лозунговщина. Слова «свобода», «демократия» употреблялись к месту и, чаще, не к месту. Началась борьба за передел власти и за перераспределение связанных с нею благ. Демократами объявили себя все, включая бывшего секретаря по идеологии КП Украины, молниеносно и безоговорочно поддержавшего путч, а позже инициировавшего развал Союза.

Народ был отстранен от решения вопроса о будущем страны. За его волеизъявления выдавались смутно и, главное, в других условиях сформулированные декларации о суверенитете. Ельцин своими указами брал в свои руки все рычаги власти. Начался ползучий государственный переворот. Все крайности, существовавшие в тогда еще советском обществе, сошлись на том, чтобы свергнуть президента СССР. Для этого не останавливались ни перед чем. Ни перед заведомой клеветой, ни перед позорной травлей в печати, ни перед прямыми оскорблениями. Произошла смычка ультраправых и ультралевых, о которой я писал в «Известиях» в декабре 1990 года.

В Кремле захват Ельциным власти ощущался практически кожей. (Две иллюстрации. После очередной смены охраны Кремль попал под контроль российских спецслужб. Охрана Горбачёва «держала» только президентский отсек. Как-то я припозднился на работе и сдал при выходе ключ от кабинета Черняева. Выходя, замешкался, и уже на улице, прикуривая сигарету, услышал через ещё не закрывшуюся на пружине дверь, как охранник кому-то сказал по телефону: «Товарищ Ковалёв вышел». «Хвоста» я не заметил, так что, скорее всего, кто-то интересовался содержимым столов, а может быть и сейфов. И второе. «Вертушки» подслушивались настолько откровенно и такой плохой техникой, что часто было невозможно разговаривать из-за помех и шумов и приходилось перезванивать по городскому, не защищенному телефону).

Старая площадь, где по иронии судьбы обосновалось ельцинское правительство, вновь стала вершить судьбы... нет, не России – Союза. Кравчук брал реванш за скороспелую поддержку путча и искусно играл на украинском национализме. Другие республики, включая Россию, раздували свой национализм, забывая при этом, что все они – многонациональны. Большинство демократов по-прежнему выступали не «за» что-то, а «против» уже не существующих призраков, главный из которых видели во «всевластии центра». Главной же движущей силой послепутчевских событий стала личная ненависть тех, кто ими дирижировал, к президенту Горбачёву. Немалую роль в развале Союза сыграло и сладострастно предвкушаемое перераспределение власти и собственности. В результате началось перераспределение реальной власти. Она всё больше стала переходить к республикам. Чем и воспользовались сначала в Беловежской пуще, потом – в Алма-Ате.

Горбачёв обвинялся во всех бедах. Чувство собственного достоинства – одна из доминирующих черт его характера, оставшаяся, тем не менее, практически незамеченной, – не позволило ему ввязаться в унизительную для него полемику, оправдываться. Разумеется, здесь был и трезвый политический расчет: объяснить людям действительные причинно-следственные связи происходившего было практически невозможно. Слишком силен был «гнев народный», искусно подогреваемый политическими противниками президента, средствами массовой информации. Договорились до версии, что Горбачёв был, якобы, инициатором путча. Эта беспрецедентная клевета вписала одну из наиболее грязных страниц во всю историю политической борьбы. Даже путчисты не додумались до такого.

Анна Андреевна Ахматова считала, что не можно жить в Кремле. Добавлю: работать в этом, по определению маркиза де Кюстина, обиталище призраков, тоже. Всё здание за весьма редким исключением состоит из роскошных необъятных кабинетов и вполне соответствующим им по антуражу «предбанников». Плюс к этому – кабинет для помощника. И, конечно, комната отдыха для шефа с персональным клозетом.

Сплошные четырёхкомнатные «люксы». А работать попросту негде. Да и работали ли там когда-нибудь? Посмотрев на это дворцово-административное убожество, начинаешь в этом сомневаться.

Пребывание с внутренней стороны кремлёвской стены может, если самому себе в этом не отдавать отчёта, вызвать сильную аберрацию зрения. Здесь я имею в виду не только президента и высших должностных лиц, но и себя, и себе подобных.

Наше бытиё характеризовалось полным отсутствием того, что называют льготами и привилегиями. «Люкс» шефа был переполнен. В его комнате отдыха с клозетом работал его заместитель Карен Нерсесович Брутенц. Пятеро консультантов, включая меня, ютились в помощничьей коморке, рассчитанной на одного чедовека, с одним письменным столом, одним городским и одним правительственным телефонными аппаратами.

Работы хватало при том, что не только читать, но и писать приходилось на коленке или, в лучшем случае, на журнальном столике. Единственный письменный стол уступался тому, у кого была наиболее срочная и ответственная работа.

В то же время нельзя не отметить, что наша работа зачастую была театром абсурда. Страна рушится, не в последнюю очередь из-за бездействия президента, который вместо того, чтобы заниматься решением реальных проблем, болтает с иностранцами, зачастую повторяя одно и то же. Мы пишем памятки к беседам, какие-то речи, какие-то личные послания. Всё действительно важное и интересное собеседникам либо не озвучивается, либо вычёркивается ещё до доклада президенту. Все попытки как-то повлиять на происходящее упираются в стену. Хорошо запомнилось, например, моё предложение Черняеву, чтобы в новой должности я сохранил бы свои контакты с правозащитниками и с демократическими силами в стране и его гневная реакция по этому поводу. (А когда Черняев был зол, это производило впечатление на кого угодно, несмотря на его неизменную корректность). Отвергались и многие другие предложения, а работа сводилась к ничего не значащим словесам, которые, к тому же, президенту зачастую и не были нужны. Даже с трудом «пробитое» решение об участии Шеварднадзе в Римской сессии Совета НАТО, которое должно было вывести отношения с этой организацией на качественно новый уровень, не было выполнено – Шеварднадзе полностью ушёл во внутриполитическую борьбу. Кстати, это был один из немногих случаев, когда аппарат президента проявил инициативу: зачастую наша работа не сочеталась с активным взаимодействием с министерством иностранных дел и другими министерствами и ведомствами по выработке политики, конкретных позиций.

Не лучше обстояли дела в других областях, где тоже всё тонуло в словах и совещаниях, опять-таки, посвящённых словам. Очевидный для меня тезис о том, что на данный конкретный момент было необходимо сохранить единое внешнеполитическое, оборонное и валютное пространство, а уже потом смотреть, куда и как двигаться дальше, попросту пропускался мимо ушей. Вместо этого время гробилось на споры о форме нового союза, о всяких частностях, за которыми и упустили главное.

Решение о роспуске съезда народных депутатов, являвшегося тогда единственным легитимным, всенародно избранным органом власти, было принято спонтанно, без подготовки и предварительного анализа последствий. Знаю это, так как накануне до глубокой ночи был «на подхвате» в подготовке к съезду и через меня проходили не только многие наработки и предложения, но и уже одобренные Горбачёвым документы, включая текст его выступления. Ушёл я из Кремля позже Горбачёва, так что, скорее всего, к этой ошибке его подтолкнул кто-то уже позже, причём подтолкнул, имея подготовленные проекты всех документов. (Коллеги говорили, что это был Назарбаев). Впрочем, к такому решению был психологически готов и сам Горбачёв: съезда он боялся.

С немалым трудом и с ещё большей затратой нервной энергии даже в группе, возглавляемой Черняевым, удалось отстоять положение Московского совещания о том, что вопросы прав человека не являются сугубо внутренним делом государств-участников.

С моим непосредственным шефом Черняевым работать было непросто. По очень многим вопросам у нас были несовместимые подходы: сказывался разный опыт (у Черняева – партийного функционера, занимавшегося «международным коммунистическим движением», ставившего даже в личных дневниках в кавычки права человека, не воспринимавшего А. И. Солженицына, А. Д. Сахарова и вообще «антисоветизм»). Порой казалось, что мы говорим на разных языках.

Зато у меня была прекрасная возможность наблюдать изнутри за происходящим. Запомнился, например, такой эпизод первых дней после путча, когда Кремль был ещё практически пустым (мои коллеги, причём не только из нашей группы, по какой-то непонятной мне логике не спешили возвращаться из отпусков), и я был «прислугой за все», сидя в приёмной Черняева и принимая время от времени в его отсутствие достаточно рискованные решения. Черняев был у Горбачёва, а мне надо было срочно о чём-то проинформировать президента (обычно я это делал через шефа). Набросал от руки коротенькую записку и вышел в коридор, где сразу столкнулся с Е. М. Примаковым. Идём, разговариваем о каких-то пустяках. Вдруг его глаза становятся напряжёнными, он внимательно вглядывается вдаль полутёмного коридора и делает быстрый шаг вправо в нишу двери кабинета, в котором потом работал А. Н. Яковлев. Я, не задумываясь, повторяю его манёвр, так как на фоне бесконечных разговоров о втором эшелоне ГКЧП вижу, что нам навстречу идёт толпа военных. Оказалось, что это новые назначенцы, которых маршал Шапошников только что представил президенту. Незадолго до этого в приёмную президента ворвалась его охрана, которой я почему-то показался подозрительным; зрелище было впечатляющим – много оружия, направленного на меня, ребята без пиджаков. Кстати, в президентский отсек тогда не пускали даже по удостоверениям с отметкой «проход везде» (разумеется, это не было написано словами, но стоял специальный значок). Ещё одна любопытная, на мой взгляд, деталь: даже после путча не были заменены удостоверения сотрудников аппарата, подписанные закулисным, но убеждённым путчистом Болдиным.

Это – наброски внешней стороны дела. А быть хотя бы в курсе того, что и как «варится» на «президентской кухне» в условиях кризиса, а тем более, иметь гипотетическую возможность оказывать на это хотя бы минимальное влияние, были просто захватывающи. Даже простое присутствие на «политической кухне» никого не может оставить равнодушным. А возможность влияния чуть не на все решения главы государства – пусть по мелочам, но по тем мелочам, из которых потом складывается история, имея при этом богатую и многообразную информацию, просто завораживает. Не думаю, чтобы такие возможности существовали в нормальных президентских структурах – время было ненормальное, отсюда и всё остальное.

Вопрос, что делать с Московским совещанием: созывать в срок или откладывать, встал сразу после провала путча. Многие влиятельные и ранее бескомпромиссные сторонники совещания считали, что в послепутчевской Москве совещание проводить нельзя. В этом были свои резоны. Ситуация «в верхах» оставалась труднопредсказуемой. Исполнительный секретариат совещания был пронизан людьми Янаева, Крючкова и иже с ними. Москва бурлила. Пресса подливала масла в огонь. Все опасались второго эшелона ГКЧП, а в его существовании не было никаких сомнений. В общем, можно было ожидать чего угодно и когда угодно. Так что позиция в отношении созыва совещания, если обобщать, определялась для его сторонников оценкой сиюминутной ситуации, прогнозом её развития и тем, как в нее вписывается совещание, какие последствия для страны могут повлечь его созыв или отсрочка. За счет раскола по этому вопросу среди единомышленников, которые, наконец, собрались вокруг президента, ясности не было.

В этих условиях А. Н. Яковлев, А. С. Черняев и В. Ф. Петровский, назначенный исполнительным секретарем совещания, встретились в Овальном зале Кремля с послами государств-участников СБСЕ. Из высказываний послов следовало, что если будет решено отложить совещание, это встретит понимание в их столицах.

Отстаивать целесообразность и даже необходимость проведения совещания в намеченные сроки становилось все труднее. Черняев доложил Горбачёву кто и почему выступает «за» и «против». В ближайшем окружении – разлад, в МИДе – тоже. Раскололась в этом вопросе и наша семья: отец, крупнейший авторитет в европейских делах, считал, что совещание надо отложить. Мы по нескольку раз в день созванивались, приводя друг другу новые аргументы. Говорят, Горбачёв очень смеялся, когда ему показали таблицу сторонников и противников проведения совещания в намеченные сроки, в которой автор этих строк и его отец располагались симметрично в противоположных столбцах. В критический момент казалось, что голоса «против» звучали весомее, но все-таки президент принял решение «за».

Накануне открытия совещания в половине десятого вечера Черняев передал мне смутно сформулированное поручение президента на нем быть, «чтобы всё было в порядке». Но не просто же быть. А если представлять, то в какой степени?

Прямо перед открытием совещания Комитет министров иностранных дел общеевропейского процесса принял в его состав три новые независимые государства – Латвию, Литву и Эстонию. Так окончательно была поставлена точка на позорных договоренностях Молотова с Риббентропом.

Эстонскую делегацию практически всё время работы Московского совещания возглавлял мой друг Рейн Мюллерсон – молодой блестящий доктор юридических наук, избранный от СССР членом Комитета ООН по правам человека. До назначения заместителем министра иностранных дел Эстонии он работал в Институте Государства и Права АН СССР в Москве. На своей новой работе он стал инициатором присоединения Эстонии – а за ней и всей Прибалтики – к международным документам в правочеловеческой области.

Многие были поражены тем, что сопредседателем советской делегации был назначен выдающийся правозащитник Сергей Адамович Ковалёв. Тональность его выступлений тоже никого не оставляла равнодушным. Один из западных дипломатов поделился со мной своими впечатлениями от них: «У меня всё было чувство, что сейчас произойдёт землетрясение, обрушится потолок, ворвётся КГБ и арестует г-на Ковалёва прямо в зале. Демократический прорыв в вашей стране не может не потрясать!»

Конечно, все разговоры о ненужности Московского документа были лишь отражением негативных тенденций в СССР, набравших силу в 1990 году. Ключевое положение Московского документа содержится в его преамбуле. В ней говорится: «Государства - участники подчеркивают, что вопросы, касающиеся прав человека, основных свобод, демократии и верховенства закона, носят международный характер, поскольку соблюдение этих прав и свобод составляет одну из основ международного порядка. Они категорически и окончательно заявляют, что обязательства, принятые ими в области человеческого измерения СБСЕ, являются вопросами, представляющими непосредственный и законный интерес для всех государств - участников и не относятся к числу исключительно внутренних дел соответствующего государства. Они заявляют о своей решимости выполнять все свои обязательства в области человеческого измерения и решать мирными средствами, индивидуально или совместно, любые связанные с ними вопросы на основе взаимного уважения и сотрудничества. В этом контексте они признают, что активное участие отдельных лиц, групп, организаций и учреждений исключительно важно для обеспечения постоянного продвижения в этом направлении». Готовя нашу концепцию итогового документа осенью 1990 года, я даже не мог мечтать о том, что моя страна пойдёт настолько дальше предложенной мной формулировки.

4 октября удар председательского молотка зафиксировал принятие Московского документа. Но на этом кончилась и Горбачёвская перестройка. Потому что Московское совещание по замыслу Горбачёва и его
единомышленников должно было окончательно разгрести завалы в выполнении СССР международно-признанных стандартов по правам человека. Быть может в том, что международный и внутренний триумф Горбачёва и его единомышленников в области прав человека стал последним успехом политики либерального реформирования общества, есть
своя закономерность. А развитие ситуации в стране этот день, определенный еще на Венской встрече государств-участников СБСЕ, сделало
чертой, за которую, как казалось тогда, хода нет. Определялись дальнейшие пути развития страны. Сталкивались различные концепции. Совсем недолго оставалось до встречи в Беловежской пуще.

***

Делая работу, о которой говорилось выше, я не задумывался над
абстрактно-философской стороной вопроса о возможности трансформации зла в свою противоположность. К сожалению, не задумывались
об этом и многие другие. Мы рушили рукотворный ад, пытаясь заменить
его новой, человечной, демократической реальностью. Думается, операция по удалению злокачественного новообразования в человеческой
цивилизации прошла на тот момент в основном успешно. Но, если бы
понимание того, что канцер не может превратиться в здоровые клетки
присутствовало изначально, мы действовали бы намного эффективнее.
Что ж, декретировать сверху демократию и права человека – задача непростая и беспрецедентная в истории: это не тоталитаризм насадить…

Закулисное запустение

Ни для кого не секрет, что политика и дипломатия делаются за кулисами, а широко известными становятся лишь итоги кропотливой и напряжённой работы. Происходящее в служебных помещениях определяет конечный результат действа, называемого внутренней и внешней политикой и, соответственно, благосостоянием страны. К сожалению, начавшийся с августовского путча 1991 года развал СССР был для России существенно усугублён развалом государственной и дипломатической службы – этой закулисной инфраструктуры политики. В результате юпитеры, микрофоны и телекамеры зачастую стали включаться, когда ещё ничего толком не было готово, кроме работы гримёров и костюмёров – над другим было некому работать, да и тем, кто выходил на авансцену, это зачастую и не требовалось за счёт их дилетантизма.

Такое положение дел возникло отнюдь не случайно.

В условиях острейшей политической борьбы между реформаторами и реакционерами на практике возник парадоксальный союз между мракобесами и значительной частью демократов. Дело в том, что первых из них не устраивали реформы как таковые, вторые были не удовлетворены их глубиной и скоростью продвижения. Руководитель страны – Горбачёв – стремительно терял поддержку и тех, и других, и населения. Между тем, не позднее 1988 года попытки остановить горбачёвские реформы принимали всё более неприемлемые формы. Межнациональные столкновения, манифест реакционеров, подписанный никому до того не известной Ниной Андреевой – всё это, конечно было инициировано сторонниками диктатуры. Главные приметы их действий – полное пренебрежение к человеческой жизни, разжигание межнациональной розни, ксенофобии, использование любых, самых грязных средств для достижения своих политических целей.

Союзное руководство, возглавлявшееся Горбачёвым и персонифицируемое с ним, стало отождествляться со всеми бедами, постигшими страну, особенно с трагедиями в Тбилиси и Вильнюсе. Латвия, Литва и Эстония, аннексированные СССР в результате пакта Молотова-Риббентропа, не могли не стремиться обрести независимость от глубоко чуждой им страны. Армения и Азербайджан были недовольны позицией

Москвы в связи с их конфликтом из-за Нагорного Карабаха. Многие другие советские республики и их жители также имели свои основания для отторжения от союзной политики.

Главные надежды сторонниками перемен возлагались на казавшегося решительным и волевым Ельцина – гримёры и костюмёры, которых модно называть политтехнологами и имиджмейкерами, хорошо поработали.

На эту ситуацию очень удачно для противников Горбачёва – как реакционных, так и демократических – легла версия о том, что он сам был инициатором августовского путча.

Нельзя не вспомнить о том, насколько изобретательно в целом Горбачёва компрометировали и дискредитировали участники этого противоестественного альянса. Вплоть до того, что падение пьяного Ельцина в пруд было выставлено как покушение на него[16]. Этому «лидеру российской демократии» я знал цену с момента его появления на политической сцене. Началось всё с того, что, когда я был в полной «запарке» на работе, вокруг меня началась некая странная активность. Ко мне подходили партийные руководители министерства, нашего управления, якобы случайные люди с какими-то непонятными вопросами и ещё более непонятными выражениями лиц. Своё нежелание говорить на задаваемые ими темы я показывал вполне понятно. Спустя какое-то время, мне стало известно, что в МИД поступила грозная *резолюция* Первого секретаря Московского городского комитета КПСС, *наложенная на анонимке* по моему поводу. Суть этой анонимки сводилась к моей неграмотности и некомпетентности. Здесь не грех напомнить о том, что анонимки были одним из главных инструментов сталинских репрессий и их рассмотрение отменил только Брежнев. Андропов возобновил рассмотрение анонимок, что его характеризует самым неблагоприятным образом. Ельцину же очень полюбились анонимки, особенно компрометирующие высокопоставленных чиновников и членов их семей – это ему казалось демократичным. Когда в МИД пришла эта пакость (к слову говоря, мне известно, кто её написал), я работал над проектом речи Горбачёва на форуме «За безъядерный мир, за выживание человечества»; к моменту доклада министру результатов «изложенных фактов» речь была произ-

---

16   Наверное, описание этой истории его личным охранником Коржаковым даёт достаточное представление об этой сомнительной истории и методах дискредитации Горбачёва.

несена. Вопрос отпал сам собой. К счастью, я тогда не знал об этой грязной возне, иначе хлопнул бы дверью.

Знал я и о популистских игрищах Ельцина по поводу того, что он, якобы, отказался от «льгот и привилегий» в виде служебной машины с шофёром и от «кремлёвской» медицины, о его алкоголизме, который он маскировал тем, что якобы Горбачёв устраивал против него провокации, а Ельцин по пьяни падал в пруд, и прочее. Всё это было мне известно из самых разных источников, никак не связанных ни с ЦК, ни с КГБ, ни с другими властными структурами.

Итак, символом российской демократии и первым главой постсоветской России то ли по ошибке, то ли по какой-то странной закономерности стал авторитарный демагог и популист, который вслед за известным историческим персонажем отождествлял себя с государством, будучи при этом легко внушаемым своим далеко не случайным окружением.

Закоулки власти

Попробую вкратце изложить свои наблюдения за тем, что пришло на смену рухнувшей советской государственности.

Первое, что бросалось в глаза – полное бескультурье. Например, новая власть повела себя хамски по отношению ко всем, до кого могла дотянуться. Я был возмущён, узнав, что эти «хозяева жизни» регулярно орали на блестяще квалифицированных сотрудниц кремлёвского машбюро, в том числе, по поводу их «плохой работы» и того, что они – «никто» и всех их надо уволить. В начале 1992 года я заехал на Старую площадь, в сталинских зданиях которой по иронии судьбы поселилось ельцинское правительство, к Андрею Себенцову. Его кабинет, в котором раньше работал злой гений брежневского СССР М. А. Суслов, был в первом (генсековском) подъезде, в котором ещё совсем недавно я часто бывал как сотрудник президента; соответственно, меня там многие знали. Отдавая дублёнку гардеробщице, я с ней, естественно, поздоровался. Как она обрадовалась! «Вы знаете, теперь ведь не дождёшься ни здрасьте, ни до свиданья, ни спасибо. Ещё хорошо, если просто швырнут свою одежу, а то ведь еще и обматерят. Послушайте, что вокруг висит!». Я прислушался. В этом неизменно символизировавшем высшую власть месте густо висел мат. (Немыслимые раньше в этом месте неприятные запахи грязи почувствовались сразу, как только я вошёл в подъезд).

Перебросившись ещё несколькими словами с гардеробщицей, буфетчицей, со знакомыми «по старым временам» охранниками и шоферами с автобазы, я составил себе нерадостную картинку. Платить обслуживающему персоналу стали больше, но по общему признанию всех без исключения моих собеседников это не компенсировало их моральных издержек от вседозволенности и бескультурья новых хозяев Старой площади. Моих собеседников возмущало, что привилегии, которыми до того пользовались только сотрудники высокого уровня, теперь были распространены чуть ли не на всё «население» гигантского комплекса административных зданий на Старой площади. Комендатуру разогнали, сразу началось воровство. В общем, развал.

Впрочем, когда в 1997 году я начал работать в аппарате Совета безопасности, внешне ситуация несколько нормализовалась. В частности, за счёт усиленных мер безопасности, которые с советских времён стали неотъемлемым компонентом «политической культуры» страны. Впрочем, в некоторой степени они оправданы и с точки зрения изобилия там всяких секретов, и тем, что благодаря этим самым мерам в Совбезе почти прекратилось воровство, которое процветало в те годы в администрации президента; они позволяли также спокойно работать в своих кабинетах с секретными документами. Впрочем, бывали и такие случаи. В аппарате работали представители самых различных министерств и ведомств. И вот сотрудник СВР не может найти документ, который только что был у него на столе. Всё перерыл, посмотрел на полу, под шкафами. Потом его осенило. Он вышел в коридор, зашёл к своему коллеге из ГРУ и поинтересовался, не у него ли этот документ. Тот смеётся: «Конечно у меня. Извини, не удержался. Да и в форме себя держать надо».

…Чтобы попасть в мой рабочий кабинет в аппарате Совета Безопасности, надо было пройти через проходную с Ильинки или Варварки, пересечь двор, войти в относительно современное здание, в котором раньше был отдел административных органов ЦК КПСС, пройти ещё один пост, подняться на лифте на шестой этаж, миновать третий пост, ещё раз подняться на другом лифте. В кабинете два стола, хотя советникам администрации президента положены отдельные кабинеты. Гонения на наше ведомство начались после недолгого царствования в нём генерала Лебедя: нас «уплотнили», посадив по двое в кабинет, сняли «вертушки», лишили права вызова машин. Другими словами, лишили всех «льгот и привилегий», которыми на тот момент пользовались другие равновеликие сотрудники администрации президента.

Нравы во власти в ельцинские времена были весьма специфические. Пьянство, особенно в Кремле, было в порядке вещей. Совет безопасности всё же был немного на отшибе, поэтому там было попроще. Но и там некоторые сановники начинали пить с утра и не всегда успевали закончить это занятие к концу рабочего дня. Зайдя с утра к кому-нибудь в кабинет, можно было застать его хозяина спящим после вчерашней пьянки на работе: не хватило сил добраться до дома. Легенда гласит, что как-то по коридорам Совбеза в поисках водки бегал совершенно голый генерал.

Как-то, когда я подменял уехавшего в командировку шефа, надо было срочно согласовать какой-то вопрос с помощником Ельцина Сергеем Приходько (я долго надеялся, что он станет Уходько, но оказалось, что был избыточно оптимистичен). У нас в управлении тогда работал весьма приближенный к нему человек, к которому я и обратился с просьбой «пробить» через сего государственного мужа, который непонятно почему по мере возможности блокировал все наши инициативы, этот вопрос.

— Андрей, я уже не могу! — буквально взвыл мой коллега.

Я ему ответил, что очень надо, объяснил почему, и спросил, откуда в его голосе столько отчаянья. Его ответ меня несколько обескуражил.

— Ты понимаешь, когда я иду к Сергею Эдуардовичу, у меня с собой две бутылки виски. Первую я выпиваю с его помощниками. Вторую — с ним. А сегодня я уже там был дважды! Ты действительно хочешь, чтобы я опять туда шёл?

Мне ничего не оставалось, как сказать ему: извини, надо, деваться некуда.

— Ну, тогда на работу сегодня я уже не вернусь, — безнадёжно сказал он.

— Ладно, если кто-нибудь спросит, я скажу, что ты в Кремле. Но всё-таки позвони сказать, как всё прошло.

— Не смогу, — безнадёжно покачал он головой. — Уж завтра узнаешь результаты, ладно?

— Руководство требует сегодня.

– Тогда можешь уже сейчас говорить, что Приходько согласен.

– Точно?

– Я за свои слова отвечаю, ты ведь знаешь… Хотя, может быть придётся взять ещё дополнительную бутылку.

Об уровне квалификации сего Приходько (а вместе с ним и почти всей кремлёвской администрации) говорит, например, и такой эпизод. Российская позиция по одному из ключевых для оборонной безопасности страны – договору по ПРО – трещит по всем швам. МИД по сложившейся печальной традиции радостно рапортует, что всё обстоит великолепно и что изменения в занятую много лет назад позицию вносить не надо. Мы, видя некий сюрреализм сложившейся ситуации, готовим изменения позиции, согласовываем их с военными и посылаем наши предложения президенту. Ни ответа, ни привета. Звоним с вопросом о судьбе нашей бумаги Приходько, отвечает его заместитель Манжосин. Его ответ достоин Кафки:

– Вы знаете, – говорит сей далеко не самый безответственный за внешнеполитическую деятельность президента персонаж, – *мы в этом ничего не понимаем*, и поэтому оставили так, как предложил МИД.

Ну что за сказка – заместитель начальника внешнеполитического управления администрации президента без тени смущения заявляет, что ни он, ни его шеф, ни его сотрудники ничего не понимают – и понимать не хотят! – в ключевом вопросе внешней политики страны.

В общем, в Совбезе скучать не пришлось. Работы было полно, в том числе, и небесполезной. В частности, удалось кое-что сделать для ликвидации беспредела деятельности министра атомной энергии Евгения Адамова.

Будучи во многом конгломератом представителей многих министерств и ведомств, аппарат Совета безопасности обладал немалым потенциалом для выработки решений и, что немаловажно в российской действительности, для контроля над их исполнением. Трудно сказать, остался он невостребованным, или же его специально нейтрализовывали. Есть сторонники обоих точек зрения. Определённо можно сказать одно: власть сильно испугалась Совбеза при ярком и харизматичном генерале Александре Лебеде, занявшем третье место в первом туре президентских выборов 1996 года и получившего пост секретаря этой организации в обмен на его призыв голосовать во втором туре за Ельцина. Ходили более чем слухи, что Лебедь собирался создать какие-то не очень понятные отряды боевиков[17]. При этом упускается из вида, что секретарь Совета Безопасности не обладает властными полномочиями и Лебедь ничего не мог сделать без благословления президента, которому он был непосредственно подчинён. Тем более не имел и не имеет никаких инструментов аппарат, который поэтому полностью безопасен, хотя в умных руках мог быть достаточно эффективным. Впрочем, он вполне может стать и генератором зла. Для этого существуют все предпосылки. Сам характер работы там подразумевает реагирование на угрозы национальной безопасности, их нейтрализацию. При сервильном подходе это означает, что чем больше выискано угроз, тем эффективнее работа. Выслуживаясь перед президентской структурой, некоторые ведомства считают чуть ни своим долгом направлять туда завышено тревожную информацию. С учётом доминирования в этом ведомстве именно такой информации, сохранять взвешенный подход в аппарате Совета безопасности порой бывает непросто, а кому-то – непосильно. Плюс к этому – прямой доклад секретаря Совета безопасности президенту означает возможность от его лица и за его подписью дать самые разнообразные поручения кому угодно, включая премьер-министра.

После прихода на пост секретаря Совета Безопасности Андрея Кокошина, мы вплотную занялись проблемами нераспространения оружия массового уничтожения и средств его доставки. Нельзя не отдать должного американцам: они точно выцелили Евгения Адамова. Вплотную приблизиться к его разоблачению удалось только в 1999 году, когда тогдашний премьер-министр Примаков создал правительственную комиссию по расследованию деятельности этого явно криминального министра, в которую я вошёл от нашей конторы. Однако, несмотря на все наши усилия, ровным счётом ничего не произошло. Впрочем, это не совсем так. Фактически руководивший работой нашей комиссией В. Л. Малькевич, который тогда возглавлял Федеральную службу России по валютному и экспортному контролю (ВЭК), вскоре был снят с занимаемой должности, сам ВЭК ликвидирован Путиным. Герман Греф, в министерство которого были переданы эти вопросы, ими не интересовался и в них не ориентировался.

---

17   Помимо прочих подтверждений этому, один из моих знакомых, раньше служивший в знаменитой «Альфе» и ушедший на вполне мирную работу, получил туда приглашение.

138 АНДРЕЙ А. КОВАЛЁВ

Известие об аресте Адамова в 2005 году в Швейцарии по американскому запросу меня не могло не обрадовать, хотя, конечно, есть нечто бесконечно унизительное в том, что мы сами не можем разгрести собственные авгиевы конюшни, даже когда есть полная ясность. Доминировала, однако, радость, что Адамов, наконец, будет наказан хоть за что-то из того, что он наделал. Конечно, было бы правильно, если бы это сделали российские правоохранительные органы, но уж лучше швейцарские по американскому запросу, чем ничего... Дело в том, что с этим весьма ярким представителем ельцинского правительства у меня были почти личные счёты: работая в аппарате Совета безопасности, в круг моих обязанностей входили проблемы нераспространения и экспортного контроля.

Неблагополучие в этой области мне стало ясно практически сразу, как только удалось «влезть» в дела. Работа по ракетно-ядерному нераспространению была поставлена из рук вон плохо: сплошные дыры, «серые зоны»... Самое любопытное, что даже самые простые и очевидные вещи сталкивались с сильнейшим противодействием. Например, ситуация, когда за руку ловят российского учёного, передающего дискету с соответствующей информацией иностранному дипломату. Дипломата, конечно, отпустили – иммунитет, – но и с учёным сделать ничего не смогли – нет соответствующей законодательной нормы. Подобных случаев было не мало. На тот момент дело было не в шпиономании. Дипломатические представители некоторых стран, стремящихся получить в своё распоряжение ракетно-ядерное оружие, за гроши скупали у российских обнищавших учёных ценнейшие научные разработки.

Чего-либо добиться для улучшения финансирования погибающей от безденежья российской науки так и не удалось, несмотря на многолетние усилия. Никакие аргументы о том, что необратимо разрушается уникальная научная школа, об утечке умов, о том, что недофинансирование науки лишает страну будущего, не встретили ни малейшего отклика ни у кого, кто мог бы попытаться поставить этот вопрос.

Было невозможно себе представить, что объективно необходимая законодательная норма, ставящая барьер утечкам разработок, необходимых для создания ракетно-ядерного оружия, будет использоваться преимущественно для раздувания шпиономании, о которой речь пойдёт ниже. В то время я ждал чего угодно, но не того, что произошло: принятие соответствующего закона заблокировало Министерство юстиции.

– А чего вы хотите, Андрей Анатольевич, ведь это – самое коррумпированное министерство. Можно только догадываться, сколько им заплатили за то, чтобы они не пропустили эту статью.

– Думаю, я смогу добиться того, чтобы секретарь Совбеза написал по этому поводу их министру.

– Это ни к чему не приведёт, – покачал головой мой собеседник. И он оказался прав – на том этапе противодействие Минюста сломить не удалось.

Что же говорить о более сложных и деликатных вопросах?

Волей-неволей возникало подозрение, что ракетно-ядерное *распространение* является тщательно скрываемой государственной политикой.

Не берусь судить, насколько достоверны слухи и сообщения в средствах массовой информации о связях Адамова с преступным миром. Однако сам факт их появления говорит о многом: вряд ли журналисты стали бы публиковать нечто подобное, не имея для этого достаточных оснований и хоть каких-то возможностей защититься от обвинений в клевете. Например, пресса писала, что некоторые компании, учрежденные Адамовым или аффелированные к нему, связаны узами учредительства с организациями, подконтрольными Семену Могилевичу (Сева), Сергею Михайлову (Михась), Виктору Аверину (Авера-старший), Александру Громадскому (Алекс Грин) и другим небезызвестным сугубо криминальным личностям.

Пикантно было и то, что Адамов якобы являлся единственным членом иностранного правительства, имеющим карту социального страхования в США и, по тем же сведениям, руководил американской компанией (эти карты выдаются гражданам Америки, лицам с постоянным видом на жительство или имеющим большие накопления в американских банках). Свою первую фирму в США он зарегистрировал в партнерстве с бывшим соотечественником, принявшим гражданство США Марком Каушанским в январе 1993 года, потом у них оказалось около десяти компаний. Они якобы торговали в России сахаром, продуктами, микроэлектроникой, ширпотребом.

Но этим правительственная комиссия не занималась. Получить же исходные сведения, необходимые для расследования деятельности Адамова, оказалось весьма непросто: слишком сильно боялись этого «Сталина с Ордынки», как его называли, его подчинённые и те, кто с ним когда-либо имел дело. Когда же всё-таки нам удалось получить какую-то зацепку и была создана правительственная комиссия, она сработала на грани возможного, хотя я был сторонником ещё большей жёсткости. Примаков подписал подготовленную нами записку президенту Ельцину, суть которой сводилась к необходимости снятия Адамова с занимаемого им поста. Узнав, что эта записка вместе с протоколом, который составили и подписали члены комиссии, ушла в Кремль, я уехал из Белого дома на Старую площадь. Победный рапорт, однако, не получился: пока я туда добирался, кто-то из высших кремлёвских чиновников уже успел переслать наши документы моему начальству с вопросом о целесообразности их доклада президенту – ответственность за ракетно-ядерное нераспространение и экспортный контроль была возложена на наше ведомство. Когда мне задали этот вопрос, я, честно говоря, был несколько шокирован:

– Моё мнение, правда, в изрядно смягчённом варианте, изложено в подписанном мной протоколе.

– Но вы же понимаете, *чем это может кончиться...*

Разумеется, я это прекрасно понимал и без достаточно прозрачного намёка из Кремля; теперь же были расставлены все точки над « i ». Знал я также и о приближённости Адамова к «семье» Ельцина, о том, что он пользовался особым покровительством могущественной дочери президента Татьяны Дьяченко.

– Что думаю я, вы знаете, свою точку зрения я не изменил и не вижу для этого ни малейших оснований.

– Тогда срочно пишите записку о целесообразности доклада президенту.

Я благодарен своему собеседнику – он тревожился обо мне, не испытывая сам, судя по всему, ни малейших колебаний по поводу необходимости «принятия мер» в отношении Адамова. Разумеется, если бы всё шло так, как должно было идти, его снятие с министерского поста стало бы только увертюрой к последующему: его привлечению к уголовной ответственности и, главное, к перекрытию многих возможностей торговли ядерными секретами, к наведению порядка с экспортным контролем. Однако *не произошло ровным счётом ничего.* Как будто Адамов не совершил, очень мягко говоря, весьма серьёзных и доказанных нами должностных проступков. Как будто премьер-министр не доложил президенту о выявленных безобразиях. Как будто его записка и наш протокол были не более, чем дурной шуткой, о которой уместнее всего побыстрей забыть или сделать вид, что её вовсе не было.

И вот, слава богу, вмешались американцы. Что ж, если в России бесполезно искать справедливость (а Путин ограничился лишь снятием Адамова, зато ликвидировал Службу валютно-экспортного контроля, которая вместе с нами билась против Адамова), то хорошо, если она приходит хотя бы из-за океана. И – тут же истерика в России. Её суть сводилась, как обычно, к тому какие плохие американцы. Что они добиваются выдачи им Адамова исключительно для того, чтобы выведать какие-то ядерные секреты. К тому, какой он заслуженный и замечательный, этот Адамов, сколько он сделал для страны. В общем, квасные «патриоты» и средства массовой информации (не будем забывать, что ими дирижирует Кремль) расстарались. Россия добилась-таки великой «победы», которая, как это нередко бывает, была равна поражению – Адамова выдали ей. И, чуть выждав для приличия, новый вопль депутатов-единоросов (опять-таки путинцев): негоже такого заслуженного и выдающегося гнобить в тюрьме!

Самое поразительное, однако, заключается в том, что нереализованная мечта Адамова о приватизации атомной энергетики была реанимирована, правда в видоизменённом виде, в 2006 году главой Росатома Сергеем Кириенко, который предложил создать вертикально интегрированный холдинг, аналогичный «Газпрому» в газовой сфере. По замыслу Кириенко «Атомпром» зарабатывал бы деньги, например, на переработке и захоронении ядерных отходов, а также на обогащении урана для тех, кому это необходимо.

Происшедшее с Адамовым и ядерными делами в целом очень характерно для современной России. Например, во всём блеске проявились двойные стандарты российской политики: на словах главное – обеспечение национальной безопасности; на деле – создание реальной угрозы для неё власть не интересует.

Что это – шизофрения? какая-то особо извращённая клептомания, когда у самих себя воруют право на безопасность, на саму жизнь?

Работа в аппарате Совета безопасности России была по-настоящему интересной. Но, как известно, во многих знаниях многие печали… А информации там действительно было даже в избытке. Там работало немало действительно достойных, квалифицированных людей. Постоянно доминировало ощущение бессилия. Зачастую наши старания хоть во что-то внести хоть какой-то здравый смысл наталкивались на полную незаинтересованность в этом со стороны высшего руководства и соответствующих министерств и ведомств – ведь признать, что в их области что-то неблагополучно для многих означает чуть ли не расписаться в своей некомпетентности. В результате мы с огромным трудом, зачастую ломая ведомственное сопротивление, идентифицировали проблему, скрупулёзно разрабатывали возможности её решения, и нередко всё оставалось на бумаге, даже если соответствующие поручения подписывал президент. А ещё чаще все труды «уходили в песок», в никуда.

Мне сыграло на руку то, что большинство сотрудников, в том числе прикомандированных, то есть представляющих свои ведомства, не владели пером; не редкостью была и элементарная некомпетентность. А управление международной безопасности, в котором я работал, так или иначе имело отношение ко многим вопросам, выходящим за пределы его непосредственной ответственности, и в результате мне нередко поручалось готовить вопросы, проваленные моими коллегами из других подразделений аппарата.

Пока я работал в аппарате Совета Безопасности, на должности секретаря сменились И. П. Рыбкин, А. А. Кокошин, Н. Н. Бордюжа, В. В. Путин, С. Б. Иванов и В. Б. Рушайло. Последний из них произвёл наиболее яркое впечатление. Первый шок был тогда, когда Рушайло дословно (!!!) прочитал памятку, подготовленную нами к первой из его бесед с иностранными собеседниками. В её справочной (и, соответственно, никогда никем и ни при каких условиях не озвучиваемой) части содержалась весьма чувствительная информация, которую не могли и, главное, не должны были знать его собеседники. Рушайло же, отбубнив «бормотуху», точно с такой же интонацией продолжил: «Справочно:…». И дочитал до конца. Беседой он остался очень доволен. Его собеседники тем более. А мы с коллегами решили, что лишнее знать ему просто противопоказано и перестали по мере возможности давать ему «чувствительную» информацию. Такая возможность была, благо сей государственный муж ничем особо не интересовался, по крайней мере, в международных делах. Впрочем, насколько я могу судить, в других тоже. Своими помощниками и советниками он привёл ментов. И вот приходит к послу Успенскому вчерашний гаишник и начинает *командовать*, как писать документы. Успенский попробовал его вразумить в своей сдержанно-интеллигентной манере. Безрезультатно. Мент начал орать.

Пришлось объяснить всё, что нужно, на понятном этому охламону языке. На поднятый шум заглянул заместитель секретаря О. Д. Чернов, немного послушал, стоя в дверях и, сделав жест, означающий, чтобы я особо не «перегибал палку», тихонько ретировался. В других управлениях вмешательство было примерно таким же, но отпор не всегда адекватен.

Что касается других секретарей, о них стоит сказать по несколько слов, кроме Путина: пока он секретарствовал, я болел. Но, насколько я знаю, он ничем особенным там себя не проявил.

Рыбкин, насколько я знал, сдерживал российских «ястребов» от возобновления чеченской бойни. По крайней мере, это то, что я видел и слышал. А знал, конечно, отнюдь не всё. Но в его времена я и мои единомышленники действовали в этом направлении, и он нам не только не мешал, но вроде бы помогал.

При Рыбкине мне пришлось много заниматься Чечнёй. Помимо ежедневной «текучки» я пытался создать механизм зарубежной гуманитарной помощи этой многострадальной республике. После переговоров с представителями международных гуманитарных организаций в Москве и поездки в Грозный, во время которой я понял, до какой степени никакая информация не соответствует происходящему там, всё было в основном готово: продуманы все механизмы адресной доставки гуманитарной помощи, исключающие её разворовывание, маршруты и меры обеспечения безопасности конвоев с этой помощью (это были два самых сложных вопроса), выцелены основные направления оказания такой помощи. Для запуска широкомасштабной международной акции, столь необходимой чеченцам, секретарю Совета безопасности оставалось подписать одно письмо (впрочем, многим адресатам). Рыбкин не поленился каждое из них собственноручно перечеркнуть. Объяснений по поводу столь неожиданного финала согласованной с ним работы мне получить не удалось.

Кокошин, будучи самодостаточным эгоцентриком, поначалу считал, что ему аппарат не нужен, о чём зачем-то самодовольно публично заявил по телевидению, но вскоре убедился в обратном. После его отставки на ни в чём не повинных сотрудников посыпались должностные взыскания за невыполнение указаний президента... которых они даже не видели. Кокошин попросту складывал президентские бумаги у себя на столе, где они и тухли без всякого движения. Интересовали его лишь проблемы нераспространения и экспортного контроля. О его грубости с подчинёнными ходили легенды. Лично могу засвидетельствовать лишь то, что он действительно дурно воспитан, хотя свидетелем его легендарных выходок, к счастью, быть не довелось.

Наиболее толковым из секретарей Совета безопасности, при которых я работал, был Бордюжа. Он производил впечатление человека честного, работяги, который вкалывал только с перерывом на непродолжительный сон. В результате он регулярно впадал в сомнамбулическое состояние.

Сергей Иванов поражал даже видавших виды людей своей поверхностностью, лицемерием, предвзятостью. Он был неприятен даже с эстетической точки зрения: в каждой черте лица сквозит самовлюблённость, лисья хитрость, речь пустая, одевался в тот период безвкусно ярко: ярко-розовые, ярко-голубые рубашки и галстуки. Такие галстуки и рубашки найти, конечно, было нелегко.

Сергей Довлатов считал, что ад внутри нас. С этим трудно не согласиться. Но российские капричос показывают, как можно за весьма непродолжительное время создать ад рукотворный.

Чем руководствуются в Кремле?

Разумеется, будучи во власти и около неё, я не мог не задаваться вопросом: чем руководствуются в Кремле?

Порой складывается впечатление, что в Кремле находится средоточие загадочности русской души. Действительно, решения, принимаемые российским (а раньше – советским) руководством зачастую повергают в недоумение. Чтобы понять их смысл нередко находят весьма изобретательные объяснения, зачастую не имеющие ничего общего с действительностью. Среди них – замыслы, коварство и прочая, и прочая. В действительности всё происходит иначе.

При принятии решений власть в России, а раньше – в СССР, практически никогда не исходит из реального положения дел. Этому существует немало причин. Первая из них – в лучшем случае полуправда, а то и ложь, содержащаяся в большинстве информации, на которой базируется политика страны. Дезинформация руководства обусловливается рядом причин. Докладывающий вопрос всегда учитывает, что именно хочет от него его начальник, причём это происходит на всех уровнях принятия решений. Поэтому до руководства государства практически вся информация доходит препарированная, в искажённом, порой до неузнаваемости, виде. К этому необходимо добавить личные амбиции докладчиков (практически никогда не отождествляемые с национальными интересами) и зависимость их благосостояния, а порой и карьерного выживания, от содержания их докладов. В результате правдивая информация (а она попадает на стол руководства крайне редко) как правило, не воспринимается – всё подавляет нагороженная раньше ложь.

Манипулируемость высших руководителей страны со всей наглядностью показывает пример М. Горбачёва, пытавшегося провести страну по пути мягкой демократической реформации. Но, по пути на Старую площадь, а позже в Кремль его охранник, выполняя поручения своего непосредственного начальника – будущего путчиста и тогдашнего шефа КГБ Крючкова – «накачивал» Горбачёва антидемократической информацией; в результате Горбачёв приезжал на работу уже заведомо настроенным против собственных демократических преобразований и против демократических лидеров. В какой-то момент его решения начали соответствовать закладываемой в него информации, которая поступала Горбачёву через его приближённого помощника и будущего (как всегда закулисного) ГКЧПиста Валерия Болдина, ненавидящего своего шефа и его курс реформ, и производившего отбор информации в соответствии с этим. Горбачёв говорил в узком кругу о вынужденном «манёвре вправо». На деле же заговорщики и, в первую очередь, спецслужбы его переиграли.

При Ельцине манипулируемость высшего руководства России достигла невиданных масштабов. Он принимал решения, угодные тем, кто последним имел доступ к его уху. А с учётом того, что проще всего контактировать с ним было таким одиозным особам, как его дочь Татьяна Дьяченко, начальник охраны Александр Коржаков, теннисный тренер, назначенный Ельциным министром по делам спорта Шамиль Тарпищев, и прочие члены его «семьи», решения он принимал адекватные личностям своих советников и количеству потреблённого алкоголя.

Спору нет: любая власть повсюду стремится к самосохранению. Однако в России это стало чуть ли ни основным мотивом её деятельности. Взять, например, ситуацию, когда Ельцину грозил импичмент. Если её рассматривать не в контексте субъективных оценок «хорошие» и «плохие», а в правовой плоскости, не может не вызвать удивления, что

президент, любивший подчёркивать, что он – «гарант Конституции», даже не допускал возможности того, чтобы оставить свой пост, а вместо
следования Конституции готовил арест депутатов. Ещё более вырази-
тельна и история с расстрелом российского парламента в 1993 году.

Власть предержащие, как правило, не понимают менталитета, а
следовательно, и мотивации и целеустановок их зарубежных партнёров.
Такое положение вещей проистекает из:

- догматизма, взращенного в россиянах со сталинских времён;
- полученного ими образования, построенного на коммунистических
  догмах;
- комплекса неполноценности, бушующего в русских со времён Пет-
  ра I, называемого Великим;
- психологии защитников осаждённой крепости; основой основ
  школьного образования был тезис, согласно которому только благодаря России уцелела европейская цивилизация – сначала Россия спасла Европу от монголо-татарского, а в XX веке – от гитле-
  ровского нашествия;
- насаждаемого с детского сада мессианства;
- элементарного незнания материи не только высшей властью, но и
  её советниками, экспертами и нередко даже учёными, привлекае-
  мыми для консультаций (например, именно учёные-ядерщики от-
  вергали реальность Чернобыльской катастрофы, исходя из той
  простой и удобной посылки, что этого не может быть, потому что не
  может быть никогда).

Традиционная неподконтрольность власти делает возможным принятие
ею самых неграмотных, волюнтаристских и даже преступных решений.
Наглядный пример тому – деятельность Хрущёва, совершившего личный и гражданский подвиг, развенчавшего культ Сталина на просталин-
ском по составу XX съезде КПСС; разместившего на Кубе ракетно-
ядерное оружие и, тем самым, поставившим человечество на грань
ядерной катастрофы; надеявшегося сделать СССР передовой сельско-
хозяйственной державой, выращивая кукурузу, которая в этой стране не
может расти по климатическим причинам, и вгрохавшего в это безна-
дёжное начинание немерено средств.

Нельзя сбрасывать со счетов, что российской традиции свойствен-
но использование служебного положения для личного обогащения или
иной личной выгоды. (Любопытно, что взяточничество было узаконено

Иваном Грозным[18], наместники которого не получали жалования, а содержались за счет поборов с местного населения, причём такой порядок оплаты их услуг вполне официально назывался *кормлением*). В условиях неподконтрольности власти с одной стороны и разрухи и нищеты страны – с другой, это не может не вести к всепроникающей коррупции и другим весьма серьёзным последствиям.

Ещё одна особенность психологии российской власти – стремление практически любой ценой создавать о стране и лично о себе впечатление лучшее, чем в действительности. Здесь образовывается закольцованность ложной информации с желанием хорошо выглядеть в глазах мировой общественности и собственного населения. Причём внутренний фактор в посттоталитарный период (который начался в последний период существования СССР) стал играть беспрецедентную роль. То, что многие десятилетия общество развивалось в условиях диктатуры серости, что в нём была вытравлена политическая и правовая культура, а общечеловеческие ценности подменены пропагандистскими и идеологическими клише, привело к популизму власти, подталкивает её к принятию «популярных» решений, особенно в преддверии президентских и парламентских выборов. В качестве одного из примеров можно привести резкий скачок популярности премьер-министра В. Путина после начала второй чеченской войны, который практически обеспечил ему успех на президентских выборах 2000 года.

Важный элемент в механизме принятия решений – государственный аппарат. При всех очевидных недостатках советской системы, существовавший тогда порядок прохождения документов существенно затруднял принятие решений, вопиюще противоречащих интересам страны. Впрочем, такой порядок не меньше затруднял и принятие необходимых решений. Его суть заключалась в необходимости согласования предлагаемых мер со всеми без исключения руководителями заинтересованных министерств и ведомств. Квалификация государственного аппарата во многих случаях позволяла блокировать принятие губительных решений или смягчать их последствия. После развала СССР ситуация разительно изменилась: подавляющее большинство наиболее компетентных сотрудников оказалось по разным причинам вне соответствую-

---

18 Иван IV Грозный (1530-84 гг.), великий князь «всея Руси» (с 1533 г.), первый русский царь (с 1547 г.). Внутренняя политика Ивана IV основывалась на массовых опалах и казнях. При нём произошло усиление закрепощения крестьян.

щих государственных структур, которые возглавили недавние «троечники», многократно в одночасье перепрыгнувшие свой уровень некомпетентности. Система согласования была закономерно ликвидирована как скомпрометировавшая себя[19], но другие фильтры не были введены. Потерявший квалификацию государственный аппарат перестал быть действенным заслоном от ошибок и волюнтаризма руководства страны.

Самое парадоксальное заключается в том, что хотя аппарат, казалось бы, зависит от власти, на деле он подчас помыкает ею. Любое решение может быть не выполнено. Любое решение может быть предложено страдающей от недостатка времени и компетенции власти и обосновано, в том числе, ложно. Не принятое решение может выдаваться за принятое. Решение принятое может быть соответственно не оформлено и, таким образом, решением не считаться.

Живущие в королевстве кривых зеркал лживой информации, неизжитых догм, политических и идеологических клише, не на секунду не забывающие о своих личных интересах, манипулируемые своими подчинёнными, кремлёвские владыки объективно не способны адекватно реагировать на совокупность внешних и внутренних проблем России, которые они сами зачастую и создают своими ошибочными решениями.

Всё это зачастую усугубляется особенностями личности небожителей. В период царствования Хрущёва доминировали его бескультурье и волюнтаризм, хотя, нельзя не признать, что он сделал немало хорошего. В частности, именно благодаря хрущёвской оттепели, русская культура обогатилась целой плеядой талантливых писателей, поэтов, других деятелей искусства. Суть правления Хрущёва точно отражена в его надгробном памятнике работы Эрнста Неизвестного: контраст белого и чёрного.

Сместивший Хрущёва Брежнев тоже никак не может быть причислен к числу носителей культуры, но, в отличие от своего предшественника, он был мастером аппаратной борьбы. Этот весьма посредственный человек к концу жизни впал в маразм, что, впрочем, не мешало ему управлять страной.

Пристрастие к спиртному Ельцина, его двуличие и бескультурье хорошо известны. Но его несовместимые с постом президента страны

---

19   Тем более, что практически на каждое решение в советские времена требовалось согласие КГБ.

слабости намного менее опасны, чем инфантилизм Путина и Медведева, их цинизм, безжалостность.

Печаль дипломатии

Разваливалась и российская дипломатическая служба. Начиная с большевистского переворота, она начала приобретать подлинный профессионализм лишь после прекращения сталинских репрессий. Ведь эта служба представляет собой крайне сложный и чуткий механизм, в котором осуществляется взаимодействие не только по вертикали и по горизонтали внутри центрального аппарата и между центральным аппаратом и его загранпредставительствами, но и между поколениями дипломатов. Последнее настолько просто, что не очевидно. Речь идёт о дипломатической школе, которая создаётся поколениями дипломатов и которая была разрушена большевистским путчем. При Сталине её создание было невозможно с учётом репрессий. В результате дипломатическая школа по-настоящему начала формироваться только после 1953 года, что, разумеется, отнюдь не означает, что до этого в советской дипломатии не было личностей: именно они и начали создавать дипломатическую школу страны.

К началу перестройки МИД СССР функционировал вполне квалифицированно. В нём имелось несколько школ, поэтому он мог выполнять самые разные социальные заказы – от достижения взаимоприемлемых компромиссов до проведения политики жёсткой конфронтации, от догматизма любого сорта до сотворчества с зарубежными странами. Однако после краха СССР не только сменилось руководство всех его звеньев, но и из министерства ушло большинство наиболее подготовленных и квалифицированных сотрудников.

После соития российского и союзного МИДов в министерстве воцарились мерзость и запустение – и материальное, и интеллектуально-нравственное. Внешнеполитическая рутина, которая и составляет большую и основную часть работы, выглядела весьма прискорбно. При всех минусах советской системы, которые удалось преодолеть только к концу правления Горбачёва, они казались чуть ли не идеалом при «раннем» Ельцине, когда во внешнеполитической службе доминировали некомпетентность и распущенность. Чтобы не быть голословным, могу, например, сказать, что пьяные сотрудники в джинсах и в кроссовках в разгар рабочего дня тогда были чуть ли не нормой для министерства иностранных дел. Правда, в конечном итоге героическими усилиями «старых» МИДовцев удалось восстановить хоть какое-то подобие пристойности.

Вопросы практически не прорабатывались. В основном действовала инерция советских подходов, причём, как ни парадоксально, подчас более реакционных, чем при горбачёвской перестройке – реакционеры брали реванш. Ельцин делал необдуманные заявления, а потом по-детски обижался, когда не находил понимания у западных партнёров.

Поглощение МИДом России МИДа СССР нередко выглядело как оккупация, хотя порой (как, например, в департаменте, в котором я работал) протекало нормально. Естественная в таких случаях реорганизация и увольнение части сотрудников зачастую принимало характер внутривидовой борьбы за выживание, сведения личных счётов[20], попыток нечистоплотными средствами обеспечить себе «тёплое место»; буквально единицы из руководства МИД СССР не приняли участия в этих нечистоплотных играх. Большинство новых руководителей российской внешней политики и дипломатии либо не имело никакого опыта практической работы, либо перескочило через несколько ступенек карьерной лестницы, соответственно, не добрав необходимого опыта, что во многих случаях привело к отсутствию у них достаточного профессионализма и возведённой в абсолют сервильности. В результате принимались необдуманные и противоречащие друг другу решения, дематериализовывались документы, в том числе секретные, президентские и другие решения и поручения. Некоторые власть предержащие бегали советоваться в иностранные посольства по поводу как внутренних, так и международных проблем, и там открыто шуршали бумагами. Буйным цветом расцвела коррупция. Дипломаты, практически не скрываясь, получали вознаграждение от фирм за лоббирование их интересов и прочие услуги. Президент Ельцин уже в первые месяцы своего царствования рвал и метал по поводу контактов российских дипломатов с кубинскими диссидентами. Механизм принятия внешнеполитических решений разладился. Министр иностранных дел Андрей Козырев оказался в подчинении занимавшего пост госсекретаря некомпетентного, самовлюблённого и странноватого Геннадия Бурбулиса.

---

20   Один мудрый начальник, к которому в силу его положения стекались доносы, не читая, складывал их в специально отведённые папки, а потом вывез их за город и сжёг.

Ничего более догматичного, лживого и дилетантского, чем после-козыревский МИД, за всю мою не бедную опытом рабочую жизнь я не видел. Конечно, нахватанных сотрудников там хватало. Они свободно оперировали фактами, цифрами, концепциями. В основном не имеющи-ми ничего общего с реальностью. Всё передёргивая. Постоянно выстав-ляя в розовом цвете российские внешнеполитические «успехи», тогда как на деле был морально-интеллектуальный крах. (Как-то я показал одобренное министром творение министерства уже вышедшему в от-ставку отцу. Он долго, очень долго читал, а потом сказал одно слово: «Позор!»).

Меня поразило, что первый министр иностранных дел России Анд-рей Козырев – человек, безусловно, образованный, творческий и неор-динарный – *запретил* сотрудникам министерства публиковаться в сред-ствах массовой информации. Такого не было даже в союзные времена – тогда дипломаты несли полную ответственность за свои публикации, что естественно, но ни о каких запретах не было и речи; многие этим подра-батывали, кто-то оттачивал стиль, а газеты и журналы зачастую были рады получить квалифицированные материалы, если, конечно, они бы-ли добротно написаны.

Наше правочеловеческое управление стало частью департамента, в который помимо него вошли секретариат Комиссии РФ по делам ЮНЕСКО и управление культурных связей; позже из него были выведе-ны вопросы гуманитарного сотрудничества и управление по делам со-отечественников за рубежом. В общем, монстр был ещё тот!

Директор департамента Вячеслав Бахмин и начальник нашего управления Тимур Рамишвили уехали в командировку в Женеву на Ко-миссию ООН по правам человека, меня же оставили, что называется, «на хозяйстве». А в МИДе тем временем происходило нечто невероят-ное. Его возглавили совершено некомпетентные люди. Мой письменный стол был завален бумагами с противоречащими друг другу и зачастую безграмотными резолюциями. Все, занимавшие неначальственные должности и имевшие хоть какую-то свободу для манёвра, увольнялись. Многие «пришельцы» из российского МИДа вели себя недопустимо по отношению к «аборигенам» Смоленской площади. Плюс к этому, реор-ганизация, а вернее, чистка. Поступило указание составить три списка: «чёрный» – на увольнение, «серый» – можно уволить, а можно оставить, и «белый». В общем, лавина не только ненужной, но и порой вредной работы в нервозной обстановке при полной свободе от денег: зарплаты не хватало на пропитание

Руководящая работа в центральном аппарате МИДа – это постоянное интеллектуальное и нервное напряжение. Заграничная дипломатическая служба выглядит совершенно иначе. Прежде всего, в большинстве российских дипломатических загранпредставительств (ничего не могу сказать о консульствах, там ситуация несколько иная – после развала СССР консульства в основном зарабатывают деньги на содержание посольств) большую часть времени работы нет как таковой – в основном там тягучее и неинтересное времяпровождение на рабочем месте – чтение газет, немного – в основном пустых – шифртелеграмм, которые не стоило ни писать, ни читать (это после московских кип, причём на многие из «верхних» бумаг требовалась немедленная и порой далеко не очевидная реакция)… Конечно, изредка бывали «запарки», но главное искусство российских дипломатов при работе за границей – активное ничего неделание при сохранении кажимости активной работы и крайней занятости.

Полная, буквально рабская зависимость от руководителя загранучреждения многое обусловливает, в том числе, атмосферу угодничества. Если дипломат любой нормальной страны получает определённую зарплату и сам решает, как ей распорядиться, то в российской дипломатической службе всё иначе. Небольшие зарплаты при бесплатно предоставляемыми дипломатическим представительством квартире, машине, мебели. В результате дипломат не может решить, где ему жить, на чём ему ездить, какой у него будет дома интерьер. Вместо того чтобы обеспечить сотрудникам медицинские страховки, при посольствах и постпредствах содержат медпункты, врачи которых решают, надо ли направлять пациента к местным специалистам. Конечно, после развала СССР разумные люди стали при наличии такой возможности сами покупать себе медицинские страховки, но сам подход не вызывает симпатии – ведь медицина традиционно используется в России, мягко говоря, в немедицинских целях.

Впрочем, такой патернализм отчасти оправдан с учётом какой-то патологической, я бы даже сказал звериной жадности некоторых носителей российских зелёных дипломатических паспортов. Впервые меня это поразило, когда в ходе первой спецсессии Генеральной Ассамблеи ООН по разоружению мне захотелось выкурить сигарету с ментолом.

Недолго думая, я направился к стойке кафетерия в штаб-квартире ООН, чтобы купить такие сигареты. «Это же очень дорого, – буквально взвыл сотрудник постпредства, который в этот момент был со мной. – У нас в миссии это намного дешевле!» Меня это не остановило, я и сам видел разницу в ценах: «Но хочется ведь сейчас. К тому же пачка сигарет – это не так дорого». В результате он перестал со мной общаться. В том же Нью-Йорке родители одного ребёнка так экономили на еде, что были вынуждены вмешаться местные власти. Кто-то питается собачьими и кошачьими консервами. Кто-то живёт практически в темноте – ведь за электричество приходится платить из своего кармана, кто-то закрывает на зиму все комнаты, чтобы их не отапливать, и ютится в одной. А как многие одеваются! Хуже всего, что суть даже не в том, что люди жалеют деньги (которые у них, кстати, есть) на то, чтобы купить себе новый костюм, да и вообще жить достойно. Бедность – понятие не только объективное, но и субъективное. Достойная жизнь для многих – абстракция. Психология нищенства во многих въелась настолько глубоко, что они будут себя чувствовать нищими, даже имея миллионы, которые они, впрочем, именно из-за этой психологии неизбежно потеряют. Но почему на таких людей должна ориентироваться система?

Почти все высокопоставленные коллеги, особенно послы, с которыми я работал за границей после краха СССР, имели о дипломатии весьма извращённое представление[21]. Известные каждому студенту МГИМО определения дипломатии как науки и искусства, применения ума и такта, были им неведомы. По-моему, им было вообще непонятно, что дипломат должен изучить проблему, понять, в чём заключаются интересы его страны, выработать соответствующие рекомендации своему правительству и, если они будут приняты, всеми силами добиваться их реализации. Рекордсменом в моём послужном списке стал Лихачёв, который представлял Россию при ЕС. Например, он ни разу никого не посетил для выполнения поручений Москвы – он поручал это своим сотрудникам, что зачастую оказывалось недостаточным. Впрочем, указания тоже зачастую были маловразумительные. Лихачёв любил устраивать еженедельные совещания для всех сотрудников, во время которых регулярно строго говорил:

---

21 Счастливые исключения, конечно, были. В качестве примеров таких исключений можно назвать Сергея Бацанова, Евгения Гусарова, Андрея Колосовского, сменившего Макеева на посту постпреда в Женеве. Разумеется, здесь не идёт речь о хороших дипломатах «старой школы», например, о А. Л. Адамишине.

– Договоритесь о моей встрече с... – далее следовала фамилия. – Срочно! – Какая убеждённость, какая энергия, как властно звучит голос!

Накануне первой из таких встреч, в которых я должен был участвовать, он меня спросил:

– О чём с ним говорить-то, как вы думаете?

Честно говоря, я был несколько удивлён: зачем же назначать срочную встречу, не зная, о чём на ней говорить? Значит это ему надо просто «для галочки», показать, что он работает. Свои беседы он выстраивал стандартно.

– Мы очень внимательно следим за вашей деятельностью. – Это зачастую были его первые слова. Неподготовленные собеседники вздрагивали. Далее следовали неумеренные бестактные комплименты (А. Виторино как-то рассмеялся ему в ответ в лицо: «Mais ce n'est pas vrai ! N'en croyez pas, Monsieur l'Ambassadeur !»[22]), а потом: – Я хотел бы узнать ваше мнение о... – после чего следовало несколько вопросов, на чём беседа и заканчивалась.

– Три телеграммы, – с самодовольной многозначительностью говорил Лихачёв в машине.

– Да что вы, Василий Николаевич, и на одну натянуть будет трудно. Ведь всё, что он говорил, уже было и в прессе, и по телевидению. Да и мы уже не раз писали.

Главным критерием оценки деятельности было количество телеграмм, а не их качество и, тем более, эффективность работы. То, что почти все телеграммы списывались с прессы, а многие имели лишь весьма отдалённое отношение к действительности, почти никого не волновало. В этом побил рекорд посол Фрадков (будущий премьер-министр): сей государственный муж даже установил, что каждый дипломат должен написать не меньше определённого количества телеграмм в неделю (если не ошибаюсь, четырёх). В результате Миссия не слала в Москву информацию, а производила своего рода белый шум: в основном списанные с прессы телеграммы друг другу противоречили, излагали не проверенные сведения и не выверенные трактовки и комментарии. Главное, как уже говорилось – количество.

Всевластие послов порой приводит к странным последствиям. В советские времена жена посла в одной из африканских стран потребовала, чтобы к ней каждое утро приезжали жёны дипломатов вместе с

---

22 Но это не так! Не верьте этому, господин посол!

ней делать зарядку на лужайке резиденции, отгороженной от улицы низким забором. Повышать физическую культуру послиха вышла в нижнем белье и была крайне недовольна, увидев своих рабынь в купальниках. В результате местные жители ежедневно собирались, чтобы полюбоваться жёнами дипломатов, делающих гимнастические упражнения в нижнем белье. Другой посол заставлял всех сотрудников посольства с семьями в праздники, коими являлись годовщины большевистского переворота и первое мая, которое праздновалось в СССР как день международной солидарности трудящихся, устраивать перед балконом его кабинета демонстрацию с советскими красными флагами, причём ходить туда-обратно бедолагам приходилось не по одному разу. Посол на это благосклонно взирал с балкона.

Ещё одна специфическая особенность дипломатических представительств заключается в том, что никогда неизвестно, кто кем является на самом деле. Например, шофёр или рабочий может оказаться высокопоставленным офицером спецслужб, а дипкурьер и вовсе одним из их руководителей, как случилось с поверенным в делах в одной из стран незадолго до начало советско-финской войны.

В кафкианскую атмосферу дипмиссий я погрузился уже в самом начале моей первой длительной загранкомандировки. Это было в Женеве в 1992 году. Трудно было предположить, что телефонный звонок бывшему коллеге по правочеловеческому Управлению МИДа Кириллу Ермишину, который потом уехал в постпредство в Женеву, а там ушёл «на вольные хлеба», создав правозащитную организацию, вызовет, пользуясь дипломатическим жаргоном, такую «острую реакцию». Я по наивности заказал ему пропуск на нашу территорию, и мы с ним минут сорок погуляли. Буквально на следующий день меня отловил в коридорах постпредства заместитель Макеева Глеб Смирнов и провёл со мной «душеспасительную» беседу о том, как «остро» наша прогулка была воспринята руководством и коллективом. Была так была... Ничего, кроме заметки на память я не счёл возможным делать – на каждый роток не накинешь платок, а если у кого-то ментальные проблемы, извините! Не знаю уж какой реакции на этот разговор ждал от меня Макеев, но через несколько дней в вестибюле появилось объявление о том, что такого-то числа в такое-то время состоится общее собрание коллектива. С жёнами и, даже, кажется, с детьми. Войдя в клуб постпредства, я обомлел: стол президиума, накрытый зелёным (спасибо, что не красным) сукном, за ним, как положено по советской традиции, постпред, его заместитель – вышеупомянутый Смирнов, и, конечно, офицер безопасности. И что же стало причиной этого сборища? Оказывается, «возмутительный факт того, что один из старших и наиболее опытных дипломатов постпредства устроил демонстрацию того, что Кирилл Ермишин по-прежнему – несмотря ни на что! – всё ещё является сотрудником постпредства». Слушая этот бред, я обдумал ехидные тезисы своего ответного выступления. А потом подумал: зачем? Меня же провоцируют на скандал. Фамилию не назвали. Я только что приехал, уезжать пока не хочется. Так что можно спокойно поиронизировать про себя, чем я и занялся, удобно развалившись в кресле и не скрывая сардонического выражения лица. Когда организаторы и идеологи готовящегося аутодафе поняли, что тщательно разработанный ими сценарий не сработал, что все удары ушли «в вату» и вообще не были восприняты, они растерялись. Положение якобы спас офицер по безопасности, который поведал о действительно чудовищном случае.

В Женеву прилетел спецкурьер. Хорошо выпив с одним из дежурных комендантов, они решили уже довольно поздно вечером пойти погулять. Почему их выпустили в таком состоянии – сие есть великая загадка. Идут они себе по улицам этого чудного наиспокойнейшего города, и вдруг спецкурьер замечает, что в припаркованной машине зазывно мигает какая-то лампочка. Тут же следует предложение – сперсеть. Дежурный комендант, который выпил несколько меньше, понимает, что этого делать нельзя. Но выпил он не настолько меньше, чтобы увести с собой спецкурьера, и уходит один. А дальше происходит следующее.

В халате у комиссара полиции начинает пищать сигнализация его припаркованной под окнами машины. Он выскакивает на улицу как был, в халате и домашних тапочках, и видит, что, как написала на следующий день женевская пресса, его машину вскрывают с особым цинизмом.

В это время сотрудники комиссариата полиции, расположенного прямо напротив квартиры шефа, на экранах своих мониторов видят, как комиссар получает в зубы и падает. Выскакивают на помощь, но «с нашим профессионалом справится не могут», о чём с особой гордостью было заявлено на собрании. Вызвали сначала простое подкрепление, потом с собаками, которые этого алкаша и брали.

Слушая эту явно не интересную для руководства историю, я был в ужасе – каков позор-то! А для «отцов миссии» это был не более, чем повод, чтобы закруглить сорвавшуюся «гражданскую казнь»...

Здесь, наверное, уместно упомянуть о том, как Макеев попал в Женеву. Э. А. Шеварднадзе потребовалось что-то уточнить по экономической проблематике. Тогда за неё в МИДе в качестве начальника Управления отвечал Макеев, который не смог дать ни одного внятного ответа на вопросы министра. Тот был в бешенстве, и, отпустив Макеева, вызвал своего зама по кадрам и распорядился срочно убрать Макеева. «На этой должности мне нужен человек, который разбирался бы в проблематике», – сказал он. Так Женева получила на многие годы главного тамошнего российского дипломата, а я – головную боль.

Что такое наша миссия в Женеве в мои времена? Истерика Макеева, устроенная им международным чиновникам по поводу того, что он, посол России Макеев, получает меньшую, чем они зарплату. (После этого международные чиновники, естественно, перестали ходить в миссию; почти все контакты прервались). Истерики Макеева, Лощинина и Смирнова по поводу прав человека. Рефрен: «Вы посмотрите, кто в зале, ни на ком же клейма негде поставить!» Вселенский стон, о том, что МЫ «потеряли много денег», открыв правду о Чернобыле. Чуть завуалированная, но по существу полная и безоговорочная поддержка октябрьского мятежа в Москве 2003 года. Поощрялись стукачество, наушничество. И, при этом, полнейшее непонимание реальности. Любопытно, что даже при застое Макеев считался ястребом и ретроградом. Но – что характерно – в демократические времена его не только терпели, но он даже пользовался большим, чем когда-либо авторитетом.

У меня сложились с ним простые отношения. Я не скрывал свои взгляды, подал в отставку, которую Макеев не решился принять во избежание проблем – ведь отставка старшего дипломата неизбежно повлекла бы за собой приезд комиссии из Москвы, разбирательство, о чём я, впрочем, тогда не подумал, а зря – при тогдашней поддержке Козыревым и центральным аппаратом можно было решить «проблему Макеева-Лощинина». Зато он в отместку написал на меня поклёп в Москву уже через несколько месяцев после начала нашей совместной работы. При этом не принял во внимание, что в центральном аппарате меня хорошо знали. Бедняга багровел, когда видел меня даже издалека.

Любопытно, что для кое-кого он стал образцом для подражания, что в первую очередь свидетельствует об интеллектуальном уровне подражателя. Когда я приехал в Женеву, там работал Михаил Ефимович Фрадков. Женева для него стала трамплином для головокружительной карьеры: из старших советников он скакнул в заместители министра внешней торговли, потом – министр, заместитель секретаря Совета безопасности, шеф налоговой полиции (не исключаю, на его бессовестности, в частности, безобразия в отношении Ходарковского, что косвенно подтверждается и тем, что в день его ареста Фрадков был не по тогдашнему месту работы в Брюсселе, а в Москве), представитель России при Европейских сообществах, премьер-министр, откуда он ушёл почему-то шефом внешней разведки (СВР)... А на первом же совещании в Брюсселе Фрадков ссылался на Макеева, как на высшего авторитета в области дипломатии...

Пресмыкание перед начальством и полная зависимость от него, отсутствие не только Дела с большой буквы, но и работы как таковой, ведут к возведённым в абсолют безделью, лжи (а что делать, когда надо показывать несуществующую работу?) и такому страшному бедствию российской заграничной дипломатической службы, как чуть не повальное пьянство.

Это можно проиллюстрировать таким примером. На одном из еженедельных совещаний «мыслитель» Лихачёв сказал:

– В лифте должна быть экологически чистая атмосфера. Если уж накануне «перебрали», пользуйтесь лестницей.

И в чём-то он был прав: лифтом по причине послепохмельных ароматов, действительно, пользоваться было не слишком приятно.

Мне это напомнило встречу тогдашнего замминистра по кадрам Сергея Крылова[23] с сотрудниками постпредства в Женеве.

– Пьют все, – мрачно вещал он. – От шоферов до послов. Приезжают послы в отпуск в Москву, ложатся в Кунцевскую больницу и зашиваются.

Многие особенности российской дипломатической загранслужбы иллюстрирует такой эпизод. Макеев очень боялся приезда в Женеву министра по чрезвычайным ситуациям Сергея Шойгу. Мне он поручил, помимо прочих бумаг (памяток, справок и пр.). составить «компромат» на Шойгу и его министерство, якобы, чтобы иметь аргументы в случае кри-

---

23 Бывший помощник А.Л. Адамишина, позже – посол в Бонне.

тики министра. А сразу по его прилёту этот «компромат» (анализ ошибок и недоработок МЧС, плюс публичные, опубликованные в прессе, обвинения Шойгу) ему передал со словами: «Это Андрей Анатольевич подготовил к Вашему приезду». Разумеется, Шойгу меня тут же возненавидел и вычеркнул из списка участников всех своих мероприятий, не подумав, что другие просто не в курсе проблем. В результате я не имел ни малейшего отношения к подготовке его главного мероприятия в ходе этой поездки – к беседе с тогдашним Верховным комиссаром ООН по делам беженцев Содакой Огатой, во время которой они оперировали разными фактами и цифрами, причём ошибочными с российской стороны. Беседа чуть не закончилась крупным международным скандалом. Выйдя с беседы, Шойгу задал извечный русский вопрос: кто виноват, что Огата не подготовлена? Ответ Лощинина последовал незамедлительно: Ковалёв. «Выслать», – распорядился Шойгу в своём обычном стиле. А вечером было какое-то мероприятие в Постпредстве, на которое я, как обычно, не пошёл. Потом мне рассказывали, что шофер нашей миссии, сидевший за спиной Шойгу, похлопал его по плечу и пригласил в сауну. На приглашение отужинать с послом Шойгу ответил отказом: я уже пообещал сходить в баню с вашим шофёром, сказал он. А шофёр-то был не простой, а офицер спецслужб, который поехал в Женеву немного дух перевести. И был шофёр в курсе всех интриг. И сказал шофёр министру: Ковалёва не трогай. И послушался его Шойгу. И назначил шофёра руководящим сотрудником своего министерства.

По мере возможности на заседаниях в ООН я старался не садиться у микрофона, чтобы избегать ситуаций, когда пришлось бы обрушиваться на кого-то за критику российских военных преступлений в Чечне или на симпатичных мне прибалтов. На одном из мероприятий назревал скандал с Латвией. Я испытывал чувство стыда за российскую политику в странах Балтии: признав в советские времена наличие секретных протоколов к пакту Молотова-Риббентропа, Россия потом с лёгкостью невероятной изменила свою позицию и стала отрицать факт оккупации Латвии, Литвы и Эстонии. Оттягивался вывод оттуда российских войск. Особенно пикантным был предлог: защита русскоязычного населения. Всё это мне категорически не нравилось, и я решил попробовать избежать пикировки. Тогдашний посол Латвии при отделении ООН в Женеве Сандра Колниете, ставшая потом послом в Париже, министром иностранных дел Латвии и членом Комиссии ЕС, оказалась умным тонким дипломатом и приятным собеседником. Мы с ней сошлись в том, что оба не хотим лишних словесных баталий и примерно обозначили критические точки, на которые каждый из нас не сможет не прореагировать. В результате публичная склока прекратилась, начался диалог. Меня же коллеги прозвали «латышским шпионом».

...Глава делегации Российской Федерации на очередной сессии Комиссии ООН по правам человека заканчивает своё основное выступление. Зал полон, все слушают очень внимательно. Это немудрено: своими выкрутасами российская дипломатия приучила к тому, что от этих русских можно ждать чего угодно. Текст выступления я знал почти наизусть: его привезённый из Москвы проект никуда не годился, и я его от начала до конца переписал. Заметив боковым зрением стремительное движение на фоне практической неподвижности присутствующих, я взглянул в этом направлении: посол Латвии, быстро встав со своего места, стремительной походкой направлялась к местам нашей делегации. Поймав мой взгляд, она издали мне улыбнулась. Я встал ей навстречу, и она на глазах у удивлённой публики, положив руку на рукав моего пиджака, решительно повела меня пить кофе. Если бы тогда была известна подоплёка этого небольшого эпизода, мне бы не поздоровилось. Дело в том, что незадолго до этого, мы с ней пили кофе в кафетерии Palais des Nations. Я выразил надежду, что на предстоящей сессии, как всегда, мы обойдёмся без конфронтации.

– Боюсь, что в этот раз без неё не обойтись, – возразила посол.

Я на неё вопросительно посмотрел.

– Нам в Москве напрямую говорят, что ваша делегация будет резко выступать по положению дел в Прибалтике. Я, конечно, должна буду ответить.

Я ответил что, наличие проблем означает необходимость диалога, а не конфронтации, и в ответ услышал, что моя собеседница придерживается той же точки зрения. Мы начали искать возможность неконфронтационной развязки ситуации. Российская делегация не могла не озвучить позицию по положению «русскоязычного населения» Латвии и Эстонии. Позиция Москвы была чисто демагогической – жёсткой, неконструктивной, конфронтационной, не предполагающей никаких путей для решения проблемы. Фактически мы навязывали режим капитуляции. Всё же, как мне казалось, оставалось какое-то поле для манёвра. Я с нескрываемым сомнением в голосе сказал, что в нашем выступлении могла бы быть обозначена мысль об исторической ответственности России за положение дел в странах Балтии.

– Это было бы прекрасно и сняло бы все проблемы. Но – невозможно – ваша делегация никогда на это не пойдёт, – ответила моя собеседница.

– Посмотрим. Можно заключить пари на чашку кофе.

По мере разговора я всё более укреплялся в необходимости того, чтобы эти слова были произнесены. В результате, когда это произошло, и разыгралась эта маленькая сценка.

Непрофессионализм ведёт к абсолютизму, непререкаемости, серости. Это, к сожалению, повседневная реальность. Например, работая в Совете Безопасности, мне как-то пришлось устроить нечто вроде ликбеза по поводу того, что такое ОБСЕ на совещании вторых-третьих лиц в своих министерствах и ведомствах, которые искренне считали, что «третья корзина» ОБСЕ даёт основания для военного вторжения в Чечню под предлогом защиты прав человека. Особенно очевидной международно-правовая и политическая неграмотность стала после развала СССР, хотя и в союзные времена власть, да и многие исполнители не блистали особой эрудицией. Например, я был буквально шокирован тем, что в научной монографии отставного полковника Генерального штаба вооружённых сил СССР, всю жизнь работавшего по НАТОвской проблематике, попавшей мне на отклик относительно целесообразности публикации, я увидел вопиющие доказательства незнания этим бывшим офицером (скорее всего, военной разведки) ни текста Североатлантического договора, ни принципов и механизмов функционирования военной организации НАТО, хотя монография была посвящена именно этой теме. Грустный список вопиющей некомпетентности, свидетелем которой я был, можно продолжить, но, как представляется, эти два факта дают достаточное представление об уровне квалифицированности и информированности власти и обслуживающих её людей.

Наглядной иллюстрацией к сказанному выше является требование Фрадковым беспрекословного подчинения его самым нереализуемым и сумасбродным указаниям, любимый ответ, который он буквально выдавливал из подчинённых: «Так точно!». Никаких сомнений в своей непогрешимости он не допускал. Как-то один из самых льстивых дипломатов осмелился усомниться в реализуемости вопиюще сумасбродного указания:

– Михаил Ефимович, а если не получится?

– Это как – не получится!? – взревел спецпредставитель президента в ранге федерального министра. – Это будет измена Р-р-родине!!! Вы думайте, о чём говорите!

Ещё он очень любил повторять:

– Работайте для Прокуратуры! Скоро всех... А у нас чтобы на всё была бумага, чтобы все следы сохранились!

Выразительный штрих к портрету, а возможно и к планам власти – ведь Фрадков, судя по некоторым признакам, уже знал о том, какое назначение его ждёт, Путин, по словам Фрадкова, ему на мобильный телефон позванивал...

Ему присущи имманентные грубость, граничащая с откровенным хамством, патологическое неуважение к людям. Посредственность, возомнившая себя Наполеоном, для которого все остальные – быдло, грязь, в лучшем случае двоечники. В Миссии он развёл небывалое стукачество, которое повергало в недоумение даже тех, кто видел всё ещё в советские времена. (Говоря обо всех, я имею в виду, в том числе, законспирированных офицеров спецслужб).

Вот такой стилёк, от которого веет чем-то хорошо знакомым каждому, кто жил в СССР. И почему-то призвук даже не казармы, чего-то худшего... Кабинета следователя, быть может? Нет, тоже не то, не дотягивает...

Даже в брежневские времена холодной войны Западу удавалось влиять на СССР в направлении гуманизации отдельных аспектов жизни страны. Особенно отчётливо это проявилось в результате подписания Заключительного акта СБСЕ. При перестройке Запад помогал нам разгребать наши собственные завалы.

Путин создал почти идеально лживый, лицемерный режим, сочетающий в себе демагогию советского тоталитаризма (которую прекрасно познал, в частности, работая «под крышей» советского посольства в ГДР) с грязными технологиями деятельности специальных служб. В результате ему удалось завоевать доверие не только среди своих падких на пустые красивые слова сограждан, но и за границей. Подполковник КГБ привык подстраиваться к собеседнику, лгать, чтобы понравиться или не «провалиться»: какая же агентурная работа без этого? Допустив ошибку, он тут же отыгрывает назад, причём всегда предварительно чужими руками зондирует почву, реализуема ли его задумка; а когда она проваливается, всячески высвечивает собственную роль в отказе от провалившейся провокации. (Впрочем, проваливаются далеко не все).

Работая в аппарате Совета безопасности, я прекрасно знал, что каждому зарубежному собеседнику Путин говорил именно то, что тот хотел услышать, что ему понравится. При этом Путин ничуть не смущался, что в следующем разговоре с другим собеседником он говорил диаметрально противоположное. Есть такое жаргонное словечко: «подагентурить». Вот Путин по старой, въевшейся в кровь привычке и «подагентуривает» всех подряд.

Говорить о Макееве, Лихачёве, Фрадкове и иже с ними, равно как о прочей псевдодипломатической требухе, казалось бы, мелко и неинтересно. Но это – весьма характерно и для современной российской дипломатии, и для политической жизни страны в целом. В совокупности с происходящим на Смоленской площади, в других дипломатических представительствах, вырисовывается грустная картина.

В русском языке существует присказка: «сила есть, ума не надо», приобретшая на каком-то этапе истории страны характер чуть ли не руководства к действию, своего рода высшей мудрости. Итог бездумного наращивания военных и иных силовых мускулов хорошо известен: поражение в холодной войне с последующим развалом СССР. Дипломатия же представляет собой один из ключевых интеллектуальных центров любой страны. К сожалению, российская дипломатия вновь оказалась не на высоте.

Время, проведённое в командировках в Швейцарии и Бельгии, более близкое знакомство с Францией, Испанией, Италией, к сожалению, в меньшей степени – с США и Германией, позволили на собственном опыте прочувствовать, насколько нормальной может быть человеческая жизнь, понять, что для того, чтобы её сделать достойной не так много надо: всего-то навсего сформированное и ясно выраженное желание людей жить по-человечески. К моим соотечественникам это, к сожалению неприменимо. В Швейцарии многих моих сослуживцев, видите ли, шокировали чистота и порядок, то, что швейцарцы не жалеют моющих средств для своих тротуаров и дорог...

Не могу сказать, что мне непонятны причины какой-то патологической, я бы даже сказал, звериной ненависти части россиян по отношению к европейской цивилизации. Но не могу их принять. Ибо эта ненависть, вызванная каким-то болезненным отторжением от всего, выходящим за рамки привычных, вбитых большевиками и нищенским существованием правил и стереотипов, согласно которым, например, рабство и грязь, – это естественно, не позволит России в обозримой перспективе стать цивилизованной страной. Она так и будет раболепствовать перед якобы избранной властью, так и будет восторгаться собственным уродством, пока не уйдёт со сцены минимум три поколения после тех, кто сформируется при нормальной власти. Кстати, те, кто называет себя «патриотами», преимущественно состоят из ксенофобской публики.

Возвращаясь к постсоветскому развалу МИДа, нельзя не отдать должное Ельцину или его кукловодам: после многочисленных отказов занять пост министра иностранных дел России в составе СССР, он назначил на него молодого талантливого дипломата Андрея Козырева. Однако ему не хватило знаний и опыта, чтобы стать настоящим, сильным, влиятельным министром иностранных дел одной из крупнейших мировых держав на этапе её глубинной трансформации. Главное же у него не было доверия и поддержки президента. Плюс к этому, он начал своё правление МИДом, имея куратором Геннадия Бурбулиса, а первым заместителем – пресловутого Фёдора Шелова-Коведяева.

Внешняя политика России в то время представляла собой достаточно странную смесь из прогрессивной для страны прозападной ориентации по ряду вопросов (включая права человека – например, назначение выдающегося правозащитника Сергея Ковалёва руководителем российской делегации на Комиссии ООН по правам человека говорит о многом) с самыми дремучими реакционными и реваншистскими подходами, например, в отношении Латвии и Эстонии, поддержки преступной деятельности Слободана Милошевича и Радована Караджича. Во многом такой дуализм, граничащий с раздвоением российской внешнеполитической личности, был вызван интересами внутриполитической борьбы, в которой внешняя политика зачастую выступала в роли разменной монеты. Козырев со своей стороны интересовался прежде всего положением внутри страны.

При нём дипломатическая служба в значительной мере утратила свои профессионализм и креативность, но, несмотря на массовое бегство из министерства наиболее одарённых сотрудников, служба всё-таки отчасти сохранялась.

Сменивший его Евгений Примаков, внёс немалый вклад в самоликвидацию дипломатической службы через резкую смену вектора внешней политики страны, отрицание гуманного значения внешней политики, «закручивание гаек» внутри министерства. И всё это – при полной дипломатической импотенции. (Например, разворот самолёта над Атлантикой, дабы в последний момент аннулировать визит в США, сделавших нечто, пришедшееся не по вкусу тогдашнему премьер-министру Примакову, восторженно воспринятый сторонниками конфронтации с Западом, не имеет к дипломатии ни малейшего отношения). После назначения Примакова министром иностранных дел российская внешняя политика практически в одночасье стала антизападной. Главным врагом России, как во времена холодной войны, была провозглашена НАТО, союзниками стали Слободан Милошевич, прозванный на Западе последним диктатором в Европе Александр Лукашенко, старый друг Примакова Саддам Хусейн, Россия начала заигрывать с антизападными режимами.

В результате с дипломатической службы ушли многие остававшиеся там творческие демократически настроенные сотрудники.

Уходя на пост премьер-министра, Примаков, казалось, сделал хороший выбор, навязав Ельцину в качестве своего преемника Игоря Иванова, прекрасно знавшего министерство и работавшего заместителем начальника секретариата (можно сказать, начальника по текущим, оперативным вопросам) Эдуарда Шеварднадзе, когда МИД был на подъёме. Но и здесь вышла неувязка: Иванов совершил невероятное, назначив на руководящие должности в МИДе своих знакомцев по секретариатам. А секретариатская публика весьма специфична. Конечно, и там бывают самородки, которые спорят с начальниками по существу вопросов (некоторые даже на повышенных тонах), но это исключения. Общее правило секретариатской работы – прислужничество, «чего изволите-с?». Зачастую руководители министерства их даже за людей не держат. Но именно их поднял Игорь Иванов. И с тех пор российская дипломатия стала холуйской – иначе не получается назвать службу, сотрудники которой не имеют убеждений, а те, кто имеет, их тщательно скрывает. Такого не было даже в строгие советские времена – профессионализм, требующий досконального знания проблем, так же как и опыт, обусловливают выработку собственной позиции. Разумеется, дипломатам нередко приходится делать не то и не так, как они считают нужным. Конечно, стремление сделать карьеру – нормальное явление. Но – какими средствами? Знаниями, профессионализмом, мастеровитостью? Или автоматической, бессмысленной услужливостью, сервильностью, интеллектуально-нравственным угодничеством?

К сожалению, второе «или» стало преобладать в МИДе сразу после распада СССР. Конечно, всегда были сотрудники министерства, которые жили и делали себе карьеру только прислужничеством. Но, как правило, их карьерный рост останавливался очень быстро. Чистка союзного МИДа после его соития с МИДом российским, нанесла дипломатической службе непоправимый урон. Указание Козырева о составлении «белого», «серого» и «чёрного» списков для прохождения дальнейшей дипломатической службы, нанесло непоправимый ущерб состоянию умов и нравственности дипломатов любого уровня. К сожалению, я имел самое непосредственное отношение к реализации этого указания – у меня тогда под временным, но руководством, было человек сто двадцать. Одного из них я без колебаний включил в «чёрный список» – заслужил. Но какова была атмосфера! Многие старались выслужиться и угодить. Но я был в восторге, когда ко мне пришла целая делегация (человек пять-семь) сотрудников с требованием не увольнять таких-то и уволить именно того, кто не заслуживал ничего иного. Вдумаемся: человек пять-семь из сотни с лишним. А остальные?

Этой чисткой аппарата Козырев, сам того не желая, дал министерству ложный нравственный ориентир. При Примакове либералам надо было скрывать свои убеждения, все держали «нос по ветру». Иванов ввёл холуйство в закон.

Начиная с Иванова, дипломатическая работа потеряла осмысленность, а значит и своё содержание, саму суть, ибо лакейство – не функция дипломатии. Суть работы при нём свелась к победным реляциям о мифических достижениях внешней политики и о ненужности корректировки ранее занятых позиций.

Сменивший Иванова Сергей Лавров – истовый исполнитель самых дурно пахнущих заказов высшей государственной власти. Своей реакционностью он превзошёл даже Евгения Примакова. Впрочем, судя по некоторым признакам, он и сам этому не рад.

Существовавшая ранее дипломатическая школа ушла в прошлое, более того – вытравлена за ненужностью. Многие из тех, кто считает себя её носителями, в действительности её пародируют. Искусство диалога, нахождения взаимоприемлемых решений перестали быть неотъемлемыми чертами российской дипломатии. Она стала выполнять некие не присущие этому виду деятельности функции: её отличительными чертами стали провокации, демагогия, дезинформация, незнание и непонимание материи, небывалый даже в советские времена догматизм. В скобках можно отметить, что «Мистер Нет» – бессменный советский министр иностранных дел времён холодной войны Андрей Громыко – выглядит глубоким внешнеполитическим мыслителем по сравнению с некоторыми российскими министрами, включая Евгения Примакова: в том, что делал Громыко, порой бывали и здравый смысл, и элементы творчества. (Прежде всего, сказанное относится к политике разрядки и к достигнутым соглашениям по снижению военной опасности).

Помпезный фасад высотного здания на Смоленской-Сенной площади скрывает царящие внутри мерзость и запустение. Дело даже не в толпах тараканов, не в прочих «прелестях», непристойных для уважающего себя места. Главное – разруха в головах, о которой так точно сказал Булгаков. Дипломатическая служба, предлагающая использовать ядерное оружии во внутренних конфликтах типа чеченского, не имеет права так называться.

Дипломатия, лишённая смысла – что может быть печальнее и противоестественнее?

Предвестники реваншизма и реакции

После начала горбачёвской реформации и в первый период президентства Бориса Ельцина Россия оказалась на развилке между тем, чтобы продолжать следовать наезженной тоталитарно-имперской колее или превратиться в нормальную, приспособленную для жизни людей державу[24]. Выбор страной одного из наихудших путей своего развития в чём-то обусловлен исторически, в чём-то навязан ей её «элитой».

Классическое историческое исследование этого вопроса должно было бы в себя включать, как минимум, преобразования страны Петром I, деятельность Екатерины II, Александра I и Александра II, причины и последствия февральской революции. Здесь, однако, представляется достаточным ограничиться достаточно беглым обзором причин провала перестройки и скатывания России к новой реакции, отягчённой ничем не оправданным реваншизмом.

Начать, видимо, оправдано с того, что падение колоса – а таковым, безусловно, был СССР[25] – всегда впечатляет. Особенно, если на это смотреть издалека, чтобы видеть всю картину, и, главное, с безопасного расстояния. Хотя можно ли говорить о безопасности, когда глиняные ноги идеологии и насилия перестали держать страну, начинённую ядерным оружием, потенциальными чернобылями, представляющую собой экологическую бомбу замедленного действия?

Для тех, кто оказывается под обломками, картина выглядит не столь захватывающе. У них нет ни времени, ни нравственных сил даже

24   Именно за превращение России в нормальную державу активно выступал первый министр иностранных дел РФ Андрей Козырев.

25   СССР существовал с 1922 по 1992 год, большей частью, на территории бывшей Российской империи. В него входили Армения, Азербайджан, Белоруссия, Грузия, Казахстан, Киргизия, Латвия, Литва, Молдавия, Россия, Таджикистан, Туркмения, Узбекистан, Украина, Эстония. СССР являлся крупнейшим государством мира, занимавшим одну шестую часть суши. На начало 1989 в нём проживало 287,6 млн. человек. По численности населения он уступал лишь Китаю и Индии. СССР являлся страной с богатым экономическим потенциалом, занимал ведущее место в мире по разведанным запасам угля, природного газа, нефти, железных и марганцевых руд, руд цветных металлов, калийных солей, асбеста, фосфатного сырья и других полезных ископаемых. 8 декабря 1991 г. главы трёх советских республик – Российской Федерации, Украины и Белоруссии – подписали соглашение, в котором заявлялось о «прекращении существования» СССР.

задуматься о том, чем была ещё недавно реально существовавшая действительность – СССР, какие уроки следуют из его краха и какими последствиями он может быть чреват.

Горбачёвская перестройка наряду с последовавшим за ней ельцинским периодом вызвала мощную реакцию, сопоставимую с большевистским переворотом после свержения царизма и установления в стране правления, в конечном итоге приведшего её к краху. Одним из главных итогов правления Ельцина можно считать то, что он сделал возможным начавшийся при нём *ползучий государственный переворот, в результате которого ключевые позиции в стране заняли представители спецслужб, а затем и революцию чекистов*, в результате которой в 2000 году страну возглавили спецслужбы под маской Владимира Путина.

Такое развитие событий было хорошо подготовлено всем советским периодом истории России, когда карательные органы играли чрезмерно важную роль в политике страны. Разумеется, после смерти Сталина их влияние несколько уменьшилось, но, несмотря на это, КГБ продолжал сохранять непомерно большое влияние на политику страны и, так или иначе, на жизнь её граждан. Негласно спецслужбы сохраняли влияние и на судьбы даже самых высокопоставленных советских чиновников. Если КПСС была законом, то КГБ стоял над законом, тем более что ни один закон не мог быть принят и осуществлён без согласия КГБ. «Ум, честь и совесть нашей эпохи», как в доперестроечные времена сама себя величала КПСС, попала в зависимость от собственного инструмента подавления и принуждения. Хвост начал вилять собакой.

Впервые эта ситуация начала меняться при перестройке. Демонтаж тоталитарной системы подразумевал, что КГБ должен был превратиться в нормальную спецслужбу. Там якобы было даже упразднено пресловутое Пятое управление, занимавшееся идеологией и политическим сыском, вместо него создано управление по защите конституционного строя. Но это была только смена вывески, по сути ничего не изменилось.

Тем временем тоталитарная система, последовательно уничтожаемая Горбачёвым, Яковлевым и Шеварднадзе, отчаянно боролась за выживание ещё до первой попытки реванша во время путча 1991 года. Эта борьба велась по всем направлениям, но наиболее одиозна она оказалась в бытовой сфере, когда с прилавков магазинов стало пропадать самое необходимое, включая соль, хлеб, сахар, мыло, стиральные и моющие средства и многое другое. Однако самые откровенные и страшные формы она приняла, когда было развязано вооруженное насилие в Тбилиси, Вильнюсе, в других местах[26].

Гильотина для демократии

Было бы упрощением понимать тоталитарную систему как простую совокупность карательных и других органов принуждения и наказания несогласных. Действительность была значительно сложнее. Например, Александр Яковлев справедливо писал: «Я отношу определение «карательной» ко всей системе, ибо все органы власти были карательными – спецслужбы, армия, партия, комсомол, профсоюзы, даже пионерские организации»[27]. Добавим к этому, что весь государственный аппарат и аппарат так называемых общественных организаций и творческих союзов Советского Союза был пронизан агентурой КГБ. После начала перестройки ситуация несколько изменилась: руководство и КПСС, и КГБ, и других министерств и ведомств, не говоря уже об их сотрудниках, в этот период оказались расколоты на два непримиримых лагеря сторонников реформ и адептов сохранения существовавшего положения дел в СССР и в мировых делах и, даже, возвращения к более жестким методам ведения внутриполитических и международных дел. Один пример в этой связи. Министерство здравоохранения во главе с академиком Е. Чазовым, который по никому неведомым причинам считался одним из самых демократичных членов правительства М. Горбачева, всячески противодействовало прекращению использования психиатрии в СССР в политических целях, ликвидации её карательных функций. В то же время многие офицеры КГБ выступили в поддержку ликвидации карательной психиатрии. Подобных примеров существовало великое множество.

В этом контексте необходимо подчеркнуть, что события, происшедшие в стране начиная с середины 1980-х годов, имели к демократии лишь весьма отдалённое отношение. Часть руководства страны (прежде всего, Горбачёв) осознала необходимость демократии и даже попробо-

---

26 Есть основания полагать, что армяно-азербайджанский конфликт в Нагорном Карабахе и другие столкновения на межнациональной почве были спровоцированы КГБ для того, чтобы остановить демократические реформы Горбачёва.

27 Яковлев. *Омут памяти*. С. 461.

вала её декретировать. Другая часть всячески дискредитировала демократию, причём делала это исключительно успешно. И, к сожалению, многократно повторённые Горбачёвым слова о том, что за годы перестройки страна изменилась настолько, что обратно пути нет, не соответствовали действительности.

Дело в том, что смена Горбачёвым политического курса не оказала существенного влияния не только на подавляющее большинство населения, но и на российскую политическую «элиту». При всём своём недовольстве положением дел в стране в период, получивший название застоя, большая часть населения не была готова к пусть половинчатым, но демократическим реформам, которые в результате остались не востребованными. Это, в частности, с блеском подтверждает популярность «спущенного сверху» при Путине возвеличивания Сталина, Дзержинского и иже с ними, попытки вновь переписать историю страны, обелив большевистские преступления, представив Сталина «эффективным менеджером». Могло ли быть иначе?

Горбачёвские реформы получили поддержку лишь части интеллектуальной и бюрократической элиты общества. Либеральные советские интеллектуалы и другие инакомыслящие получили возможность говорить и писать то, что они считали нужным. Однако за счёт крайней малочисленности и разрозненности этой части населения страны, она лишь недолгое время пользовалась в нём достаточно сильным влиянием, причём лишь постольку, поскольку либеральные интеллектуалы пользовались хоть непоследовательной и половинчатой, но всё же поддержкой тогдашнего руководителя страны Михаила Горбачёва. Что касается советской бюрократии, то там преобладали антиреформаторские, более того, реакционные настроения. Иначе и быть не могло с учётом насаждённых со времён Ленина-Сталина традиций и менталитета нации (если, конечно, можно говорить как о нации о многонациональном и многоконфессиональном конгломерате, населявшим СССР). Остальной части населения реформы были как минимум безразличны или вызывали неприятие (в том числе и по объективным причинам, вызванным ухудшением качества жизни). Другими словами, реформы были осознаны как необходимые и востребованы ничтожно малой частью советского населения, плавно перетекшего в население российское.

В этой связи уместно упомянуть такой широко известный факт: страна чуть ли не поголовно рыдала из-за смерти тирана в 1953 году.

Называя вещи своими именами, нельзя не признать, что подавляющее большинство народонаселения СССР составляли убеждённые коммунисты ленинско-сталинской ориентации, в лучшем случае не верившими в злодеяния власти, в худшем – их поддерживавшими. Причём такая поддержка нередко имела, если можно так выразиться, активный характер и выражалась в доносах и прочих проявлениях, несовместимых с нормальной человеческой этикой.

Видимо, на уровне рефлекса самосохранения та часть населения, которая отторгала сталинизм, как бы подвела для себя черту под этим страшным периодом истории после прекращения репрессий и, особенно, после осуждения (хотя поверхностного и половинчатого) его наиболее одиозных проявлений Хрущёвым. Страна угодила в капкан избирательной и ограниченной правды: злодеяния Ленина и его приспешников по-прежнему идеализировались или замалчивались, Сталин же представлялся выдающимся государственным деятелем, допустившим лишь «некоторые перегибы». Коллективизация, уничтожившая страну как великую сельскохозяйственную державу, индустриализация, совершённая бесплатной рабской рабочей силой заключённых, победа во Второй мировой войне, одержанная народом вопреки своему бездарному главнокомандующему, виновному в непомерных жертвах – всё это, так же как в слегка завуалированном виде расправа над неугодными, представлялось в качестве личных достижений тирана. «Отдельные недостатки» и «некоторые перегибы», в массовом сознании явно уходили на второй план перед этими «величественными свершениями». Ложь, как это зачастую бывает в российской истории, одержала сокрушительную победу над исторической правдой и над здравым смыслом.

Но продолжающееся восхваление сталинского периода было отнюдь не единственным, не главным и не решающим фактором, ментально губившим страну. К моменту начала перестройки в СССР доминировало поколение, выросшее при жизни Сталина в восхищении перед ним. При нём в основном преуспели те, кто жил по его «заветам», творя зло. Ни для кого не секрет, что при Сталине разросшиеся как раковая опухоль «органы государственной безопасности» были всезнающи за счёт своей агентуры. На этой почве подвизались и писатели, и поэты, и журналисты, и учёные, и комсомольские и партийные деятели, и так называемые «простые люди». Все они имели какие-то, порой весьма ощутимые выгоды от своей подлости – кто-то продвижение по службе, кто-то публикации и незаслуженную славу, кто-то улучшение жилищных условий... Ни тьма осведомителей, ни легионы их кураторов из «органов», ни тамошние палачи не в состоянии не только признать, но даже осознать свои преступления. Соответствующее воспитание получили их дети – те, кому во времена горбачёвских реформ было по 30-40 лет, то есть поколение, на которое возлагались особые надежды.

Свою ни с чем не сопоставимую роль сыграло «воспитание советского человека» начиная с детского сада и школы, с сопутствующими пионерской и комсомольской организациями, затем ГУЛАГом и всем, что к нему прилагалось – работой «правоохранительных органов», судов, в ленинско-сталинские времена – внесудебных органов. Чему же доблестные чекисты научили тех, кто имел несчастье с ними познакомиться на политической, да и на другой почве? Прежде всего тому, что всё решает сила. Второй урок – ненаказуемость и полезность лжи. Лгали следователи, зачастую придумывая обвинения и «накручивая» сроки (причём, не только «политическим»), лгали подследственные, оговаривая самих себя и ни в чём не повинных людей в надежде облегчить свою участь. Третий урок заключался в отсутствии правосудия: суды выносили угодные следователю или иным властям приговоры, внесудебные органы и вовсе не обременяли себя никакими формальностями.

Александр Солженицын совершенно справедливо сравнивал ГУЛАГ с пускающей метастазы раковой опухолью. Расползание системы концентрационных лагерей с вытекающим из этого увеличением количества их жертв, привело к далеко идущим последствиям. Одно из самых серьёзных среди них – широкое распространение лагерной «культуры» во всех слоях советского и, позже, российского населения. «Органы правопорядка» «воспитывали» заключённых пытками, страхом, унижениями. В лагерях заправляли «социально близкие» властям уголовники, навязывавшие свои нравы другим, прежде всего «врагам народа», то есть политическим заключённым – это тоже входило в государственную политику.

Нечеловеческие условия жизни и непосильные нормы труда, за невыполнение которых заключённые ограничивались в и без того скудной, недостаточной для поддержания сил еде, делали главной целью заключённых элементарное физическое выживание. Многие из достаточно нравственно стойких погибали, другие выживали за счёт отказа от всего человеческого, включая порядочность, совесть, нравственные устои; именно они-то и распространяли лагерную «культуру» среди остального населения. А ГУЛАГ прошли миллионы, соответственно воспитавшие своих детей и внуков. Их влияние распространялось на нравы, обычаи, язык.

Владимир Буковский писал, что по самым аккуратным подсчетам, число заключенных не бывало меньше 2,5 млн. человек, что составляло 1 процент населения при среднем сроке заключения примерно 5 лет, а рецидивной преступности не выше 20-25 процентов. Таким образом, согласно Буковскому, чуть ли не треть страны прошла через лагеря[28]. «Идет сознательное и планомерное развращение народа, – пишет он. – И так 60 лет – наиболее честный элемент в народе истребляется физически, а развращенность поощряется. Заработки нищенские, и все крадут с производства, что могут. Что же – власти этого не знают? Знают, и это им даже выгодно. Тот, кто крадет, не чувствует себя вправе требовать. А если и осмелится, так очень легко посадить его за воровство. Все виноваты».[29]

Символично, что уголовная романтика занимает значительное место в современной русской культуре. Главное в ней – бессмысленная жестокость, полное неуважение к человеческой жизни, отрицание всего человеческого в человеке, возведённый в абсолют правовой нигилизм.

Это – жертвы режима, которые в свою очередь, в том числе, через своих потомков создали в современной России гильотину для демократии. Но существовала и другая, причём весьма многочисленная категория населения – те, кто пытал, казнил, охранял, судил, обвинял. Никто из них не понёс никакого наказания за свои преступления – страшные и не имеющие сроков давности. Никто не осуждён даже с нравственной точки зрения. Эти палачи и садисты, равно как их приспешники, ушедшие с почётом в мир иной, тоже соответственно воспитали своих детей и внуков.

Ещё одна тогдашняя, но до сих пор смертоносная для демократии и нормального развития страны категория населения СССР – легионы доносчиков, обрекавших на нечеловеческие мучения или на смерть свои жертвы. Доносы писались по самым разным причинам: многие из «идейных соображений», другие – ради карьеры, получения каких-то благ,

28 Vladimir Boukovsky. ...Et le vent teprend ses tours. Ma vie de dissident. Paris, édition Robert Laffont, 1978. P. 300.
29 Там же. С. 304.

устранения более удачного конкурента в любви – всего не перечесть, – но зачастую из корыстных побуждений.

Здесь уместно вспомнить слова такого великого произведения, как «Архипелаг ГУЛАГ» Александра Солженицына: «Молодые усваивают, что подлость никогда на земле не наказуется, но всегда приносит благополучие.

И неуютно же, и страшно будет в такой стране жить!» Это было сказано обо всех ненаказанных палачах сталинского режима. А пока мы видим, что слова великого русского писателя оказались пророческими.

Прибавим к этому, что в соответствии с секретным циркуляром ОГПУ от февраля 1923 года, на физическое истребление обрекались:

«Политические партии и организации:

1) Все бывшие члены дореволюционных политических партий; 2) Все бывшие члены монархических союзов и организаций; 3) Все бывшие члены Союза независимых Земледельцев, а равно члены Союза Независимых Хлеборобов в период Центральной Рады на Украине; 4) Все бывшие представители старой аристократии и дворянства; 5) Все бывшие члены молодежных организаций (бойскауты и другие); 6) Все националисты любых оттенков.

Сотрудники царских учреждений:

1) Все сотрудники бывшего Министерства Внутренних дел; все сотрудники охранки, полиции и жандармерии, все секретные агенты охранки и полиции, все чины пограничной стражи и т. д.; 2) Все сотрудники бывшего Министерства Юстиции: все члены окружных судов, судьи, прокуроры всех рангов, мировые судьи, судебные следователи, судебные исполнители, главы сельских судов и т. д.; 3) Все без исключения офицеры и унтер-офицеры царских армий и флота.

Тайные враги советского режима:

1) Все офицеры, унтер-офицеры и рядовые Белой армии, иррегулярных белогвардейских формирований, петлюровских соединений, различных повстанческих подразделений и банд, активно боровшиеся с Советской властью. Лица, амнистированные советскими властями, не являются исключением; 2) Все гражданские сотрудники центральных и местных органов и ведомств Белогвардейских правительств, армии Центральной Рады, Гетмановской администрации и т. д.; 3) Все религиозные деятели: епископы, священники православной и католической церкви, раввины, дьяконы, монахи, хормейстеры, церковные старосты и

т. д.; 4) Все бывшие купцы, владельцы магазинов и лавок, а также «нэп-маны»; 5) Все бывшие землевладельцы, крупные арендаторы, богатые крестьяне, использовавшие в прошлом наемную силу. Все бывшие владельцы промышленных предприятий и мастерских; 6) Все лица, чьи близкие родственники находятся на нелегальном положении или продолжают вооруженное сопротивление советскому режиму в рядах антисоветских банд; 7) Всё иностранцы независимо от национальности; 8) Все лица, имеющие родственников и знакомых за границей; 9) Все члены религиозных сект и общин (особенно баптисты); 10) Все ученые и специалисты старой школы, особенно те, чья политическая ориентация не выяснена до сего дня; 11) Все лица, ранее подозреваемые или осужденные за контрабанду, шпионаж; и т. д».[30]

Наверное, этот список не нуждается в дополнительных комментариях – он был всеобъемлющим.

Основа советского и российского тоталитаризма – рабство, имеющее глубокие исторические, психологические, мировоззренческие корни. П. Я. Чаадаев отмечал «обратное действие религии» в России: римское духовенство показывало пример, освобождая собственных рабов; что же касается русского народа, он попал в рабство лишь после того, как стал христианским[31].

Захватив власть, большевики выдали новую форму рабства за свободу, причём в её высшем проявлении. Это им позволило не только восстановить крепостное право, отмененное царизмом, но и распространить его на всё население е страны.

Для его порабощения на качественно новом уровне советским государством был взят на вооружение открытый лауреатом Нобелевской премии академиком Павловым врожденный рефлекс свободы, который подавлялся голодом и другими лишениями. Тем более что, по мнению Павлова, совместное воздействие террора и голода преобразует рефлекс свободы в рефлекс рабской покорности, одновременно закладывая основу массовых невротических расстройств. У подданных советской державы он констатировал парадоксальное состояние высшей нервной деятельности, когда теряется способность к восприятию сильных возбудителей, то есть реальности, но сохраняется готовность к восприятию

---

30   Приводится по: А.Н. Яковлев. *Омут памяти*. С. 90-91.
31   П.Я. Чаадаев. *Полное собрание сочинений и избранные письма*. Том 1, М.: «Наука»,1991. С. 347.

одних лишь слабых возбудителей в виде слов. В итоге слова в советской России подменили действительность. Советская власть, по словам Павлова, создала «межживотные отношения между людьми, которые существуют в джунглях между зверями»[32].

Советской власти, а позже путинскому режиму это открытие выдающегося физиолога пришлось как нельзя кстати. «Используя такие древние и безотказные механизмы, как полуголодное существование и безысходную нищету, перманентный террор и принудительный отупляющий труд, партия неустанно ковала простых советских людей в покоренной стране, – пишет в своём исследовании «Сквозняк из прошлого» В. Д. Тополянский. – Повышенная внушаемость обитателей социалистической державы, естественная в условиях постоянного (нередко чрезвычайного) психического напряжения, выполняла функции архимедова рычага, предназначенного для полной модификации массового сознания, замены метафизического понятия души казарменной диалектикой рефлексов. Миллионам заключенных в зоне социалистического прозябания надлежало избавиться от присущего каждому индивиду стремления к самостоятельному мышлению, отрешиться от вредной для большевиков старорежимной привычки к персональной ответственности перед последующими поколениями, забыть о чувстве собственного достоинства и проникнуться ощущением неизбывного счастья в пожизненном рабстве».[33]

В рабстве есть нечто магическое. Причём не только для рабовладельцев, но и для самих рабов. С рабовладельцами проще – им удобно иметь дело не с личностями, а с некими послушными биомеханизмами. Что же касается рабов... Если рабство подразумевает определённые условия, например, понятную и близкую по мировоззрению цель, отсутствие ответственности, хоть какой-то комфорт (ведь сталинские прислужники тоже были рабами, хотя жили, прямо скажем, не плохо по меркам того времени и той страны), оно может и нравиться. А ведь многие его попросту не замечают, считают его нормальным состоянием, свободой. Вот такое рабство россияне для себя и выбрали. Возможно, потому что в действительности практически не знали на протяжении почти всей истории ничего другого.

---

32 См.: В.Д. Тополянский. *Сквозняк из прошлого*. М.: «Права человека», 2009. С. 182-183.
33 Там же. С. 190.

Но и рабство бывает разным. «При всеобщем господстве «поглощения личности государством», личность обыкновенно ценилась не сама по себе, а по принадлежности к тому или другому обществу или классу в обществе»[34]. Эта констатация А. П. Лопухина о древнем мире как будто относится к положению, установленному после большевистского переворота. Далее Лопухин пишет, что по законодательству Моисея «раб и господин равны по человеческому достоинству»[35], «господин не имеет права на его (раба – А.К). жизнь и смерть и даже терял всякое право на него за повреждение у него какого-либо члена – за убийство раба полагалось наказание, а за членовредительство раб отпускался на волю. Если же раб, не вынеся жестокого обращения господина, бежал от него, закон был на стороне раба и запрещал его выдавать. «Этот класс людей здесь находился под защитой закона и никоим образом не бесправен. Моисеев закон признавал в рабе человеческую личность и защищал его права как личности, брал под свою охрану его жизнь и здоровье, вводил его в пользование всеми преимуществами, назначенными для народа, и давал возможность при случае вступить в родственные отношения с семейством господина, т. е. получить независимость и слиться с народом»[36].

Другими словами многие россияне традиционно находятся в худшем положении, чем рабы по законодательству Моисея. Иная «свобода» хуже рабства.

В России напускная набожность, стремление казаться «лучше» в глазах общественного мнения (то, что называется ханжеством), издавна стали образом жизни для конформистской части населения страны. Привычное духовное и интеллектуальное рабство, наряду с привычкой населения к относительной (по сравнению с большевиками) свирепости и самодурственности царской власти, пришлось как нельзя более кстати большевикам, по существу провозгласившим новую государственную религию и создавшим не имевшее в истории аналога рабовладельческое теократическое государство.

---

34   А.П. Лопухин. *Законодательство Моисея. Исследование о семейных, социально-экономических и государственных законах Моисея. Суд над Христом, рассматриваемый с юридической точки зрения. Вавилонский царь правды Аммуруби и его новооткрытое законодательство в сопоставлении с законодательством Моисея.* М.: «ЗЕРЦАЛО», 2005. С. 142.

35   Там же. С. 145.

36   Там же. С. 148.

Доктрина большевистской религии сочетала в себе элементы традиционных для страны до нельзя извращённого православия и язычества, из которого было, например, взято идолопоклонство, наглядными примерами чему являлись выставленная на всеобщее обозрение мумия Ленина, бесконечные портреты и статуи «основоположников», а также практика жертвоприношений, в том числе, человеческих, приносимых, например, на показательных процессах и в ГУЛАГе, финансовых в виде партийных и профсоюзных взносов, обязательных при Сталине покупке облигаций государственных займов, а позже – лотерейных билетов и т.д.

Повсеместное и беспрекословное воцарение в стране новоявленных догм требовало установления всеобъемлющего контроля над физической и духовной субстанциями своих подданных и принуждения к следованию этим догмам. Для достижения этих целей советская власть пользовалась методами разнообразными и эффективными.

Повседневные, практически никем не замечаемые основы советской рабовладельческой системы основывались на ситуации, при которой всё без исключения, включая интеллект, квалификацию, знания принадлежало государству. Это была основа подавления суверенитета личности, ликвидации даже видимости ее безопасности. Например, без трудовой книжки и характеристики ни один отдел кадров не имел права принять человека на работу. А характеристика подписывалась, как известно, т. н. «треугольником» – руководителем предприятия или учреждения (цеха, отдела и т. д)., парторгом и профоргом. Получить хорошую работу с плохой характеристикой, а тем более без неё, даже блестящему специалисту было невозможно. Никакой альтернативной возможности устроиться на работу не было. Это – первый элемент существовавшей системы крепостной зависимости советских граждан от государства.

Второй элемент – монопольная государственная собственность на жилищный фонд. Наряду с системой прописки она позволяла диктовать людям, где, в каких климатических условиях им жить, а следовательно – и работать.

По сути, введение Сталиным паспортного режима и системы прописки для контроля за перемещением людей и изменением местожительства, законодательно закрепляли крепостное право. Более эффективную политику в области народонаселения трудно себе представить.

Особое внимание советская рабовладельческая система уделяла мерам по воспитанию «нового человека». Они основывались на массовом гипнозе подданных коммунистической империи, на ликвидации «пережитков прошлого», в том числе, маниакальном разрушении российской науки, медицины и культуры (включая культуру повседневную, «старый уклад жизни»). Их носители истреблялись или изолировались от общества в концентрационных лагерях, кому-то повезло, и их выслали за границу.

На уровне «профилактики» возникновения разного рода ересей эффективно работал «железный занавес», другими словами, запрет для граждан СССР на свободный выезд за рубеж, запрет на распространение в стране зарубежных газет и журналов, глушение западных радиостанций, ведущих вещание на русском языке. Важнейшую профилактическую функцию выполняли цензура и секретность.

Существовавшие меры принуждения весьма значительно различались между собой в зависимости от поставленной цели. Например, желающие обеспечить себе тот минимум благ, который со времён большевистского переворота считался «благосостоянием», должны были так или иначе соприкасаться с властью, а ещё лучше входить в неё, желательно в «номенклатуру». Создание уже в первые годы советской власти «спецраспределителей», в которых за бесценок можно было получить положенную норму несуществующих в других местах продовольственных товаров, и их сохранение вплоть до краха коммунистического режима наглядно показывает неразрывную взаимосвязь, существовавшую в советском менталитете, между положением в обществе и возможностью обеспечить себя качественным питанием и другими «льготами и привилегиями». Для достижения определённого «сверху» уровня для тех, кто имел к ним доступ, было необходимо соблюдать некие «правила игры», включая членство в коммунистической партии. Михаил Булгаков в «Мастере и Маргарите» высмеивал положение, при котором удостоверение о членстве в Союзе писателей значило больше, чем талант. К этому можно добавить, что писатель, не имеющий такого удостоверения, по действовавшему в советские времена законодательству считался тунеядцем, то есть асоциальным уголовно наказуемым элементом. Принимали же в Союз писателей и в другие творческие союзы далеко не всегда сообразуясь с талантом.

Несоблюдение «правил игры» сурово каралось. Наиболее наглядные примеры тому – травля Б. Л. Пастернака после публикации за границей «Доктора Живаго» и присуждения ему Нобелевской премии, возродившаяся в брежневские времена сталинская традиция публичной расправы над инакомыслящими.

Другой уровень «средств принуждения» – досконально разработанный механизм наказания и «перевоспитания» разного рода «еретиков» – дабы ни им, ни другим неповадно было. Он был достаточно дифференцирован и включал такие меры, как запрет на выезд за рубеж, запрет заниматься определёнными профессиями или занимать руководящие посты. Исключение из комсомола делало невозможным получение высшего образования по ряду специальностей, а в сталинские времена влекло за собой репрессии исключённого. Многие из таких средств были названы выше. Угроза высылки из СССР неугодных властям лиц и их лишения советского гражданства, автоматическое лишение гражданства людей, выезжающих из СССР по израильской визе – лишь капля в море по сравнению с тем давлением, которому осознанно или зачастую неосознанно подвергался каждый житель одной шестой части суши.

Но наиболее эффективной была система наказания, включая пресловутый ГУЛАГ. Здесь необходимо сделать следующую оговорку. Наказание преступников и борьба со всякого рода «ересями» были далеко не единственными и даже не первоочередными целями этого монстра. Согласно грандиозному замыслу великих преступников, пришедших всерьёз и надолго к власти в 1917 году, концентрационные лагеря, как их тогда в открытую называли, должны были решать сугубо конкретные экономические задачи. Государственный капитализм по-советски, плановая экономика требовали всеобщего принуждения к труду. В основе этого замысла была колонизация неосвоенных территорий руками заключённых – поистине революционный подход! Именно поэтому в ГУЛАГ был обеспечен неиссякаемый приток заключённых, которые рассматривались как рабская (и, соответственно, дармовая) рабочая сила. Очевидно, анормально длительные сроки заключения в СССР были, в том числе, обусловлены именно экономическими соображениями.

Другой крайне действенный механизм наказания – карательная психиатрия, о которой подробно говорилось выше. Здесь уместно напомнить, что психиатрические репрессии осуществлялись на нескольких уровнях. Первый, наиболее известный из них – направление на принудительное психиатрическое лечение по решению суда. Второй уровень – широко применявшаяся госпитализация «по неотложным показаниям», потребовать которую мог кто угодно – соседи, начальник.

В особенно тяжёлом положении в советском рабовладельческом обществе стояла армия – ведь военнослужащие были выведены из сферы действия даже тогдашнего законодательства. Стройбаты для генеральских дач или «объектов народного хозяйства», солдаты на уборке урожая – всё то же рабство, именовавшееся «почётным правом и обязанностью». Рабами были и офицеры: ведь если солдат, отслужив два года, мог опять стать относительно свободным, то для офицера военное рабство было неизбежно до отставки по выслуге лет.

Были ли в Советском Союзе свободные подданные? На этот вопрос безусловно должен быть дан отрицательный ответ. Но, разумеется, у узника ГУЛАГа и, например, у партийно-государственной номенклатуры была различная природа и степень несвободы.

Парадокс заключается в том, что наиболее свободными можно считать особей с наименьшими духовными и материальными запросами. Как сравнить свободу потомственного алкоголика (коих в России, к сожалению, немало), единственный предмет интереса которого составляет бутылка, со свободой учёного, писателя, артиста? Даже высшие советские чиновники находились в рабской зависимости от марксистско-ленинско-сталинских догм, от «железного занавеса», от политического сыска, от благ, предоставляемых в соответствии с их должностями; всего не счесть.

«Номенклатура» с этой точки зрения представляла собой весьма интересное явление. Ведь для того, чтобы подняться до этого уровня, необходимо было преодолеть длиннющую партийно-бюрократическую карьерную лестницу; для подавляющего большинства это было невозможно без того, чтобы проникнуться догматами коммунистической квазирелигии, духом лицемерия, ханжества, или, в лучшем случае, приспособиться к ним. Раб, становящийся рабовладельцем и остающийся при этом в рабстве (а даже члены высшего советского руководства были в таком положении) – что может быть противоестественнее и опаснее?

Не будем забывать, что речь идёт о тех самых людях, которые управляли страной или занимали ответственные посты во время перестройки, а также об их смене.

Мягкая демократическая реформация была обречена на поражение также из-за того, что она было *верхушечной*, осуществлявшейся уз-
ким кругом руководства, причем сами реформаторы были в значительной степени догматизированы и ставили перед собой нереализуемые
цели, включая очеловечивание советского режима с опорой на КПСС.

В не меньшей степени перестройка не могла успешно завершиться
из-за всевластия репрессивных органов, во главе которых стояли КПСС
и КГБ, но которые были далеко не единственными, хотя и наиболее
одиозными проявлениями советской тоталитарной системы.

Прежде всего в этой связи необходимо подчеркнуть, что у многих
перестройка сразу же вызвала отторжение за счет начала антиалко-
гольной кампании[37], невнятных лозунгов, типа «ускорения», неясности
для большинства населения её целей и задач, гласности, вскрывающей
пороки прошлой и тогдашней советской жизни.

Политическая борьба вокруг «демократизации советского общества» разворачивалась преимущественно на идеологическом уровне: хороша ли «социалистическая демократия», совместим ли социализм по-
советски со свободным предпринимательством, допустима ли многопар-
тийность в «монолитном советском обществе», может ли в СССР применяться «формальный подход» к правам человека, может ли СССР
предоставить свободу выбора «странам народной демократии», договариваться с «империалистами», например, по проблемам разоружения,
сотрудничать с ними для нейтрализации иракской агрессии против Ку-
вейта – вот вопросы, которые в первую очередь будоражили общество.
В сущности, на этом уровне шла борьба между догматизмом и здравым
смыслом. Например, продолжение холодной войны соответствовало
убеждениям коммунистических ортодоксов: ведь по Ленину и иже с ним
мирное сосуществование – не более чем продолжение классовой борьбы другими средствами; следовательно, по их логике, надо было продолжать гонку вооружений, политику конфронтации с Западом, на чём и
настаивали «ястребы». С этим никак не могли согласиться «голуби», ви-
девшие губительность такой политики.

Крушение Берлинской стены стало символом окончания холодной
войны, но, как показало последующее развитие событий, не подвело под

---

37 Решение о ней было принято задолго до избрания Горбачева, а его поддержка
     этой авантюры по сведениям автора было выдвинуто Лигачевым и Соломин-
     цевым в качестве условия их поддержки на избрание на пост Генерального
     секретаря Горбачёва.

184 АНДРЕЙ А. КОВАЛЁВ

ней окончательную черту. Недостаточно компетентные и подготовленные политики, пришедшие в России к власти после краха СССР, к сожалению, не смогли разработать отвечающую интересам страны внешнюю
и внутреннюю политику. Думается, во многом это было вызвано вопию-
щим разрывом между прозападными устремлениями либеральной части
окружения Ельцина и постоянно набиравшими в обществе и в государственном аппарате реваншистскими настроениями. Такие настроения
были характерны не только для военных и спецслужб, но и для значительной части дипломатов, политологов, экономистов и обусловлива-
лись разнопорядковыми и разноплановыми причинами.

Прежде всего, Ельцин и большая часть даже его демократически
настроенных приближённых имели весьма отдалённое представление о
западных ценностях. Это легко объяснимо с учётом их жизненного опыта, воспитания и образования, полученных ими в советские времена.
Разумеется, на гребне политической борьбы 1980-х годов, когда из не-
давнего провинциального секретаря провинциальной партийной организации *делали* лидера демократической оппозиции, ему что-то объясни-
ли. Надо отдать Ельцину должное: кое-что он воспринял. Но этого было
явно недостаточно для глубинного понимания происходивших в России
и за рубежом процессов в новой для него либеральной системе коорди-
нат. Другой важный момент заключается в том, *кто именно* его готовил
к роли демократического лидера. Даже вынеся за скобки всякие теории
заговора, нельзя не признать, что его кукловодами были даже если и
прогрессивные, но те же советские люди с характерной для них аберра-
цией политического зрения.

Важную роль сыграли и спецслужбы, включая агентуру, внедрён-
ную во все слои общества. Такие агенты – весьма своеобразная категория людей. В своём подавляющем большинстве они делают то и так, что
и как они считают нужным делать, выполняя параллельно с этим свои
специфические функции или ожидая команды; именно поэтому многие
из них не просто успешны, а блестящи, тем более что так или иначе им
помогает одна из мощнейших спецслужб всех времён и народов. Но всё
это до поры, до времени – пока не поступит *приказ*; а тогда уж демократ
ли по убеждениям, либерал ли, государственник или коммунист, не
спросят. При Горбачёве и Ельцине те, кого можно назвать «спящими
агентами», объективно сделали немало хорошего. Потом их «разбуди-
ли» при Путине. И те, кто ещё недавно стоял на баррикадах демократии

(и в прямом, и в переносном смысле) и её созидали, начали с ещё большей эффективностью её уничтожать.

Поразительное по откровенности признание о роли агентуры спецслужб в современной России сделал в своих мемуарах бывший начальник президентской охраны, трансформированной позже в самостоятельное ведомство министерского уровня – Службу безопасности президента Александр Коржаков. В скобках отметим, что эту книгу стоит прочитать, но по этическим причинам нельзя было писать. По его словам (а знал он, конечно, очень много), «если бы случилось чудо, и в печати появился список только тех агентов, которых граждане знают в лицо, в стране наступил бы политический кризис. На вопрос, кто наши лидеры, кто нами управляет, был бы дан однозначный ответ – агентура спецслужб»[38]. А ведь он писал о президентстве Ельцина, когда демократами становились по должности. Таким образом, существует ясность относительно основного источника влияния и вектора влияния на Ельцина. В то же время нельзя забывать о неоднородности спецслужб, о том, что там работают люди с разными до поры, до времени убеждениями. Не очень понятно, почему это скандальное утверждение настолько информированного источника осталось практически незамеченным. Из брезгливости? Сомнительно. Из «политкорректности», превратившейся в новую господствующую идеологию, позволяющую по причине неких соображений приличий закрывать глаза на самые вопиющие вещи, особенно, когда это выгодно?

Говоря о временах президентства Ельцина, необходимо учитывать, что «ранний» Ельцин, по крайней мере, в своих видимых поступках проявлялся иначе, чем Ельцин «поздний». Его авторитарные замашки, поначалу отчётливо видные только изнутри власти, высветились во время политического кризиса 1993 года, завершившегося расстрелом Верховного Совета, и недвусмысленно обозначившего отход от классической демократии. Этот отход был отчасти закономерен с учётом популярности в России коммунистов и фашиствующих националистов с одной стороны, и неготовностью Ельцина и его окружения расстаться с властью – с другой. В сущности, расстрелом Верховного Совета можно уверенно датировать начало авторитарного периода постсоветской России.

---

38 Александр Коржаков. *Борис Ельцин: от рассвета до заката*. М.: «Интербук», 1997. С. 299

При этом нельзя упускать из вида следующее. Новая российская «элита», от которой Ельцин находился в сильнейшей зависимости и основу которой, как говорилось выше, составляла агентура спецслужб, никогда не выпустила бы из рук ни не контролируемую населением власть, ни богатства, которыми она завладела и гарантом сохранения которых до поры, до времени был Ельцин.

В результате непродуманной обвальной приватизации с самого начала правления Ельцина сформировалась клептократия. (Впрочем, здесь возможен и другой вариант: клептократы мастерски провели приватизацию в своих собственных интересах). Вкупе с новой охранкой (впрочем, нередко они были синонимичны), клептократия вытесняла из власти демократических лидеров конца 1980-х – начала 1990-х годов, которые, в сущности, привели Ельцина к власти и *сделали демократического лидера из вчерашнего посредственного партократа*, вознесённого на вершину власти КПСС крайним реакционером Егором Лигачёвым. Уже в декабре 1992 года перестало существовать считавшееся либеральным правительство Егора Гайдара. После расстрела Верховного Совета демократические лидеры продолжали выдавливаться из окружения Ельцина и терять влияние в стране. Ельцин, лишённый своего демократического окружения и постоянно нуждающийся из-за своей некомпетентности в каком-то руководстве (это можно назвать и поддержкой, но смысл от этого не изменится), подпал под влияние силовиков и нуворишей, категорически не заинтересованных в развитии демократии в России – им был и остаётся нужен её муляж. Вместе с тем, Ельцин видимо неплохо усвоил некоторые уроки своих поводырей времён своей опалы и превращения в неоднозначный символ российской демократии: особых покушений на свободу средств массовой информации при нём не было.

Вместе с тем, именно при Ельцине начались грубые и массовые нарушения прав человека. Прежде всего, это относится к Чечне, против которой 11 декабря 1994 года была начата первая война, закончившаяся только к осени 1996 года, в ходе которой нарушался весь спектр прав жителей этой республики, включая право на жизнь. Политические права в сущности были изначально раздавлены авторитаризмом Ельцина. О социально-политических правах ограбленного населения России и вовсе не приходится говорить.

Именно при Ельцине произошёл симбиоз всех уровней власти, бизнеса и криминалитета, что было особенно опасно в условиях криминализации правоохранительных органов, всё более настырно пробивавшихся в высшие эшелоны государственной власти, в чём они и преуспели при «позднем» Ельцине. Коррупция стала основной чертой российской власти на всех уровнях. Торговали всем – кто чем занимался. Уже при «раннем» Ельцине государственные служащие продавали свои услуги бизнесу, а помощь тогда означала гигантские прибыли. Несколько слов «нужного» министра в адрес какой-либо фирмы стоили десятки, а то и сотни тысяч долларов. Пресс-секретари продавали интервью своих шефов. Свои расценки имели даже депутатские запросы. (10 тыс. $ за депутатский запрос – цена весьма приличная...) Коррупция пронизала медицину, образование (включая среднее), все стороны жизни. Однако подлинный расцвет коррупции наступил после 2000 года.

Ельцин и его окружение (скорее всего, под влиянием спецслужб) подходили к России как к православной стране и, соответственно, трактовали религиозную свободу односторонне, как свободу православия, что сразу после коллапса СССР привело к нарушению прав не православных верующих.

Грубейшая ошибка Ельцина заключалась в недоучёте человеческого фактора при проведении его реформ. Население стерпело своё массовое обнищание и потерю всех своих сбережений в самом начале правления Ельцина в надежде на скорое изменение положения к лучшему. Вместо этого весь период его президентства характеризовался грубыми и массовыми нарушениями всего спектра социально-экономических прав, включая многомесячные задержки с выплатами зарплат.

К периоду президентства Ельцина можно, безусловно, отнести и начало подтасовок результатов выборов, которые к моменту прихода Путина к власти стали уже привычными для населения и потому не вызывающими у него отторжения.

При Ельцине в России сложилась система правления, которую можно охарактеризовать как авторитарную клептократию, трансформировавшую бандитский капитализм в капитализм олигархический, т. е. полностью контролируемый или, как минимум, целиком зависимый от узкого круга лиц, управляющих страной.

Разруха в головах, которую Михаил Булгаков назвал главной бедой России после большевистского переворота, обусловила дальнейший развал страны, что, в свою очередь, спровоцировало кризис ельцино-кратии и дальнейшее мощное наступление реваншизма и реакции.

Разрушенная крепость

Россию в XX века постигла странная судьба. Со времён Ленина страна готовилась воевать со всем миром, сначала как плацдарм «все-мирной пролетарской революции», позже – по каким-то другим, ещё более мутным причинам. Разумеется, попытки реализовать эти нереаль-ные задачи – а вся политика СССР вплоть до реформации Горбачёва ориентировалась именно на это – не могли не привести страну к краху. Бессмысленная гонка вооружений высосала из СССР не только матери-альные, но и интеллектуальные ресурсы, сделав невозможным нор-мальное развитие невоенного производства.

Здесь не место даже для перечня поражений СССР в холодной войне, не говоря об их анализе. Что касается первого из наиболее серь-ёзных поражений, то оно парадоксально совпало с победой здравого смысла, когда советское руководство пошло на вывод своих ракет с Ку-бы во время Карибского кризиса.

Пытаясь сделать из СССР неприступную крепость, советское руко-водство само его рушило. Окончательный проигрыш в холодной войне ещё во времена застоя (о чём речь пойдёт ниже) обусловил отказ СССР времён Михаила Горбачёва от традиционного советского агрессивного мессианства. Ортодоксальные коммунисты восприняли корректировку советской внешней политики как отступление от «ленинских норм» (впрочем, это было справедливо и более чем оправдано), чуть ли не как капитуляцию перед «империалистами», к которым они причисляли за-падные страны.

Аккуратный и взвешенный подход к изменению места и роли СССР в системе международных отношений после развала страны сменился под руководством Бориса Ельцина отсутствием внешней и внутренней политики как таковой, что привело к полной утере Россией своих внеш-неполитических позиций и её предельного экономического и финансово-го ослабления. Факты, усугублённые ментальностью набравших силу «патриотов» и «государственников», свидетельствуют о том, что страна, построенная как крепость, к 2000-му году превратилась в руины.

Экономически это выразилось в том, что Россия оказалась отброшенной на задворки мировой экономики. За 1992-1997 годы объем валового внутреннего продукта снизился почти на 40 %, промышленного производства – почти на 50 %, сельского хозяйства – на 35 %. Объем российского производства составил всего 2 % от мирового, а на душу населения Россия по величине ВВП оказалась на 45-ом месте в мире.

Возрастала зависимость России от внешних рынков. Доля импорта в ресурсах торговли товарами потребления достигла 50 %, ряд российских товаров практически полностью исчез с внутреннего рынка. Рос импорт оборудования при недогрузке мощностей отечественного машиностроения. В экспорте преобладали топливно-сырьевые ресурсы.

Возникла экономическая модель, основанная на экспорте топливно-сырьевых ресурсов и импорте машин, оборудования, продовольствия, товаров народного потребления.

Согласно официальной позиции, главной экономической задачей всех российских правительств с 1992 года по август 1998 года провозглашалась финансовая стабилизация. Понимание этой задачи сводилось к преодолению высокой инфляции и сокращению бюджетного дефицита. Для этого максимально сжималась денежная масса, сокращались бюджетные расходы и бюджетный дефицит[39], который покрывался за счет так называемых неинфляционных источников – внутренних (ГКО-ОФЗ) и внешних займов.

Российские власти декларировали, что к 1998 году эти цели были достигнуты[40]. Однако, это произошло за счёт того, что денежная масса была сжата до пределов, лишающих производство возможности нормального функционирования. Если на 1 января 1992 года денежная масса в России составляла 66 % к ВВП, то к началу 1998 года она снизилась до 14 % и продолжала снижаться, главным образом, за счет безналичных средств, т. е. оборотных средств предприятий.

---

39   Такая политика влекла за собой невыплату зарплат и пенсий, обнищание населения.

40   По официальным данным инфляция была снижена с 2600 % в 1992 году до 11 % в 1997 году и до 4,1 % в первом полугодии 1998 года. В июле 1998 года инфляция составила 0,2 %. Федеральный бюджет за 1997 год был исполнен с дефицитом в 3,2 % от ВВП против 3,5 % по утвержденному бюджету.

Отсутствие необходимой для нормального товарно-производственного оборота денежной массы привело к полному расстройству денежно-платежной системы. Кредиторская задолженность составила к 1 сентября 1998 года огромную сумму в 2,3 трлн. рублей, что приблизилось к 85 % годового ВВП. Примерно 70 % всех расчетов между предприятиями осуществлялось при помощи бартера и квазиденег.

Сужение денежной массы, кризис платежей создали искусственные спросовые ограничения и усилили спад производства. За 1992-1997 годы объем ВВП снизился почти на 40 %.

Высокая доходность ГКО-ОФЗ, возможность банкам получать большие прибыли на операциях с ними, с валютой и прокручиванием бюджетных денег полностью оторвали финансовую систему от работы с реальной экономикой. Все финансовые ресурсы сосредоточились на финансовом рынке, а реальная экономика была практически полностью обескровлена.

Все это постоянно уменьшало налоговую базу и затрудняло наполнение доходной части бюджета, требовало еще большего сокращения его расходов и дополнительного сужения денежной массы. Бюджеты не выполнялись даже в секвестированном виде. И вся цепочка повторялась вновь и вновь, создавая порочный круг.

Второй порочный круг образовался в связи с ростом внутреннего и внешнего государственного долга. Внутренний долг по ГКО-ОФЗ по состоянию на 1 октября 1998 года составил 387,1 млрд. рублей. При этом выкуп выпускаемых ранее ГКО-ОФЗ требовал все большей и большей эмиссии новых серий. Росла и сумма обслуживания внешнего долга. Чтобы расплачиваться за старые долги, нужны были всё новые и новые кредиты.

Решения правительства и Банка России 17 августа 1998 года, означавшие обвальное обесценивание рубля, аргументировались необходимостью найти выход из создавшегося положения. Для инфляционного уменьшения задолженности бюджета и инфляционного увеличения его доходов была осуществлена девальвация рубля, а для избавления от долгового навеса объявлен дефолт.

Разумеется, эти решения не могли дать положительных результатов. Негативные же результаты проявились весьма сильно. Инфляция уже в августе возросла до 3,7 %. а в сентябре – до 38,4 %. На грани банкротства оказались крупные банки, вложившие свои активы в замороженные ГКО, перестал действовать межбанковский кредитный и валютный рынки, прекратились платежи. Россия потеряла доверие у зарубежных кредиторов, попала в жесточайшую зависимость от решения международных финансовых организаций о предоставлении кредитов.

Постоянно сохранялась угроза дальнейшей девальвации рубля, а значит и возобновления инфляции. На руках хранились огромные валютные сбережения. (По экспертным оценкам от 40 до 60 млрд. долларов, то есть сумма, значительно перекрывавшая все возможные иностранные кредиты и инвестиции). В рублевом исчислении по курсу в 15-18 рублей за доллар она эквивалентна 600-900 млрд., что почти в 1,5-2 раза больше доходов бюджета, утвержденного Госдумой.

Суммарный объем государственного долга к ВВП превысил 138 %. Соотношение внешнего долга к ВВП превысило 110 %.

Кризисное состояние экономики вызвало серьёзные проблемы в социальной сфере. Реальные располагаемые денежные доходы населения были на 40 % ниже дореформенного 1991 года. Существенно превышала социально допустимый порог имущественная дифференциация населения: доходы 10 % наиболее богатых в 12,6 раза выше, чем у 10 % наиболее бедных. Денежные доходы каждого пятого россиянина были ниже и без того заниженного официальными источниками прожиточного минимума.

Крайне тревожная ситуация сложилась в экологической области. Почти пятая часть территории страны находилось в зонах высокой и очень высокой экологической напряженности. Более шестидесяти процентов городского населения страны дышало воздухом, в котором средние годовые концентрации различных вредных веществ превышали предельно допустимые, а воздух для примерно 40 миллионов россиян в 10 раз и более превышал содержание предельно допустимых концентраций вредных примесей. «Лидеры» – Московская, Самарская, Свердловская, Иркутская, Кемеровская области, Красноярский и Хабаровский краи.

Гибли реки, включая Дон, Терек, Урал... Вода в Волге, Оке, Каме, Доне, Урале, Томи, Иртыше, Москве перестала быть питьевой – около почти половины сточных вод сбрасывалось туда загрязненными. Система водоочистки не справлялась с вредными примесями. В результате почти семьдесят процентов населения потребляло загрязнённую питьевую воду.

В России, включая советский период, практически не было предприятий, работающих по безотходной технологии. Утилизировалась и обезвреживалась лишь незначительная, меньше одной пятой, часть отходов, остальное складировалось. Почти полтора миллиарда тонн токсичных и опасных отходов, содержащих ртуть, хром, хлорорганические соединения отравляли почву, вызывали необратимую деградацию природной среды на площади более миллиона гектаров.

Техногенные выбросы от промышленных источников городских агломераций распространялись на сотни километров (например, Московской – 200 км).

На большей части европейской территории России выпадение свинца и вызванное этим загрязнение почвы привели к тому, что население ряда городов подвергалось воздействию свинцового загрязнения, более чем в 10 раз превышающего допустимые концентрации. Почвы многих территорий от Кавказа до восточных рубежей страны и крайнего Севера были загрязнены тяжелыми металлами и мышьяком.

Россия представляет собой наглядный пример того, насколько опасен прогресс в руках безответственных политиков. Если страница ядерного шантажа была перевёрнута уже довольно давно, то внутри страны ядерный фактор мощно и беспрерывно действует без всякого устрашения. Даже помимо Чернобыльской аварии, в результате которой радиоактивному загрязнению подверглось до четверти территории страны с населением не менее 4 млн. человек, ситуация выглядит недопустимой. В частности, это вызвано радиационным загрязнением в результате катастроф и аварий 1956-1967 годов, безответственным отношением к ядерным отходам, по которым Россия является безусловным мировым лидером. К этому стоит добавить, что большая часть отработавшего ядерного топлива АЭС хранилась в пристанционных хранилищах, что создавало угрозу безопасности для населения, живущего в зонах влияния АЭС. При этом практически все действующие АЭС расположены в густонаселённой европейской части страны, и опасности от них подвергается около миллиона человек. Для переработки уже накопленного отработавшего ядерного топлива потребуется века полтора...

Но и этого властям показалось мало и они ещё с советских времён получают на переработку в Россию отработавшее ядерное топливо и ядерные материалы из других стран.

Рукотворный ад в России не ограничивается и этим. Более трёх с половиной тысяч химических объектов, располагающих несметным количеством таких опасных химических веществ, как хлор, аммиак, соляная кислота и др. и нередко работающие на устаревшем, отжившим своё оборудовании, способны отравить около 300 тыс. кв. км с населением около 54 млн. человек.

Бесхозяйственность в сочетании с природными условиями привели к повышенному риску техногенных и природных катастроф, которому подвергалось более половины населения России. Почти семьдесят процентов всех аварий составляли пожары, взрывы и открытые газонефтяные фонтаны, имеющие наиболее тяжкие последствия для окружающей среды. Ежегодно происходило более полутысячи крупных разрывов нефте- и газопроводов. В результате утечек нефтепродуктов практически все реки на северо-западе Сибири, многие другие реки, а также вся южная часть Баренцева моря были загрязнены нефтью.

При этом происходило постоянное снижение совокупных затрат на охрану природы: в 1997 году они уменьшились относительно уровня 1992 года более чем на 60 % и составили 0,04 % от общего объема расходной части бюджета.

В результате сочетание экономической и финансовой разрухи с чудовищным состоянием окружающей среды привело к катастрофическим последствиям для здоровья нации. По сравнению с 1990 годом заболеваемость такими болезнями, как туберкулез возросла в 1,9 раза, сифилисом – в 49 раз, наркоманией – в 6,5 раза, алкогольным психозом – в 4,2 раза.

Ухудшение здоровья беременных женщин (например, заболеваемость среди них анемией за шесть лет возросло почти в 2 раза) привело к увеличению больных среди новорожденных (1990 год – 14,8 %, 1996 год – 31,3 % к общему числу родившихся), а также невынашиваемости беременности. 20 % детей дошкольного возраста страдала хроническими заболеваниями, а к концу обучения доля практически здоровых детей не превышала 15 процентов.

В некоторых промышленно развитых субъектах страны до 40 % патологических изменений в состоянии здоровья населения обусловлены вредным воздействием неблагоприятной воздушной и водной среды, загрязнением почв, недоброкачественными пищевыми продуктами и продовольственным сырьем, производственной сферой и условиями быта. Высокий уровень бактериального и вирусного загрязнения питьевой воды обусловливает постоянное неблагополучие по острым кишечным инфекциям и вирусному гепатиту А. Постоянное использование питьевой воды с высоким уровнем загрязнения химическими веществами природного и антропогенного характера также является одной из причин развития соматических заболеваний.

Одним из опасных последствий воздействия загрязнений окружающей среды на организм человека являются генетические повреждения. При этом возможно проведение оценки суммарного влияния мутагенных и канцерогенных факторов среды на здоровье населения. При изучении частоты генетических нарушений у жителей городов с различными уровнями загрязнений воздуха, питьевой воды и почвы установлено, что степень этих повреждений связана с суммарным загрязнением среды мутагенными и канцерогенными веществами.

Появление новых факторов (например, химических), воздействие радиации повысили за последние 20 лет в 1,5-2 раза уровень хромосомной изменчивости в соматических клетках человека. В этой связи увеличивается, в частности, заболеваемость злокачественными новообразованиями.

В России врожденными пороками развития и наследственных болезней страдают 60 тысяч из 1,2-1,3 млн. родившихся за год детей. Каждый четвертый из них – тяжелый больной. Некоторые умирают вскоре после рождения, многие с детства становятся инвалидами. Около 15 процентов населения страдают заболеваниями, развитие которых связано с наследственной предрасположенностью (сахарных диабет, бронхиальная астма, гипертоническая болезнь, псориаз и другими болезнями).

В 1999 году превышение умерших над родившимися возросло почти в 1,7 раза. Оставалась высокой преждевременная смертность. При этом у мужчин трудоспособный период сокращается в среднем на 5 лет, у женщин – на 1 год.

Иначе дело не могло обстоять там, где власть попросту игнорировала развал здравоохранения, социальную сферу, допускала хронический характер несвоевременной выплаты заработной платы. По состоянию на 1 ноября 1999 года суммарная задолженность по заработной плате составила 53,1 млрд. рублей, хотя по сравнению с 1 октября 1998 года она сократилась на 35 млрд. рублей (39 %).

Численность населения с денежными доходами ниже величины прожиточного минимума составила в октябре 1999 года 50 млн. человек (против 33,5 млн. человек в 1998 году), а их удельный вес в общей численности населения в октябре 1999 года составил около 34 % против 22,8 % в октябре 1998 года.

Соотношение доходов 10 % наиболее и 10 % наименее обеспеченного населения за 9 месяцев 1999 года составило 14,5 раза против 13,7 в 1998 году. При этом дифференциация в уровнях сбережений различных групп населения проявляется в еще большей мере по сравнению с уровнем дифференциации по доходам. По экспертной оценке на 20 % наиболее богатого населения (по уровню доходов) приходилось около 80 % от общего объема сбережений, а на 20 % наиболее бедного населения – лишь около 1 %. Минимальные гарантии в области доходов населения находились на крайне низком уровне. Минимальный размер оплаты труда составлял 83,5 рубля или 8,5 % прожиточного минимума трудоспособного населения и 5,7 % средней заработной платы. По существу он выполнял функции технического норматива для расчетов заработной платы и других платежей.

Принимаемые меры по смягчению финансового кризиса 1998 года имели скорее косметический характер. Повышение в 1,5 раза окладов и ставок работникам бюджетной сферы, в 1,6 раза – военнослужащим и сотрудникам правоохранительных органов, ежемесячные компенсационные выплаты пенсионерам, индексация размеров государственных пенсий на 12 % и на 15 % в течение года – всё это было явно недостаточным и не позволило восстановить уровень доходов до предкризисного уровня. Реальные располагаемые денежные доходы населения в январе-октябре составляли к соответствующему уровню предыдущего года 80,6 %, реальная заработная плата – 70,7 %, реальный размер пенсии – 53 %.

***

Такое положение дел было вызвано как объективными, так и субъективными причинами. Объективно неподготовленный развод союзных республик не мог не нарушить хозяйственные связи между ними, что в условиях их крайне жесткой специализации неизбежно вызвало сбой в работе всей промышленности на территории СССР. Субъективно массированная неподготовленная приватизация во многих случаях привела к нерациональному использованию экономического потенциала страны.

В результате катастрофического экономического положения Россия попала в зависимость от, мягко говоря, как минимум неэффективно используемой финансовой помощи Запада.

Неурегулированность Беловежскими соглашениями ни одного реального вопроса в отношениях между новыми независимыми государствами предопределили ирреальность СНГ. Наиболее одиозными проблемами начального этапа постсоветского периода стали статус переданного Н. Хрущевым Украине Крыма[41], принадлежность Черноморского флота, положение «русскоязычного населения» в государствах СНГ.

Ситуацию усугубляло возрастание антироссийских настроений в СНГ, причем в решающей мере это было спровоцировано самим Б. Ельциным и его командой: сначала, в период борьбы за суверенизацию советских республик, для чего, в частности, использовалось разжигание агрессивного национализма, позже – за счет грубейших ошибок в отношении новых независимых государств. В их числе антигрузинская политика Москвы, во многом вызванная личной антипатией Б. Ельцина к Э. Шеварднадзе, и поддержка Москвой абхазских сепаратистов, метания вокруг армяно-азербайджанского конфликта из-за Нагорного Карабаха, позиция по Приднестровью.

Россия чувствовала себя *предельно уязвимой в практически несуществующих допетровских границах*, к которым она вернулась после распада СССР. Оборудованная граница с другими государствами СНГ не существовала и, таким образом, внешняя граница содружества превратилась одновременно в российскую границу. Ситуацию усугубляла зависимость России от происходящих в СНГ процессов. Отсутствие у России привычно надёжной государственной границы не позволяло эффективно бороться с трансграничной преступностью, превратило Россию в удобный перевалочный пункт для контрабанды, в том числе нар-

---

41   В 1783 Крым присоединен к Российской империи Екатериной Великой. В 1921 году образована Крымская Автономная Республика как часть Российской Федерации. 30.6.1945 автономия ликвидирована, образована Крымская область, которая в 1954 г. передана Н. Хрущёвым Украине, в составе которой Крым и остался после распада СССР. Крымская Республика в составе Украины расположена на Крымском полуострове занимает 27 тыс. км2. По данным на 1991 год население составляло 2549,8 тыс. человек.

котиков, сделало возможной нелегальную миграцию в Россию и через её территорию в третьи страны и т. д.

Москву тревожила неконтролируемая российскими властями массовая миграция китайского населения на обезлюдевший Дальний Восток и в некоторые районы Сибири. Сложилась ситуация, когда китайские граждане стали фактически доминировать в некоторых сферах хозяйственной деятельности на Дальнем Востоке. Москва всерьёз опасалась изменения демографического состава населения в некоторых приграничных районах. По различным данным, на Дальнем Востоке Российской Федерации нелегально проживало от 400 тыс. до 2 млн. китайцев. Властные структуры в Москве всерьёз опасались возникновения ситуации, когда численность китайцев здесь превысит численность российского населения. Тем более что вдоль границы России и Китая в Сибири и на дальнем Востоке проживает около 9 млн. человек, а в сопредельных районах Китая – более 100 млн. человек. В условиях перенаселённости Китая и неспособности российских властей что бы то ни было противопоставить массовой миграции китайского населения с одной стороны, и ввести его в позитивное для страны русло – с другой, этот процесс рассматривался как серьёзная угроза национальной безопасности, способный привести к военной агрессии Китая против России «под предлогом защиты китайского населения».

Однако наибольший ужас кремлёвских владык вызвал *развал военной организации страны*. О том, что в прежнем виде она никому не нужна, никто из власть предержащих так и не задумался. Но существенное снижение оборонного потенциала, резкое сокращение Вооруженных Сил, потеря части важнейших направлений оборонной промышленности, оборонных направлений в науке наряду со снижением боевой и мобилизационной готовности государства в целом воспринимались чуть ли не как катастрофа.

Объективно говоря, некоторые основания для беспокойства действительно были: дырявая граница, дырявые ПРО и ПВО, утратившие боеспособность авиация и военно-морской флот... Это – только несколько обобщающих констатаций, но в военной сфере дела действительно обстояли плохо везде. О сущностном пересмотре военно-политической доктрины никто даже не задумывался.

Изменение военных возможностей России по сравнению с советскими временами крайне болезненно воспринималось российским политическим и военным руководством. Собственные ошибки и просчёты, не говоря об объективных тенденциях развития ситуации в мире, Москва списывала на самороспуск Варшавского Договора, потерю влияния на восточно-европейские государства ещё в советские времена[42]. Сетования на резкое изменение соотношения сил в Европе сопровождались утверждениями, что произошло изменение сути и направленности разоруженческого процесса, и в результате – обоснованием необходимости пересмотра соответствующих договоров и соглашений.

Особое неприятие Москвы вызывало укрепление и расширение НАТО, продвижение его инфраструктуры на восток.

Расширение НАТО – особая страница истории российской политики. В результате прекращения холодной войны в период перестройки СССР и Североатлантический союз вплотную подошли к установлению отношений партнерства и сотрудничества. Прорыв должен был состояться на Римской сессии Совета НАТО 7 ноября 1991 года, куда должен был поехать министр иностранных дел СССР Э.Шеварднадзе[43], которому, однако, помешало это сделать развитие внутриполитической ситуации в стране[44]: в тот момент Шеварднадзе сконцентрировался на недопущении развала Союза, о чём уже говорилось выше.

Негативная реакция Запада на заявление президента Ельцина о желании России стать членом НАТО[45] обидела Кремль. Однако, хотя бы формально, сотрудничество развивалось вплоть до назначения в 1996 году на пост министра иностранных дел Евгения Примакова, который антагонизировал к НАТО и Кремль, и парламент, и нейтральное до того

---

42   При этом Москва ничего не делала для сохранения своих позиций в этих странах

43   Автор, работавший в то время в аппарате президента СССР, был одним из двух инициаторов и играл роль «тарана» для того, чтобы «пробить» принятие соответствующего решения. Инициатором этой несостоявшейся внешнеполитической акции со стороны МИД СССР был Евгений Гусаров.

44   Отказ Э. Шеварднадзе от участия в Римской сессии Совета НАТО, в результате чего СССР был представлен только на уровне посла, из-за чего не было принято официальное решение о начале нового этапа отношений СССР с НАТО, стал роковой ошибкой для последующего развития отношений России с Североатлантическим союзом и с Западом в целом.

45   Насколько известно автору, это было сделано неподготовлено и пресс-секретарь Б. Ельцина был вынужден «подправить» главу государства.

общественное мнение. Занятая с тех пор позиция в отношении расширения НАТО была иррациональна[46] и алогична[47].

В целом, в военном плане сложилась парадоксальная ситуация, при которой Россия, оставаясь мощной ядерной державой, практически утратила обороноспособность неядерными средствами. Эффективность армии, способность обеспечивать безопасность своей границы отнюдь не беспочвенно расценивались и военным руководством страны, и Кремлём как практически нулевые. Военная реформа России изначально была обречена на поражение, прежде всего, из-за зияющей бездны между военно-политическими амбициями руководства страны и части её населения и экономическими возможностями России.

Изначальная нереализуемость поставленных задач и половинчатость принятых решений предопределили нарастание негативных тенденций в военной организации, которая приобрела бо́льшую самоценность[48], чем в советские времена и трансформировалась в самостоятельную угрозу безопасности как России, так и других государств. В данном контексте достаточно вспомнить о разглагольствованиях о необходимости поднять боевой дух армии путём военной победы в Чечне. Особого разговора заслуживала криминогенная ситуация в армии.

Полное игнорирование российской дипломатией бывших союзников СССР из стран Центральной и Восточной Европы обусловило, как минимум, недостаточность учёта Москвой их интересов и влияния. Почему-то воспринимая эти страны в качестве недружественных, Москва сама во многом спровоцировала неблагоприятные для неё последствия[49]. Любопытно, что российская дипломатия пыталась предотвратить

---

46 Позиция, вызванная, прежде всего, невозможностью для Москвы хоть как-то повлиять на принимаемые решения. Стабилизирующая международную обстановку роль НАТО не принимается во внимание вовсе.

47 Ни один из творцов и проводников российской внешней политики, равно как и аналитиков, поддерживающих эту позицию, не смог ответить на вопрос о том, как может получиться, что государства, являющиеся партнерами России, объединены во враждебный ей союз.

48 Здесь уместно ещё раз вернуться к смещению с должности Н. С. Хрущёва из-за его непопулярных в армии решений.

49 Для стиля и методов российской политики характерно, что Москва крайне болезненно переживала уход России с рынка вооружений государств Центральной и Восточной Европы, которые до определенного момента были заинтересованы в закупках российской военной техники, однако ровным счётом ничего не делала для восстановления и развития ВТС, не реагируя даже на прямые обращения их правительств.

расширение НАТО, практически игнорируя государства-кандидаты на вступление в неё.

В целом, из-за кремлёвской стены ситуация России выглядела катастрофически. Япония претендует на Курильские острова. Китай осуществляет демографическую и экономическую экспансию в Россию (а ведь она может быть использована Пекином как повод для военного вторжения в Россию «под предлогом защиты китайского населения!», – утверждали некоторые). На российско-монгольской границе неспокойно. Не доставляет радости соседство с Грузией. Чечня, хоть и часть России, но... Тем более что она граничит с Турцией и, соответственно, граница там сугубо символическая. Калининград, оказавшийся российским «эксклавом» внутри Европейского союза, испытывает значительные сложности и, неровен час, перестанет быть российской территорией.

Любопытно, что несмотря на все усилия хоть как-то сдвинуть с мёртвой точки решение проблем Калининградской области – а проблемы там действительно крайне серьёзные, власти решительно отказывались хоть что-то делать. Аргументировалось это более чем своеобразно: дескать «есовцы сами нам всё дадут»[50], а происходящее в Калининградской области – внутреннее дело и нечего туда всяким европейцам соваться. А в решении стоящих там проблем помощь Запада объективно была бы очень нужна: ведь речь шла о преодолении организованной преступности, наркомании, СПИДа, проституции, показатели которых буквально зашкаливали в этом регионе.

Помимо объективных сложностей, не менее важное для России последствие развала СССР – утеря ею «влияния в мире». Традиционный советский менталитет не может с этим примириться. Опросы общественного мнения показывают, что статус сверхдержавы, как это ни парадоксально, важнее для обывателя, чем собственное благополучие.

В результате объективных причин и ментальности московских политиков в 1992 – 2000 годах российская внешняя и внутренняя политика стала непредсказуема. Кремль, Старая площадь и Смоленская-Сенная площадь так и не смогли смириться с утерей роли сверхдержавы, расширением НАТО, вытеснением России из бывших сфер влияния. При

---

50   С такой позицией автор каждый раз сталкивался, работая и в аппарате Совета безопасности России, и в представительстве при Европейских сообществах в Брюсселе.

этом абсолютно упускались из вида как объективные тенденции развития международных отношений, так и собственные ошибки и просчеты.

Реальная и надуманная уязвимость России, взращенная многими
поколениями психология осаждённой крепости, державный синдром в
сочетании с неверным в своей основе тезисом, приобретшим для многих
характер аксиомы, согласно которому распад СССР и его последствия
отождествляются с поражением страны в холодной войне, привели к
разжиганию реваншистских настроений. В частности, этот реваншизм
относится к проведённым демократическим реформам. Разумеется, курс
на соблюдение демократических стандартов и прав человека способствовал тому, что в СССР вышли из-под спуда многие противоречия и
конфликты, прежде всего межнациональные. При этом упускается из
вида, что все беды страны имели не внешние, а внутренние корни. В
сущности, губительные последствия саморазрушения списываются на
внешнего супостата – позиция весьма удобная и традиционная для России, так как она позволяет власти уйти от ответственности и, вместо того, чтобы переосмыслить объективно новую реальность, играть в солда-
тики (только не оловянные, а живые), брячать оружием, в том числе в
Чечне, перекладывая ответственность опять-таки на внешнюю угрозу.

Особого разговора в данном контексте заслуживают процессы, которые развивались в направлении распада страны.

Тенденция к дезинтеграции

В России к началу XX столетия, имелся огромный потенциал само-
разрушения, реализовавшийся в большевистском перевороте 1917 года.
Воссозданная усилиями Ленина и Сталина империя, называвшаяся
СССР, унаследовала этот самоубийственный для страны потенциал.
Причём унаследовала в отягчённом жестокостью власти, её заидеологи-
зированностью, отсутствием уважения к традициям и обычаям народов,
населяющих страну и другими факторами виде. Результат – развал
СССР.

К началу XXI века вновь возникли достаточно серьёзные основания для того, чтобы предположить возможность новой дезинтеграции
России.

Во многом такая ситуация сложилась из-за предвыборного попули-
стского лозунга Б.Ельцина: «Берите столько суверенитета, сколько хоти-

те!», который спровоцировал весьма серьёзную вероятность дезинтеграции России. Республики Башкортостан, Бурятия, Тыва, Саха (Якутия) и другие в своих конституциях, принятых после вступления в силу Конституции России 1993 года, определили себя суверенными государствами. Республика Коми, не называя себя в конституции суверенной, тем не менее, закрепила положение о распространении собственного государственного суверенитета на всю территорию республики.

Субъекты Федерации односторонне присваивали себе суверенные права России. Республика Тыва закрепила за собой право объявления военного положения. Башкортостан, Саха (Якутия), Тыва приняли республиканские законы о воинской службе. Бурятия, Коми, Тыва, Башкортостан, Калмыкия, Карелия, Северная Осетия, Ингушетия и др. присвоили себе право введения чрезвычайного положения. Саха (Якутия) отнесла к компетенции президента республики порядок образования территориальных воинских и иных формирований. Северная Осетия закрепила за собой необходимость согласия субъекта Федерации на размещение на его территории воинских формирований. Ингушетия, Саха (Якутия), Тыва отнесли исключительно к своей собственности все природные ресурсы, находящиеся на их территориях. Татарстан, Саха (Якутия), Тыва провозгласили свои территории зоной, свободной от оружия массового поражения.

Более того, в Ингушетии, Калмыкии, Татарстане, Башкортостане, Тыве, Кабардино-Балкарской Республике их республиканские конституции рассматривались как основной закон, имеющие юридическое верховенство по отношению к конституции Российской Федерации. Аналогичные нормы содержались в уставах Ханты-Мансийского автономного округа и Иркутской области.

Некоторые субъекты установили приоритет республиканского законодательства над федеральным. Например, в конституциях Республики Саха (Якутия) и Республика Ингушетия установлена процедура ратификации федеральных законов республиканскими органами государственной власти. Предусматривалось также право приостановления на территории республики действия законов и иных нормативных актов Российской Федерации, если они противоречат конституции (уставу) или законам субъектов Российской Федерации (Саха (Якутия), Башкортостан, Тыва, Коми, Татарстан) или суверенным правам и интересам субъекта Федерации (Дагестан). В конституциях республик Башкортостан, Татарстан, Тыва, Ингушетия закреплены нормы, предусматривающие выведение прокуроров республики из единой централизованной системы прокуратуры страны.

Парадоксальная ситуация сложилась в бюджетной сфере. Так, установленные федеральным центром налоговые льготы некоторым республикам России привели к тому, что Татарстан, Башкортостан, Саха (Якутия) перечисляли в федеральный бюджет вдвое меньшую часть собранных налогов, чем другие субъекты Федерации. Практически все субъекты Российской Федерации отправляли в российскую казну половину акцизов на спирт и вино-водочные изделия и в полном объеме акцизы на нефть, нефтепродукты и газ. Татарстан и Башкортостан оставляли все акцизы у себя. В нарушение установленного федеральным законодательством порядка распределения отчислений на воспроизводство минерально-сырьевой базы, некоторые республики (Коми, Башкортостан, Татарстан, Удмуртия, Якутия) платежи по данному федеральному налогу зачисляли непосредственно в свои бюджеты, тем самым, фактически самоустранившись от финансирования армии, науки, социальной сферы, целого ряда федеральных программ.

Дезинтеграции России способствовал и тот факт, что в конституциях (уставах) и законодательстве многих субъектов Российской Федерации имелись многочисленные нарушения конституционных прав и свобод человека. В частности, права и свободы человека и гражданина увязывались с особым статусом жителя, устанавливались ограничения на свободу передвижения граждан и выбор ими места жительства. Такие нарушения имелись в Республике Адыгея, Кабардино-Балкарской Республике, Карачаево-Черкесской Республике, Краснодарском и Ставропольском краях, Воронежской, Московской, и Ростовской областях, ряде других субъектов федерации. В конституциях республик Саха (Якутия), Башкортостан, Дагестан, Коми, Тыва содержались существенные отклонения от гарантий избирательного права, закрепленных Конституцией Российской Федерации за всеми гражданами страны. Например, активное избирательное право предоставлялось только гражданам этих республик. Правом быть избранными главой государства или законодательного органа также наделялись исключительно граждане республик. Кроме того, закреплялся не соответствующие федеральному законодательству возрастной ценз и ценз оседлости для осуществления пассивного избирательного права, иммиграционные квоты. Предусмотренные законодательством отдельных субъектов Российской Федерации языковые (Республика Марий Эл) и образовательные (Хабаровский край) цензы также непосредственно ущемляли избирательные права граждан Российской Федерации.

Регионы все меньше ориентировались на финансовую помощь федерального центра. Ярким примером этого стало заявление президента Республики Калмыкия К. Илюмжинова от 17 ноября 1998 г. о возможности изменения в одностороннем порядке Республикой Калмыкия своего статуса на ассоциированное членство в Российской Федерации (при условии исключения бюджета Калмыкии из федерального бюджета), а также выхода Калмыкии из состава Российской Федерации. Карелия рассчитывала на помощь Финляндии, которая, в свою очередь, по кремлёвским оценкам, была заинтересована в возврате ей утраченных в результате второй мировой войны карельских территорий. Острова Южно-Курильской гряды, Сахалин, Приморье надеялись на финансовую помощь Японии и переориентировались на страны АТР, что создавало предпосылки для перерастания регионалистических настроений в сепаратистские.

Наряду со снижением финансовой зависимости регионов от Центра заметно сокращалось и политическое значение Москвы как фокуса центростремительных сил. Но, пожалуй, больше всего Москву встревожило желание многих воинских частей, дислоцированных в субъектах Федерации, подчиняться местному руководству, а не федеральному центру.

Северный Кавказ

Падение производства, ухудшение финансового положения промышленных предприятий, почти половина которых убыточна, а также положение в сельском хозяйстве объективно способствовали росту сепаратистских настроений на Северном Кавказе, особенно в Чеченской Республике, дестабилизирующей в свою очередь социально-политическую ситуацию во всём регионе, особенно в Дагестане, приграничных районах Ставропольского края, Ингушетии.

Чеченская проблема весьма характерна для положения дел в России. Прежде всего, потому что она возникла во многом искусственно, из-за недальновидности, политической и исторической неграмотности, волюнтаризма. Первая чеченская война может быть со всей уверенностью отнесена к числу страшных и бессмысленных преступлений, которыми было столь богато ХХ столетие.

В сущности, импульс чеченской войне дала предвыборная кампания Б. Ельцина на пост председателя Верховного Совета РСФСР 1990 года, в ходе которой он не уставал повторять свой излюбленный популистский лозунг – берите столько суверенитета, сколько хотите. Именно это и сделали чеченцы. Второй акт пролога к чеченской трагедии – Б. Ельцин приводит к власти в Чечне генерала авиации Джохара Дудаева, сразу и безоговорочно осудившего путч 19-21 августа 1991 года. И, наконец, последняя часть этой триады – передача Чечне значительной части расположенного на её территории гигантского арсенала советской армии.

О причинах начала войны в Чечне существует много версий. Главная из них сводится к стремлению Чечни к независимости, к её суверенизации[51].

Среди причин первой чеченской войны называются также нефтяной фактор, и нарушения в Чечне прав русских, и якобы имевшие место финансовые махинации российских и чеченских чиновников, в которых кто-то кого-то «кинул», и даже «необходимость восстановить боевой дух армии после Афганистана».

Видимо не стоит скидывать со счетов и чисто политические моменты: тяжело больной президент Ельцин терял популярность. События октября 1993 года со всей наглядностью показали шаткость его власти, смена которой привела бы к катастрофе его ближайшее окружение (так называемую, в том числе и самим Ельциным, «семью») и коррумпированных членов правительства. Чеченская война могла быть задумана как средство укрепления власти Ельцина, возможно, как повод для введения режима чрезвычайного положения, его поэтапного распространения на другие части страны, отмены президентских выборов.

---

51 Насколько знает автор, принимавший закулисное участие в попытках мирного решения чеченской проблемы в 1997-1998 гг., сами чеченцы, включая их главного переговорщика Мовлади Удугова, имели весьма приблизительное представление о суверенитете Чечни. По рассказам участников переговоров, чеченцы не видели для себя иного суверенитета, кроме как в составе России. Разъяснения того, что понятие суверенитета подразумевает нечто иное, ими не воспринимались. Таким образом, неуклюжее применение чеченцами брошенного Б. Ельциным термина без понимания его подлинного содержания далеко не в последнюю очередь стало причиной раздоров между Москвой и Грозным. Это в очередной раз со всей очевидностью показывает, что словам российские политики придают гораздо большее значение, чем делам.

И, разумеется, заслуживает пристального внимания тот факт, что война – дело прибыльное[52], особенно когда она ведётся на собственной территории и за которой, соответственно, следует восстановление разрушенного[53].

Неудавшаяся операция российских спецслужб по свержению Д. Дудаева[54] наряду с обещаниями министра обороны П. Грачёва провести захват Грозного быстро и без потерь, а также доминированием в Москве «партии войны», привели к началу ведения Россией войны на собственной территории против собственного народа, к геноциду его чеченской части.

Итоги первой чеченской войны трагичны. Александр Лебедь назвал цифру погибших в ней 80 000 – 100 000 человек. Наибольшее количество жертв приходится на гражданское население. Только в битве за Грозный (декабрь-февраль 1995 года) погибло от 23 000 до 25 000 человек. Из них 18 700 убито в результате российских бомбардировок и артиллерийских обстрелов.

В результате первой чеченской войны возникла весьма сложная ситуация. Россия сама отторгла Чечню, но категорически выступала против её выхода из федерации. Сохранить Чечню в составе России

---

52 Вряд ли можно считать случайностью, что один из крупнейших финансистов России Борис Березовский занимал пост первого заместителя тогдашнего секретаря Совета безопасности России И. Рыбкина, причём круг его обязанностей был весьма загадочен, но связан с экономическими проблемами Чечни.

53 Очевидцы рассказывали автору, когда осенью 1997 года он был в командировке в Грозном, например, такой эпизод «восстановления». К танку подходит мужчина: «Выпить хочешь?», – спрашивает он его командира. Тот, конечно, с радостью соглашается. «Видишь, труба торчит? Пальни по ней, две бутылки водки получишь» Разумеется, в уже разрушенный заводик до этого не было вложено ни копейки. Целью этой командировки было налаживание широкомасштабной международной гуманитарной помощи Чечне. Реализовать эту задумку не удалось – якобы в некоторых высоких московских кабинетах стали задаваться вопросом: «А что буду с этого иметь я?», и были крайне возмущены тем, что всё было продумано таким образом, чтобы блокировать саму возможность личной наживы; коллеги говорили автору, что они не исключают, что именно это стало причиной нового обострения отношений с Чечнёй (его непосредственным поводом стал отказ тогдашнего секретаря Совета Безопасности И. Рыбкина разрешить пролёт самолёта вице-президента Чечни, выраженного в весьма недипломатичной форме: «пусть едет на ишаке»; в результате представительство президента было выслано из-под Грозного, и начался новый виток напряженности, приведший в конечном итоге ко второй чеченской войне.

54 В России личности придаётся поистине мистическое значение. Наверное, это отчасти вызвано тем, что проще персонифицировать проблему, чем её идентифицировать.

можно было только путём широкомасштабного восстановления республики[55]. Наряду с нехваткой средств, эта возможность оказалась нереализуемой из-за воровства как в Москве, так и в самой Чечне. Разумеется, сохранение Чечни в составе России должно было подразумевать предоставление ей особого статуса либо сохранение неопределённого статуса (как он был закреплён в Хасавьюртовском соглашении[56]).

Вторая, наиболее гуманная и, с учётом сталинских и иных преступлений против этой свободолюбивой республики, возможность – «отпустить» Чечню[57] – была неприемлема для Кремля по идеологическим соображениям и, главное, чтобы не начать цепную реакцию распада Российской Федерации. Впрочем, консервация отношений, сложившихся после окончания первой чеченской войны, в не меньшей степени способствовала процессу дезинтеграции России.

Третья, в конечном счете, временно, хотя только на словах, победившая возможность – изолировать Чечню в пределах России, создать своего рода чеченское гетто за колючей проволокой. Такое решение не было реализуемо с самого начала из-за дороговизны[58] и отсутствия необходимых технических средств[59].

---

55 Промышленность и инфраструктура Чечни были полностью разрушены. В результате население оказалось лишённым возможности зарабатывать себе на жизнь законным путём, что с неизбежностью привело к дальнейшей криминализации республики.

56 Были подписаны 30 августа 1996 года секретарем Совета безопасности А. И. Лебедем и начальником штаба Чечни А. М. Масхадовым. Предусматривало прекращение военных действий и проведении всеобщих демократических выборов. Решение вопроса о статусе Чечни откладывалось на пять лет, до 2001 года.

57 С учётом сложившейся в то время реальности, автор был сторонником предоставления Чечне права на самоопределение вплоть до выхода из состава России, сочетающегося с безусловным восстановлением системы образования, здравоохранения и промышленности республики. По его мнению, это было не только нравственным императивом, но и диктовалось сугубо прагматическими соображениями укрепления российской государственности даже в случае, если бы Чечня провозгласила свою независимость и на деле вышла бы из состава России – а такую возможность ей, по мнению автора, безусловно, надо было предоставить. Тем более что восстановление республики на деле, а не на словах, наиболее надёжно сохранило бы её в составе России.

58 По оценке специалистов обустройство 1 км границы стоит около 400 тыс. дол. США, а одного пропускного пункта на границе – около 4 млн.долл. США.

59 По всей видимости, это не могли не понимать в Кремле, на Старой площади и в Белом доме во время принятия решения о начале второй чеченской войны, но автор не может этого засвидетельствовать – в это время он лежал в больнице на хирургической операции.

Общественное мнение обеих сторон конфликта было антагонизировано до предела, чему в решающей степени способствовала официальная пропаганда Москвы[60]. В любом громком преступлении в течение длительного времени правоохранительные органы «находили» так называемый чеченский след. В ход были запущены два оскорбительных термина для обозначения народов, населяющих Кавказ: «лица кавказской национальности», который употребляется в официальных документах (такой национальности, разумеется, не существует), и «черные» (по цвету волос и глаз подавляющего большинства кавказцев). Бессмысленная жестокость российских войск во время боевых действий и после их окончания не могла не вызвать ненависти со стороны чеченцев.

Ситуация значительно обострилась после назначения 10 августа 1999 года премьер-министром России Владимира Путина[61] и его провозглашения президентом Ельциным своим преемником. За два дня до этого назначения около 12000 чеченских боевиков во главе с Шамилем Босаевым и Хатабом пересекли границу с Дагестаном и заняли четыре дагестанских населённых пункта, но были вынуждены вернуться на чеченскую территорию. 4-6 сентября примерно 2000 боевиков повторили вторжение в Дагестан, реакцией на которое стало практическое начало боевых действий против Чечни, включая бомбардировки чеченской территории[62]. Осенью были взорваны жилые дома в Москве и в Волгодон-

---

60   Выдающийся правозащитник Сергей Адамович Ковалёв рассказывал автору, что он доподлинно установил факты, когда зверства российских войск выдавались за чеченские зверства. Например, по его словам, преемники красных комиссаров для поднятия «боевого духа солдат» возили на бронетранспортёрах обезображенные трупы и гениталии, отрезанные ОМОНовцами, утверждая, что это – работа чеченцев. В целом Москвой насаждалась ненависть к чеченцам и кавказцам в целом.

61   В качестве «назначенного преемника» рассматривалась также кандидатура премьер-министра (май-август 1999 года) Сергея Степашина, который во время первой чеченской войны был одним из лидеров «партии войны», но, как считается, отказался начать новую чеченскую войну и дать гарантии личной безопасности Борису Ельцину и его «семье».

62   Многие считают, что эти вторжения представляли собой операции специальных служб, имеющих целью легализировать начало второй чеченской войны. Это косвенно подтверждают высказывания Сергея Степашина о том, что Кремль начал планировать военные действия в Чечне с марта 1999 года. Приводятся также свидетельства тесных связей между Шамилем Басаевым и Борисом Березовским (см., например, J.-M. Balencie, A. de la Grange. *Mondes rebelles. Guérillas, milices, groupes terroristes*. Paris, Edition Michalon, 2001. P. 1444).

ске[63]. Общее количество жертв террористических актов только за период с 31 августа по 16 сентября 1999 года составило более 530 человек [64], из них 292 человека было убито[65]. Началась вторая чеченская война, лицемерно называемая Кремлём антитеррористической операцией[66].

Чечня была весьма сильным раздражителем в отношениях между Россией и Грузией, в том числе из-за положения в Панкисском ущелье, не контролируемом Тбилиси, на территории которого, по утверждениям Москвы, находили убежище чеченские боевики.

Крайне нестабильна была обстановка в Дагестане. Сложная ситуация обусловлена как слабостью властей, так и межнациональными противоречиями, криминальным беспределом, особенно на границе с Чечней, и рядом других причин.

Непросто приходилось и в Ставропольском крае, где социально-политическая ситуация во многом осложнялась соседством с Чеченской

---

63   Во время своего выступления в Институте Дж. Кеннана в Вашингтоне 24 апреля 2002 года Сергей Юшенков акцентировал «фактическое отсутствие какой бы то ни было системы гражданского контроля за деятельностью спецслужб в России» и «абсолютнейшее нежелание российских властей обратить на это внимание и провести действительно объективное, независимое расследование» взрывов жилых домов в Москве и Волгодонске, а также событий в Рязани, где, по официальной версии, проводились учения ФСБ, а по широко распространённому мнению, которого придерживался и С. Юшенков, был предотвращён теракт. Он выдвинул версию, согласно которой «23 сентября в России был совершен государственный переворот. И вот почему: 23 сентября группа губернаторов, 24 человека, инициатором этой группы был губернатор Белгородской области Савченко, обратились к президенту РФ с требованием передать полномочия премьер-министру Путину. И 23 же сентября президент издает секретный указ, на основании которого начинаются боевые действия в Чечне, начинается вторая война. Эти действия и шаги были предприняты именно потому, что в обществе утвердилось мнение, что дома в Волгодонске, Москве и дом в Рязани готовились быть взорванными именно чеченскими боевиками. 24 сентября Путин отдал приказ войскам начать боевые операции в Чечне. Между прочим, это прерогатива президента. При этом вооруженные силы могут применяться только в трех случаях, в соответствии с нашей конституцией».

64   Точное количество раненых не сообщалось.

65   Ряд наблюдателей считает, что террористические акты осени 1999 года, бездоказательно приписываемые чеченцам, на самом деле были делом рук российских спецслужб.

66   В.Путин призывал «мочить террористов в сортире». Аппаратом Совета безопасности был разработан своего рода глоссарий, где чеченские боевики назывались «бандитами», хотя бандитизм, согласно Уголовному кодексу России, является уголовно наказуемым преступлением и человек может быть признан таковым только судом. Когда я указал на этот факт автору глоссария, он был несколько изумлён, но, и к его чести, расстроен.

Республикой, с территории которой не прекращались набеги боевиков, угоняющих скот и технику. Обстановка на чеченской «границе» периодически накалялась. Нередки были случаи дискриминации по национальному признаку в Краснодарском крае: местными властями принимались решения, направленные на лишение прав национальных меньшинств на образование, пользование медицинской помощью, лишение права прописки, регистрации браков и т.д.

Чеченское безумие Кремля аукнулось в головах власть предержащих паническим страхом перед исламом. Вердикт Ельцина был прост: пресечь исламский фундаментализм. Мне поступило указание в соответствии с высочайшим распоряжением разработать соответствующие «меры и предложения» (это было в начале мая 1997 года), которое не без сложностей удалось трансформировать в нечто, соответствующее религиозной свободе; впрочем, несмотря то, что Ельцин благосклонно отнёсся к этим трудам, ничего из предложенного сделано не было.

Что же произошло на самом деле?

Чеченская война, наряду с грубыми ошибками и просчётами российского руководства в межконфессиональной[67] и национальной политике, обострила проблему ислама. Как это нередко бывает, московские власти перепутали причину со следствием, и была предпринята попытка представить распространение «некоторых течений ислама» в качестве первопричины многих имеющихся в России проблем. Муссировался тезис о том, что исламский фактор превратился в оружие в борьбе за сферы влияния в соперничестве ведущих мировых центров силы, что исламский экстремизм целенаправленно канализируется в Россию с тем, чтобы его там локализовать и, тем самым, не допустить в США и западноевропейские страны. То есть, американцы и западноевропейцы якобы стремились направить исламский экстремизм против России, чтобы самим уберечься от него.

Вместе с тем, процесс возрождения ислама в России действительно сопровождался тенденцией к его использованию определенными силами в качестве эффективного средства политической борьбы[68]. (Впро-

---

67   Главная из них – фактическое превращение православия в государственную религию, отсутствие как таковой политики в отношении религии, невнимание Кремля к другим религиям и даже неприятие их.
68   В частности, об этом свидетельствовало возникновение исламских организаций различной ориентации таких, как «Нур» и «Союз мусульман России», принимавших активное участие в выборах в Государственную Думу 1995 года.

чем, нельзя не отметить, что русская православная церковь в политической борьбе с самого появления религиозной свободы в стране, оставила всех «конкурентов» далеко позади). Националистические лидеры ряда субъектов Российской Федерации разыгрывали карту политического экстремизма под знаменем ислама. При устойчивом стереотипе Кремля о том, что Кавказ «является единым организмом», он полагает, что затронутыми окажутся все сопредельные государства и территории. Власть всерьёз опасалась, что складывавшаяся там социально-политическая и экономическая ситуация способствовала распространению идей панисламизма, агрессивных форм исламского фундаментализма, включая ваххабизм[69], на который Москва списывала все беды. Именно в распространении ваххабизма в республиках Северного Кавказа и других регионах России Москва видела причины активизации деятельности национал-радикальных организаций, обострение межэтнических и межконфессиональных отношений. С учётом распространённости ислама в центральных областях России, Татарстане, Башкирии и Калмыкии, активизации исламизма в Сибири, на Дальнем Востоке, Кремль был напуган опасностью разлома России по «исламской дуге».

Таким образом, Кремль выдумал себе врага в виде ислама. В очередной раз сказалась привычка искать виноватых в своих бедах вместо того, чтобы повнимательнее посмотреться в зеркало. Сказалась и другая традиция российской политической культуры: воспринимать всё, отличающееся от привычного (а привычно для Кремля только православие) как чужое, более того – враждебное.

Констатируя, что «исламская проблема» для России в том виде, как она виделась из Кремля, была создана искусственно, нельзя в то же время не признать, что отчасти она имеет объективный характер. Это во многом связано с историческими факторами. Помогая «революционным», «дружественным» и «антиимпериалистическим» исламистским, а также террористическим режимам и организациям для борьбы с «мировым империализмом», подпитывая их финансово и готовя на своей территории их боевиков, СССР запустил бумеранг, который не мог ему не вернуться. Не могла также не аукнуться России антагонизация Советским Союзом части исламского мира агрессией против Афганистана (здесь речь идёт об исторических моментах, поэтому реакция на гено-

---

69 Говоря о ваххабизме, автор использует официальную терминологию Москвы, прекрасно сознавая при этом, что это определение весьма спорно.

цид населения Чечни оставляется за скобками). Фактический запрет ислама в СССР спровоцировал создание подпольных неформальных мусульманских структур и, в ряде случаев, их радикализацию.

После прекращения диктатуры миросозерцания ислам прочно занял место второй по числу сторонников и географическому охвату религии России[70]. Помимо религиозной и мировоззренческой роли, он, в частности, имеет функции национально-религиозной самоидентификации части населения, средства борьбы за власть в традиционно исламских новых независимых государствах и народностях других стран СНГ, включая Россию, и знамени национально-освободительной борьбы.

Распространение ваххабизма в республиках Северного Кавказа и других регионов России виделось власть предержащим как серьезная угроза, способная в значительной степени активизировать деятельность национал-радикальных организаций и дать дополнительный импульс обострению межэтнических и межконфессиональных отношений. Характерно, что ответственность за распространение в России исламского экстремизма в Москве возлагали на арабские государства и, даже, на США и Западную Европу, которым, якобы, выгодно локализовать исламский экстремизм в России, добиваясь тем самым ослабления России, её «управляемого распада» с одной стороны и недоущения этих форм ислама в свои страны – с другой. При этом собственные ошибки и просчёты либо преуменьшаются, либо умалчиваются вовсе.

В Дагестане в то время действовало более полутора тысяч мечетей (в 1988 году – 30), при которых организовано 700 школ по обучению

---

70   По приблизительным данным в настоящее время ислам в России исповедуют более 12 млн. человек на Северном Кавказе, в Татарстане, Башкортостане, Удмуртии, Чувашии и Марийской республике, в Сибири, Ульяновской, Самарской, Астраханской, Пермской, Нижегородской, Рязанской областях, в Москве, Санкт-Петербурге и др. В России насчитывалось 43 духовных центра и управления, 102 религиозные школы различных уровней, 6 миссий и 2501 зарегистрированных в органа юстиции исламских религиозных обществ, что составляет 2739 религиозных объединений (24% от всех зарегистрированных в стране религиозных объединений). Вместе с тем подлинное число действующих исламских организаций значительно больше, т. к. в ряде регионов они создаются явочным порядком без регистрации. Только на территории Северного Кавказа действует 8 духовных управлений, 320 мечетей, более 400 медресе, 9 учебных заведений по подготовке духовенства. Особенно велика сеть действующих исламских организаций в Дагестане - около 1000, в Чечне и в Ингушетии по 450-500. До 100 объединений в Карачаево-Черкесии и Кабардино-Балкарии. В Татарстане насчитывается более 500 исламских организаций, в Башкортостане - более 300.

основам исламской религии. Функционировало 9 теологических высших учебных заведений (академия, университет, институты), 25 медресе по подготовке священнослужителей. В сферу религиозной деятельности было вовлечено большинство населения Дагестана, причем 60 процентов верующих имели устойчивые религиозные убеждения и активно пропагандировали ислам. Увеличивалось число последователей ваххабизма. Особенностью дагестанских ваххабитов, по мнению Москвы, является нескрываемая ненависть к России и представителям традиционных для Дагестана направлений ислама как «пособникам Москвы». Ваххабиты поддерживают тесные контакты с чеченскими мятежниками. Силовики и их пособники утверждали, что радикально настроенные лидеры ваххабитов ставят конечной целью превращение Дагестана в исламское государство с помощью сильной внешней поддержки и чеченского фактора.

Тревожило Москву и то, что ваххабиты активизировались и в Поволжье. Здесь их деятельность, по официальной версии, прежде всего, была направлена на компрометацию руководства духовных управлений, которое, якобы, дискредитирует учение ислама в глазах верующих.

Арктика и Сибирь

Арктическая зона[71] – наиболее богатая и одна из наиболее уязвимых частей России[72]. Для того, чтобы проиллюстрировать значение арктических районов для России, достаточно сказать, что в 1996 г. на них приходилось 11 % национального дохода страны и 22 % российского экспорта при доле населения в 1 %.

Однако, здесь была нарушена ранее существовавшая и не создана новая государственная система жизнеобеспечения и доставки матери-

---

71   Помимо морских вод, включает обширные пространства на материке и островах Северного Ледовитого океана общей площадью более 3 млн. кв. км.

72   В Арктике сосредоточены основные запасы углеводородного, фосфорного сырья, алмазов, редких, цветных и благородных металлов; добывается 93% природного газа, 75 % нефти, 100 % алмазов, кобальта, платиноидов, апатитового концентрата, 90 % меди, никеля, 2/3 золота, производится половина лесной и рыбной продукции страны. Для российской экономики большинство видов ресурсов Севера безальтернативны с позиции их возможного производства в других районах страны и приобретения по импорту. По примерным оценкам стоимость всех запасов основных видов полезных ископаемых России составляет 28 трлн. долл. (в США 8 трлн.), из них на Север приходится около 80 %. Потенциальная нефтегазоносность континентального шельфа Баренцева и Карского морей оценивается в 50-60 млрд. долл., а шельфовой зоны других арктических морей – в 15-20 млрд.долл.

альных средств и продовольствия, резко сокращены все виды экспедиционной и научной деятельности. Без государственной поддержки остался атомный ледокольный флот и инфраструктура Северного морского пути. В результате к 2000 году на северных территориях в зоне Арктики, Восточной Сибири и Дальнего Востока сложилась критическая социально-экономическая ситуация. Кризис сопровождался разрушением всего хозяйственного комплекса, массовым оттоком квалифицированных специалистов. Закрылись многие предприятия. В большинстве регионов Севера практически развалился строительный комплекс. Во многих случаях транспортная составляющая в цене продукции составляла минимум её половину. В особо бедственном положении оказались малочисленные народы Севера. В ряде регионов возникла реальная опасность экологической катастрофы.

Неконтролируемый отток населения из Арктики в центральные районы страны, прежде всего, квалифицированных кадров в связи с закрытием ряда предприятий и аэропортов и расформированием воинских частей ведет к нарушению сложившейся инфраструктуры, росту социальной напряженности и ухудшению криминогенной обстановки в регионе.

За период с 1991 года численность населения районов Крайнего Севера и приравненных к ним местностей сократилась более чем на 1 миллион человек[73].

Закрывались предприятия, в том числе градообразующие, ликвидировались целые населенные пункты.

Из-за обесценения сбережений и высоких затрат по переезду пенсионеры, инвалиды, вынужденно безработные не могли покинуть соответствующие регионы и на деле превратились в заложников. Число желающих выехать в 2000 году превышало 200 тыс. человек. При этом предполагалось, что до конца 2000 года будет закрыто около 380 поселков, в которых проживало более 200 тыс. человек.

Бессилие Москвы побуждало руководителей ряда субъектов федерации региона стремиться более самостоятельно и независимо от центра решать традиционные и новые экономические и социально-

---

73 Ожидалось, что при сохранении существовавшего положения до 2010 года зону Арктики, северные территории Восточной Сибири и Дальнего Востока покинут еще от 700 тысяч до 2000 тысяч человек.

политические проблемы, придать своим регионам более значимую роль как в масштабах РФ, так и в международном плане.

Одновременно возросла активность отдельных этнических объединений и движений народов Крайнего Севера, формируемых на идеях национального и регионального сепаратизма и ставящих целью суверенизацию внутри России[74]. Наиболее остро межнациональные трения проявились в ряде районов Республики Саха (Якутия), в частности, в Алайховском районе, где лидеры образовавшейся эвенкийской общины приступили к разделу имущества совхозов и потребовали передачи лучших земельных угодий и пастбищ в собственность коренным жителям. В результате антиконституционных действий местных властей Якутии, направленных на ущемление и ограничение прав отдельных категорий населения, начался заметный отток русскоязычного населения из региона. Начиная с 1992 года из северных районов Якутии ежегодно выезжало в среднем более 2000 человек.

Эта тенденция существенно меняет национальный состав большинства индустриальных центров российского Севера, является одной из причин остановки ряда крупных промышленных предприятий. Происходит заметное снижение кадрового и интеллектуального потенциала северных регионов страны, где отсутствует широкая система подготовки и переподготовки специалистов. В результате оставшаяся часть русскоязычного населения, оказавшись в меньшинстве и в изоляции, не в силах противостоять растущему национальному сепаратизму.

Остается актуальной проблема сохранения коренных малочисленных народов Севера.

Промышленная экспансия в ряде районов Севера поставила эти народы в трудные условия выживания. Широкое освоение природных

---

74   Этот факт тем более заслуживает внимания, что на территории Крайнего Севера России проживает 26 коренных народов общей численностью около 181,6 тысяч человек. Кроме того, в перечень народов Севера в 1993 году были включены тоджинцы, шорты, телеуты, кумандинцы общей численностью около 20 тысяч человек. В целом же 10-миллионное население российского Севера почти целиком пришлое, состоящее из переселенцев разных поколений, местных уроженцев, старожилов и новоселов. Доля коренных жителей не превышает 2 % от всего населения Арктического региона. Наиболее значительная часть коренного населения проживает в республиках Коми (24 %) и Саха (Якутия) (33 %). Для этих народностей характерны значительные демографические и медицинские проблемы. Так, средняя продолжительность жизни этих народов сократилась за последнее время на 10 лет, а рождаемость уменьшилась более чем на треть.

ресурсов северных территорий России существенно подорвало основы существования традиционных отраслей хозяйствования, так как были изъяты из оборота значительные по площади оленьи пастбища (свыше 20 млн. га), охотничьи угодья, загублены многочисленные реки.

Пространственное сокращение ареалов обитания коренных малочисленных народов Севера, ухудшение условий развития их традиционных отраслей хозяйства, образа жизни могут привести в будущем к исчезновению отдельных этносов малочисленных народов.

На этом фоне Москву тревожит продолжение «китайской экспансии», о чём говорилось выше. В долгосрочной перспективе Москва опасалась опасности возврата Китая к претензиям на 1,5 млн. кв. км Дальнего Востока и Сибири, которые он считает «исторически своими».

Калининградская область

Исчезновение СССР с политической карты мира спровоцировало возникновение проблемы изолированной от остальной части России Калининградской области, расположенной между Польшей и Литвой на юго-восточном побережье Балтийского моря. Территория области 15,1 тыс. кв. км, население 926,4 тыс. человек. Как уже говорилось выше, она оказалась, согласно официальной терминологии Москвы, российским эксклавом на территории Европейского союза.

Особое значение Калининградской области придаётся в связи с тем, что она расположена в центре Европы в непосредственной близости к системе ведущих европейских стран, обладающих мощным экономическим и военным потенциалом, а также входит в Балтийскую морскую зону. Калининградская область занимает выгодное географическое положение на пересечении магистральных транзитных грузопотоков с востока на северо-запад. Пересекающие территорию области транзитные коммуникации связывают Россию со странами Западной Европы по кратчайшему пути. Помимо этого, там расположен единственный, принадлежащий России незамерзающий, круглогодично действующий портовый комплекс на Балтийском море, который имеет развитую портовую инфраструктуру, согласующуюся с обоими европейскими железнодорожными стандартами.

Главное для Москвы, однако, заключалось в том, что военно-стратегическое значение Калининградской области для России намного весомее ее экономического значения, поскольку значительно расширяет ее возможности по прикрытию своих западных границ с морских направлений и позволяет обеспечивать российское военно-морское присутствие на Балтике. Потеря Калининградской области как военно-стратегического района, экономического центра и важного транспортного узла неизбежно означало бы для России ее уход с Балтийского моря.

С момента образования в 1946 году на части территории бывшей Восточной Пруссии Калининградской области, её территория использовалась в основном в военных целях. В результате экономика области полностью финансировалась из государственного бюджета и ориентировалась на ввозимое отечественное и импортное сырье.

После распада СССР область оказалась в тяжелейшем положении из-за практически полной утраты производственными предприятиями области связей с предприятиями России. Значительно ослабли хозяйственные контакты с сырьевыми и товарными поставщиками. Наряду с этим произошло резкое сокращение военных заказов, конверсионные производства не финансировались, рыбный комплекс остался без государственной поддержки.

Разрыв традиционных хозяйственных связей с территориально удаленными районами бывшего СССР привел к более глубокому, чем в целом по России, спаду в экономике области, серьезно осложнил ситуацию в социальной сфере.

В этих условиях, а также с учётом отсутствия возможности широкомасштабной финансовой помощи Калининградской области, Москвой было принято решение о создании на её территории свободной экономической зоны. Одновременно с этим администрация области получила дополнительные властные полномочия для контроля над развитием Калининградской области. Всё это в немалой мере способствовало криминализации местных органов власти.

Кроме того, областные власти получили возможность распоряжаться дополнительными финансовыми средствами, в частности, удерживая в местном бюджете более высокую, чем среднероссийскую, долю налоговых сборов, валютных поступлений от реализации региональных экспортных квот, налоговых кредитов Минфина, в рамках поступлений средств по Федеральной целевой программе, в виде поступлений от продажи на аукционах квот по импортируемым товарам.

После распада СССР из экспортера сельхозпродукции Калининградская область превратилась в крупного импортера, ввозя до 85 %

продовольствия. Сбор зерна сократился более чем на 50 %; 90 % картофеля и овощей выращивается населением; машинно-тракторный парк сократился в три раза, и к концу столетия его износ достиг 80 %. По данным экспертов, для обеспечения минимальных потребностей населения области необходимо импортировать продуктов питания на сумму 30 млн. долларов.

Снижались реальные денежные доходы и покупательная способность населения (соотношение среднедушевого денежного дохода и прожиточного минимума), росла доля населения с доходами ниже прожиточного минимума. По данным Госкомстата за 1999 год, ниже уровня бедности жило 42 % населения области. Согласно социологическому опросу, проведенному 13-15 марта 2000 г., 66,6 % респондентов оценили свое материальное положение как «бедное». Уровень безработицы в Калининградской области на конец 1999-х годов оценивался в 13,8 % экономически активного населения, что существенно выше, чем в целом по России, причем с учетом скрытой безработицы этот показатель в действительности гораздо более высок.

Устойчивый характер приобрело существенное превышение смертности над рождаемостью. В 1998 году оно составило 163 %, в 1999 году – 180 % (умерло 13617 человек, родилось – 7549).

Крайнюю остроту приобрели молодежные проблемы. Лавинообразная наркомания среди молодежи, распространенность СПИДа (по заболеваемости СПИДом Калининградская область находилась на втором месте в Российской Федерации), всё увеличивающаяся проституция – далеко не исчерпывающий перечень проблем в этой сфере.

Итак, Калининградская область находилась в крайне плохом состоянии, Москва практически ничего не делала для улучшения ситуации. Льготный экономический статус у неё был отнят; впрочем, не без оснований – вместо инструмента экономического развития этого региона он превратился в мощнейший стимул развития там коррупции и организованной преступности. Практически силовая, инициированная из Москвы, смена губернаторов не привела к улучшению положения. Это естественно с учётом того, что Москва даже всерьёз не принимала возникшие там проблемы, а когда удавалось *довести до сведения*, ограничивалась (как и водится по советской традиции) словами или административными мерами.

В Москве были буквально единицы государственных служащих, понимавших серьёзность сложившегося там положения. Но вопрос по каким-то причинам был настолько закрыт, что даже они не знали позиций друг друга.

Крайне нерациональна была позиция в отношении многочисленных предложений Западной Европы оказать России помощь в решении проблем Калининградской области. Официальная позиция гласила: это внутреннее дело Российской Федерации, сами разберёмся. Эту позицию были вынуждены озвучивать даже люди совершенно с нею несогласные.

Тем временем Калининградская область продолжала рушиться...

Разумеется, при определённых обстоятельствах Россия может сохранить свою территориальную целостность. Что же касается сценариев её гипотетического развала, они могут быть самыми разными. Наиболее вероятными представляются следующие.

Первым кандидатом на независимость от России представляется Чечня, за которой последуют другие республики Северного Кавказа. В этом случае нельзя полностью исключить возможность разлома страны по «исламской дуге».

Высоки шансы на выход из состава России Калининградской области, тем более, что от изменения своего статуса в направлении расширения сотрудничества с Европейским союзом она получит существенную экономическую и социальную выгоду.

Другой кандидат на выход из состава России – Санкт-Петербург и Ленинградская область, являющиеся самодостаточным целым с развитой экономикой, наукой, образованием и культурой, обладающим выходом к Балтийскому морю и портовой инфраструктурой.

Нежизнеспособное в сложившихся условиях, но богатое полезными ископаемыми и другими природными ресурсами Зауралье при условии соответствующих инвестиций, объективно заинтересовано в изменении своего статуса. Здесь события могут развиваться непредсказуемо с учётом возможной конкуренции потенциальных инвесторов в этот регион, китайского фактора и многих других обстоятельств.

И, разумеется, переход в состав Японии северных территорий является не более, чем вопросом времени.

***

Осаждённые, плохо управляемые крепости гибнут, в том числе, из-за неразумной траты ресурсов, эпидемий, грязи и прочих, вызванных осадой, проблем. Такое возможно, даже если эта осада существует только в умах власть предержащих. Именно проблемой вымышленной осады вызваны многие российские проблемы: средства страны тратились на бессмысленную военную псевдореформу, на кажимость поддержания национальной безопасности (составной частью которой была приведшая к обвалу «финансовая стабильность») как она виделась властям, а не на обустройство жизненного пространства внутри страны.

Трудно себе представить другую страну, руководители которой столь варварски относились бы к своему населению, к своей земле, к своим природным богатствам. Юрий Афанасьев объясняет действия власти тем, что она является «чужой по отношению к народу: власти оккупационной, «ордынской», да к тому же еще нелегитимной и криминальной (то есть, говоря по-русски, беззаконной и преступной)»[75]. Но и эта характеристика, как представляется, не достаточна: ведь и оккупантам, и колонизаторам не выгодно терять доставшееся им богатство; беспощадную, убийственную эксплуатацию понять можно. Бессмысленное, без всякой пользы, уничтожение населения – явление весьма редкое во всемирной истории и как правило связано с тем или иным тираном, например, с Гитлером или Пол Потом. Происходящее же сначала в послесталинском Советском Союзе, а потом в России настолько бессмысленно с одной стороны и продолжительно во времени – с другой, что со всей определённостью может быть отнесено к числу величайших загадок развития человечества. Или к малоприятным имманентным особенностям российской власти, уверенной в своём всевластии и своей безнаказанности, отягчённых пороками интеллектуального и нравственного развития. Интересен и такой феномен. Одинаковые преступления против своей страны совершались, казалось бы, совершенно разной властью: от ортодоксально-коммунистической до квази-демократической при Ельцине (о более позднем периоде здесь речь не идёт). Это наводит на печальные выводы.

---

75   Юрий Афанасьев. Мы не рабы? (Исторический бег на месте: «особый путь» России) // Новая газета. Цветной выпуск от 05.12.2008.

«Проблема-2000»

Именно «проблемой-2000» в России чуть ли ни официально назывались предстоящие в 2000 году президентские выборы и, в соответствии с конституцией, уход от власти Бориса Ельцина. Проблема действительно была – прежде всего, для окружения Ельцина, для обогатившихся за счёт разворовывания страны политиков, чиновников, бизнесменов.

Тем более, что как было показано выше, к 2000 году Россия находилась в крайне тяжёлом, можно даже сказать, критическом положении. Нация была на пути к вымиранию за счёт социальной и экономической политики Москвы. Экология находилась в бедственном положении. К моменту отставки Ельцина никто не мог дать ответ на вопрос о том, кончился ли развал страны. Ведь нельзя забывать, что Россия и сейчас представляет собой империю[76], что она отнюдь не моногенна, многонациональна, полирелигиозна, что всплеск национального и религиозного самосознания, вызванный перестройкой и акцентированный политикой Ельцина – не привилегия только этнических русских. Главной же причиной распада страны могла стать незаинтересованность субъектов федерации в финансировании экономически и политически неэффективного, а главное, ненужного им центра. Кремль со своей стороны ровным счетом ничего не делал для выправления ситуации.

Российское государство, пойдя на приватизацию всей собственности, оказалось, за исключением налогов, без источников доходов. Налоги же настолько высоки, что совершенно неизбежен массовый уход от них.

Государственный аппарат при Б. Ельцине был непоправимо разрушен. Большинство наиболее компетентных государственных служащих советских времён было снято с занимаемых постов после развала СССР; другие отказались работать на Ельцина и его команду из-за несогласия с тем, что и как было сделано в Беловежской пуще и с их политикой после суверенизации России. Мизерные зарплаты государственных служащих обусловили неминуемую коррупцию. Государственный аппарат был непомерно раздут и численно превышал советский. Сочетание

---

76 Нельзя забывать, например, о том, что присоединение Сибири к России было завершено только в 50-х годах XIX века включением в состав Российской империи Нижнего Приамурья и Уссурийского края.

некомпетентности и многочисленности государственных служащих помноженное на коррупцию делало страну неуправляемой.

Произошла криминализация правоохранительных органов, прежде всего милиции. В результате те, кто должен охранять закон, его нарушают в первую очередь.

Итак, к 2000 году Россия подходила в состоянии, предвещающим близкую национальную катастрофу, чреватую несоизмеримо более опасными последствиями, чем развал СССР. В стране возник небывалый вакуум власти и наказуемости. Кремль практически полностью утратил контроль над ситуацией.

Однако московских небожителей волновало другое, а именно что будет с ними в результате неизбежного ухода Ельцина от власти. Невозможность сохранения Ельциным власти легитимным путем, которая гарантировала бы «семье» безопасность, ни у кого не вызывала сомнений. Именно поэтому активизировалась работа по созданию союза между Россией и Белоруссией[77]: даже формальное государственное новообразование позволяло ему претендовать на новый срок под тем предлогом, что Ельцин станет президентом другой страны. Однако у Александра Лукашенко были, безусловно, предпочтительные шансы во всех случаях – и на президентских выборах, и в случае какой-то ротации: скомпрометированность Ельцина и его ближайшего окружения не оставляла ни малейших шансов на успех ни ему, ни, главное, «семье». Более того, специфические особенности личности и состояния здоровья Ельцина делали его опасным для «семьи» даже при сохранении им власти, в частности, за счёт его манипулируемости.

Крайне обострил вопрос о будущем власти финансовый и политический кризис 1998 года. В данном контексте необходимо подчеркнуть, что вопреки заявлениям российских властей, а также повсеместно широко распространенному мнению, *в первооснове происходящих в России негативных явлений лежали не экономические, а политические причины*. Экономические сложности, переживаемые страной, являлись одним из следствий того, что *с 1992 года Россией так и не была выработана*

---

77   Заблокировать создание этого новообразования (уверен, что на тот момент – злокачественного) помог случай – я оказался в нужном месте и в нужное время, когда спрашивался совет по поводу того, как поступать с проектом союза. «Мы же в этом ничего не понимаем», – сказали собеседники. Хозяин кабинета, в котором происходил разговор, не стал корректировать мои вдумчивые (тем более, с учётом сложности и деликатности обсуждаемых вопросов) разъяснения.

внешняя и внутренняя политика как таковые. В результате продолжал преобладать чреватый непредсказуемыми последствиями традиционный советский дуализм, выражающийся в несоответствии политических заявлений реальным целям и замыслам, не говоря уже о весьма сильно приукрашиваемом положении страны, которая оказалась отброшенной на догорбачевский уровень. Во внешней сфере это, в частности, наиболее наглядно демонстрировали:

- восприятие НАТО как силы, враждебной России, попытки противодействовать расширению Североатлантического союза;
- агрессивность Кремля и Смоленской площади к Латвии, Литве и Эстонии;
- поддержка Москвой режимов С. Хусейна и С. Милошевича;
- стремление Москвы к восстановлению советской империи, выражавшееся в поддержке, в частности, вооруженной силой (как это было, например, в Абхазии) прокремлёвских режимов и прорусских настроений.

Решения 17 августа 1998 года, приведшие Россию к фактическому дефолту, поставили под вопрос прогнозируемость дальнейшего развития страны. Существовали следующие возможности.

Сохранение политического status quo до 2000 года было весьма вероятно, особенно, с учетом традиций и ментальности россиян. В пользу такого сценария развития ситуации, в частности, говорила индифферентная реакция населения на решение исполнительной власти о девальвации рубля, обнародованное 17 августа 1998 года. Вместе с тем политические амбиции основных политических институтов и элит вели ситуацию к крайнему обострению.

Дополнительную взрывоопасность ситуации в стране придавало совпадение во времени кризиса финансовой системы, кризиса власти, кризиса в Дагестане, который был способен в случае его обострения дезинтегрировать Россию и детонировать исламский фактор, а также ситуации на границе Таджикистана с Афганистаном, усугубляющейся внутренним таджикским кризисом.

Неизбежное после 17 августа 1998 года резкое повышение цен на продукты питания и предметы первой необходимости наряду с уменьшением реальных доходов с высокой степенью вероятности могло спровоцировать социальный взрыв. В этом случае события могли развиваться по двум основным вариантам.

Первый из них – неуправляемый – означал бы крах российской государственности, коллапс России и, как следствие этого, других государств СНГ. Взрывная волна неизбежно накрыла бы и Западную Европу. При этом нельзя было сбрасывать со счетов насыщенность российской территории ядерными и химическими объектами.

Как уже отмечалось, был возможен распад Российской Федерации. Для этого имелся набор экономических, социальных, религиозных и иных причин. Парадокс заключался в том, что практически воспроизводился сценарий распада СССР, в частности, за счет повторения ошибок, допущенных так критикуемого Ельциным М. С. Горбачевым. Главным, однако, были политические амбиции региональных лидеров и элит, а также неспособность и нежелание Москвы считаться с их интересами. В случае продолжения паралича власти дезинтеграционные процессы неизбежно нарастали бы вплоть до фактического получения субъектами федерации полной самостоятельности если и не де-юре, то де-факто, что, практически, уже начало происходить в то время.

Существовали опасения того, что попытки Государственной Думы повысить свой вес в принятии политических и экономических решений могли привести, по мнению Кремля и Белого дома, к катастрофическим для них последствиям – исполнительная власть не была готова делиться своими полномочиями и работать в условиях парламентской демократии. Впрочем, ради справедливости, нельзя не отметить, что парламент был весьма специфическим и коррумпированным.

Второй вариант был возможен в случае, если исполнительная власть смогла бы сохранить определенный контроль над ситуацией путем принятия жестких силовых мер. Это означало бы, что ситуация была бы отброшена на десятилетия назад, и Россия вернулась бы к жесткой диктатуре. Принятие соответствующих решений исполнительной властью было проблематично, так как оно не соответствовало основному вектору мышления Ельцина, что, в частности, иллюстрировал его отказ от введения режима чрезвычайного положения на территории Чечни. В то же время его склонность к силовому решению проблем не вызывает сомнений. (Это наиболее наглядно иллюстрируют расстрел российского парламента 3 октября 1993 года и развязывание войны на российской территории в Чечне). Вероятность принятия силовых мер повышала и неготовность или неспособность власти вести переговоры со своими контрагентами.

Была вероятна попытка государственного переворота. С учетом утери властью авторитета и доверия не только со стороны элит, но и населения, армии и иных силовых структур, она вполне могла оказаться успешной. Тем более, с учётом богатого накопленного опыта[78].

Таким образом, несмотря на определенный дуализм мотивации принятия решений, введение режима чрезвычайного положения или иное силовое решение в случае гипотетического социально-политического кризиса было весьма вероятно.

В целом решающую роль в определении модальности действий исполнительной власти при любом развитии событий закономерно должно было играть ее стремление к обеспечению своей личной безопасности путем сохранения существовавшей власти или обеспечения ее преемственности. Для этого, помимо силового сценария образа действий, мог быть избран вариант проведения досрочных президентских выборов. В этом случае кандидатом в президенты тогдашней исполнительной властью мог быть выдвинут не только Б. Ельцин, но и иной претендент, не заинтересованный в переделе собственности и эксплуатации в своих интересах ошибок, допущенных начиная с 1992 года, что и произошло.

Главную опасность для исполнительной власти, включая отставных политиков, представляло собой обнародование достоверной информации по таким вопросам, как:

- объем и источники получения личных состояний высокопоставленных государственных деятелей;
- события октября 1993 года;
- военные действия в Чечне и их последствия;
- реальное военно-политическое, социальное и экономическое положение страны.

Предстоявшую предвыборную кампанию партии власти значительно осложняло то, что в окружении президента и на высших постах в правительстве Российской Федерации до начала В. Путиным второй чеченской войны не оставалось избираемых фигур. Вместе с тем, понимание

---

[78] Весьма серьезные специалисты считают, что покушение на В. Ленина было организовано его ближайшим окружением. Традицию продолжили последователи: Сталину помогли умереть, против Н. Хрущёва был предпринят государственный переворот, в результате которого к власти пришло реакционное крыло во главе с Л. Брежневым, М. Горбачёв был свергнут в результате заговора против него его ближайших соратников.

рядом политических деятелей бесперспективности их претензий на высший в государстве пост без поддержки тогдашней партии власти побуждало их заручиться её благожелательным отношением.

Не вызывала сомнений невозможность импичмента. Движение Государственной Думы в данном направлении неизбежно означало бы её роспуск. Депутаты это, безусловно, понимали.

В целом существовало три возможности проведения президентских выборов:
- в назначенные сроки,
- в случае невозможности выполнения действующим президентом своих функций,
- по инициативе его команды.

Все эти варианты – не плод фантазии автора, их реализуемость весьма подробно анализировалась и во власти, и в оппозиции. Многое стало очевидным ещё накануне дефолта 1998 года.

На практике произошло сочетание третьей и первой возможностей: выборы были проведены по инициативе «семьи» в почти назначенные сроки. Для реализации этого сценария было необходимо решить, кому перейдёт власть. В окружении Б.Ельцина не осталось ни одного сколько-нибудь заметного нескомпрометированного политика. «Правая оппозиция» во главе с А. Чубайсом и С. Кириенко, на деле поддерживавшая Ельцина, была безнадежно скомпрометирована финансовыми злоупотреблениями и дефолтом 1998 года.

Весьма возможная победа на выборах коммунистов означала бы реальную катастрофу Ельцина, его «семьи», всех или почти всех обитателей Кремля и Белого дома. Им бы припомнили (по делу или нет – неважно) и поголовное обнищание населения страны в 1992-м году, и расстрел парламента в 1993-м, и войну в Чечне, и дефолт 1998-го года, и личные счета в зарубежных банках (список можно продолжить).

Вместе с тем, приход коммунистов к власти был маловероятен, прежде всего, потому что они были к этому не готовы. К репрессиям, «железному занавесу», «холодной войне» они бы не вернулись: им это не было надо. Однако произошёл бы неизбежный и без этого передел собственности. И, конечно, смена риторики. Запад пришёл бы в ужас, но вскоре понял бы, что для него почти ничего не изменилось. Главное же, о чём думала «семья», – неизбежность расследования коммунистами её деятельности, которое для большинства означал бы личный крах.

Несравнимо большую опасность представляли собой разного толка «патриоты», которые доминировали во всех властных структурах и были весьма весомо представлены практически во всех политических партиях за исключением непопулярных либеральных «Яблока» и СПС. Опасным сигналом стал успех на президентских выборах 1996 года генерала Лебедя, за которым последовала его сделка с властью, оформленная как его назначение на пост секретаря Совета безопасности. Конечно, это были знаковые и недооценённые события. Тогда был запущен миф, что Лебедь был «раскручен» политтехнологами, чтобы отобрать голоса у коммунистов. Перестарались, ну что ж теперь... Скорее всего, это в действительности была «проба пера» патриотов во власти. Действительно, Александр Лебедь был харизматичен и весьма популярен. Складывалось впечатление, что он был намного более умеренным и прагматичным политиком, чем многие «не патриоты», хотя и сделал себе политическую карьеру на весьма сомнительных вещах. Его безусловно выдающееся достижение – заключение Хасавюртовских соглашений, которые при желании могли позволить разрешить чеченский конфликт.

Бывший премьер-министр, а до этого министр иностранных дел и директор службы внешней разведки Евгений Примаков и опальный для Кремля мэр Москвы Юрий Лужков примыкали как к «патриотам», так и к коммунистам и имели наибольшие шансы в предвыборной борьбе. Когда эти два политика образовали тандем перед парламентскими выборами 1999 года, «семья» не могла не увидеть в этом реальную угрозу для себя.

В сущности, других сил, реально претендующих на власть в стране накануне президентских выборов 2000 года, не было. Так называемая «третья сила», то есть гипотетический альянс независимых от коммунистов и «партии власти» политиков, была умело разрушена в ходе выборов 1996 года усилиями тех же «патриотов» из властных структур, причём роль троянского коня с блеском сыграл тот же генерал Лебедь. К 2000 году всё свелось к противостоянию коммунистов и «партии власти», которая, однако, уже не имела к концу президентства Б. Ельцина ни малейших шансов на победу. Надо было создавать новую «партию власти», тем более что поддержка великого и могучего русского народа ей была априорно практически гарантирована. А знаменем этой партии было логично сделать неявных «патриотов». Не тех, которые бухтят, а которые наглядно и доступно каждому демонстрируют свой патриотизм, например, в кабине истребителя.

Первооткрывателем путей «патриотов» в большую публичную российскую политику, конечно, стал ставленник КГБ СССР Владимир Жириновский. По проторенной Жириновским с Лебедем дорожке, но только намного хитрее, пошёл Владимир Путин. «Патриотизм» так и брызжет из него. Чего стоит его хрестоматийное: «мочить террористов в сортире»! А в остальном он старается, хотя порой бывает весьма многословен, говорить поменьше: ведь сказать-то нечего...

Хотя выборные технологии были эффективно применены на президентских выборах 1996 года и на парламентских выборах 1999 года, у «семьи» не могло быть уверенности в том, что они окажутся эффективными на президентских выборах 2000 года.

Перенос сроков президентских выборов 2000 года стал одним из предопределяющих факторов победы на них исполняющего на тот момент обязанности президента В. Путина: оппозиция не имела времени к ним подготовиться.

Победа на парламентских выборах 1999 года новорожденного движения, единственным лозунгом которого была безоговорочная поддержка В. Путина, и итоги президентских выборов 2000 года, на которых, несмотря на отсутствие какой бы то ни было программы и даже намека на заявленные цели, В. Путин одержал победу, фактически ликвидировали демократию. Особую роль в этом сыграли нечистоплотные приёмы сторонников Путина, направленные на полную дискредитацию его конкурентов.

Послесловие к эпохе надежд

В сущности, на этапе демонтажа советского тоталитаризма мы с единомышленниками пытались ликвидировать его липкую вездесущую паутину. В её центре находился огромный идеологическо-правоохранительный монстр, который раньше назывался руководством коммунистической партии и КГБ; одним словом, ЦК ГБ – Центральный Комитет Государственной Безопасности. После развала СССР ни КПСС, ни КГБ под прежними названиями более не существуют, но суть этого чудовища осталась прежней.

В тоталитарных государствах пауки несколько отличаются от тех, которые описаны в научной литературе. Этот паук не убивает всех попавших в его паутину. Его основной яд – гипноз. Именно с его помощью паук манипулирует населением страны. Тех же, на кого этот яд не действовал, паук ленинско-сталинских времен отправлял на крупнейшее производство страны, основанное на практически бесплатном труде – в ГУЛАГ. Туда попадали люди и по «производственной необходимости», причём производственная функция сохранилась и в послесталинский период.

Но в распоряжении паука есть и другие средства – от расстрелов и лишения свободы неугодных до полония-210, которым был отравлен в Лондоне Александр Литвиненко. На тоталитарного паука работала и карательная психиатрия, ликвидированная только к концу горбачевской перестройки и теперь возрождающаяся, судя по некоторым признакам, при «вертикали власти».

От обычной паутины паутину тоталитарную отличает тот факт, что альфа-паук уживается в ней с мелкими паучатами.

Нити тоталитарной паутины опутывали всю страну, практически каждого человека. Опутывали организационно – через «партийные», «советские», «профсоюзные» организации и, конечно, через «правоохранительные органы» – КГБ и милицию, которые на этот монстр работали.

Опутывали психологически и нравственно – через гипноз воспитания и образования, через государственные средства массовой информации, запугивание и наказание инакомыслящих. Через мощнейшую систему мифотворчества, которой мало кто мог противостоять.

Питаясь человечиной, пауки имеют от этого и другую, материальную выгоду – в советские времена это называлось льготами и привилегиями.

Альфа-паук не смог бы долго продержаться без бета-, гама- и прочих паучат: руководителей министерств и ведомств, местных царьков, столоначальников.

Тоталитарная паутина паука слабела дважды. Впервые – в результате смерти Сталина и хрущёвской оттепели. При горбачёвских реформах конца 1980-х годов и при «раннем» Ельцине начала 1990-х годов паутина стала редкой, почти незаметной. Сидящий в её центре паук ослабел, но ещё больше озлобился, стал ещё жаднее на добычу. А ведь пауки – хищники, питающиеся, в данном случае, людьми.

После краха СССР Россия оказалась на распутье. Дальнейшая судьба страны зависела от того, удастся ли пауку восстановить свою паутину.

Демократические реформы парадоксально оплодотворили тоталитарное чудовище, детёныши которого раскинули повсюду в России и за её границами свои паутинки.

Казалось, после поражения попытки государственного переворота 1991 года, тоталитарная паутина порвана, а паук испустил дух. Общее заблуждение состояло в том, что коммунистическая тоталитарная идеология практически в одночасье перестала существовать.

На практике всё обернулось иначе. Уже во времена президентства Ельцина механизм тоталитаризма и подавления личности начал набирать силу. КГБ был ликвидирован, но его сменили новые спецслужбы, каждая из которых ущемляла права человека по-своему, при этом зачастую вмешиваясь в полномочия других спецслужб. (Так, при Ельцине, служба охраны подменяла собой наряду с ФСБ якобы не существовавшую тогда политическую полицию, вмешивалась в политику, в «разборки» между бизнесменами и пр.). КПСС – эта «руководящая и направляющая сила советского общества» – вернулась при Путине под названием «Единой России», единственной программной установкой которой является его поддержка. Сотрудники спецслужб и военные заняли доминирующие высоты во внешней и внутренней политике страны, в её экономике. Для человека с его правами в России места не осталось –

над всем доминируют соображения «безопасности» страны, её «величия», «геополитика». Произошло возрождение ЦК ГБ.

Паутина стала небывало плотной, прочной, удушающей.

Итак, все попытки уничтожить паутину, опутывающую Россию, не увенчались успехом: она стала только прочнее и плотнее. Её нити сильнее, чем прежде, держат людей. Во многом это произошло из-за отождествления в массовом сознании бед, постигших страну, с демократическими изменениями конца 1980-х – начала 1990-х годов. Именно с демократией, а не с ожесточённым противодействием ей у многих ассоциируются, например, трагедии в Тбилиси, в Нагорном Карабахе, в Вильнюсе... Это значительно усилило ментальные нити паутины, особенно после того, как ещё во времена президентства Ельцина началось вползание во власть спецслужб, положивших немало усилий на дискредитацию демократии как таковой.

Большая часть подлинной российской интеллектуальной элиты оказалась опутанной нитями страха или нитями денег и жизненных благ. Разумеется, интеллект – тоже товар. Но в русском языке существует такое слово, как интеллигенция – интеллектуалы, отягчённые убеждениями, совестью. Говоря это, я вовсе не противопоставляю и не принижаю ни одно из этих двух понятий: просто слово «интеллектуал» в русском языке имеет несколько другой смысл, чем на Западе, где для интеллектуалов является нормой, например, выйти из состава правительства в случае несогласия с его деятельностью. Что же касается интеллектуалов российских, к коим, например, нельзя не причислить некоторых членов путинского правительства, их стоны по поводу несогласия с происходящим наряду с ретивым исполнением самых сомнительных миссий, ничего, кроме чувства брезгливости, вызвать не могут. Именно поэтому необходимо сделать оговорку, что принадлежность к данной элите не определяется ни занимаемыми постами, ни социальным положением. Ведь, например, никак не получается причислить к ней наиболее успешных людей путинско-медведевского периода – обладателей больших правительственных постов и несметных состояний. Не могут быть причислены к этой элите и те интеллектуалы, которые сменили свои убеждения за разные блага; некоторые изначальные и последовательные сторонники ломовой руки, в отличие от них, заслуживают больше уважения.

Состояние российской элиты вызывает тем большую тревогу, что, как известно, именно качеством элиты определяется уровень общества, его ценность. Подлинной элитой была подготовлена Французская революция. Но это слово вряд ли применимо, например, к тем, кто оказался на скамье международных трибуналов, включая глав государств, например, Слободана Милошевича. Хотя, конечно, по формальному признаку те же Берия, Ежов, Молотов, Геббельс, Риббентроп и иже с ними входили в элиты своих государств. После краха СССР в России была видимость смены политической элиты. В действительности, она в решающей мере осталась по сути той же, во главе с недавним убеждённым коммунистом Ельциным. За счёт вхождение в высшую элиту таких сомнительных личностей, как генералы Коржаков и Барсуков и многих других, её качество значительно снизилось. Более того, вскоре политическая элита начала наполняться офицерами и агентами спецслужб.

Научная и артистическая элиты оказались придавленными, с одной стороны, страхом возврата к прошлому, а с другой – обнищанием – собственным и всего населения страны. В результате этого двойного прессинга люди творческих профессий наперегонки бросились поддерживать президента Ельцина и власть как таковую. Естественным следствием этого стала утеря ими внутренней свободы, позже усиленная огосударствлением средств массовой информации. С ликвидацией «четвёртой власти», которой Путин ознаменовал начало своего правления, российское государство вернулось к советской практике беспрерывного массового гипноза населения.

Широкое распространение компьютеров, Интернета и мобильных телефонов значительно повысило чуткость паутины к любого рода отклонениям от паучьих потребностей: привольно развалившись в кресле можно беспроблемно читать чужую переписку, при помощи мобильных телефонов слушать не только телефонные разговоры, но и те, которые ведутся поблизости от этого прекрасно приспособленного для слежки устройства, даже если они выключены и из них вынуты батареи.

Эволюция паутины в постсоветский период весьма парадоксальна. Среди главных парадоксов надо упомянуть следующие.

Первый и главный парадокс заключается в том, что стремление россиян к свободе, которое начало мощно реализовываться в результате реформ Михаила Горбачёва и Бориса Ельцина, сменилось у значительного большинства населения ностальгией по сталинской диктатуре и, в лучшем случае, по временам застоя. Это было вызвано, в частности, целенаправленной компрометацией реформ частью госаппарата, ЦК, КГБ и хозяйственниками при горбачёвской перестройке, активной работой спецслужб при Ельцине, а после прихода Путина к власти – всех информационно-пропагандистских возможностей государства. Не могло не подействовать на население страны в соответствующем направлении и ухудшение уровня и качества жизни, которые многие связывают именно с демократическими реформами и с правами человека.

Второй парадокс. Советский тоталитарный режим, безжалостно искореняющий любое инакомыслие, сам во многом способствовал усилению диссидентского движения в СССР, подписав Заключительный акт Совещания по безопасности и сотрудничеству в Европе. Разумеется, оно возникло раньше, но приобрело принципиально другой характер именно после подписания Хельсинского акта, содержащего «третью корзину», посвящённую правам человека. Было ли это ошибкой режима?

Дело в том, что в ходе согласования Заключительного акта государствами-участниками СБСЕ, разыгрывалась захватывающая шахматная партия между консерваторами и сторонниками либерализации СССР. Основная задача, поставленная перед советской делегацией, заключалась в «закреплении итогов Второй мировой войны и послевоенного развития», под которым понимался, в частности, раздел Германии. Именно поэтому главным вопросом на СБСЕ для СССР было принятие принципа нерушимости границ в чистом виде. Разумеется, западные партнёры это прекрасно понимали и всячески использовали для включения в Заключительный акт соответствующих положений, касающихся прав человека. Советское руководство благодаря усилиям главы советской делегации Анатолия Ковалёва оказалось в ситуации, когда поставленная задача могла быть решена исключительно путём компромисса: принцип нерушимости границ в обмен на «третью корзину». А благо тогдашний советский лидер Брежнев в кругу приближённых говаривал, что после принятия Заключительного акта и помереть будет можно[79] (естественно, имея в виду «закрепление итогов войны и послевоенного развития»), решение вопроса о принятии «третьей корзины» значительно облегчалось.

---

79   Из рукописи неопубликованных мемуаров Анатолия Ковалёва «Искусство возможного?»

Третий парадокс заключается в том, что несмотря на усилия по установлению в России демократии, принятые после прихода к власти Горбачёва, права человека и демократия в ней не прижились. Продегустировав *подделку* и не поняв, что это была не демократия, а фальшивка, население страны от неё отказалось.

В результате стало возможным, например, разорение Михаила Ходорковского и нескрываемая Кремлём месть ему. История захвата государством ЮКОСа и ареста богатейшего человека России Михаила Ходорковского после того, как его заподозрили в президентских амбициях, стала яркой иллюстрацией положения дел в области свободы предпринимательства, политических и гражданских прав. Оставляя за скобками суть деятельности Ходорковского, его виновность и невиновность, с правовой точки зрения суть вопроса состоит том, что он стал *единственным «олигархом», наказанным за то, что делали все, то есть правосудие было применено избирательно.*

Происшедшее с сотрудником Ходорковского Василием Алексаняном (отказ в квалифицированной медицинской помощи и даже в обезболивающих средствах этому смертельно и мучительно больному, в том числе, раком лимфатической системы и СПИДом человеку, что не может характеризоваться иначе, чем пытки) наглядно показывает садизм власти. Если верить просочившейся информации о следствии, его цель заключалась в получении от Алексаняна не соответствующих действительности показаний против Ходорковского и других руководителей ЮКОСа.

Первый судебный процесс над Ходорковским по оценкам многих наблюдателей стал началом конца независимого правосудия в России. Циничная и жестокая пытка Алексаняна наглядно показала, что в последние годы судебная власть превратилась в простой придаток власти исполнительной.

Другая «царица правосудия» в России – коррупция. Студентам юридических факультетов на лекциях рассказывают анекдот о том, как судье даёт взятку одна сторона процесса, другая сторона даёт взятку в два раза больше, судья, подумав, принимает только половину со словами: теперь ваши шансы в суде равны. Адвокаты говорят, что этот анекдот правдив.

Коррупция ущемляет права россиян не только в судах. Это – явление повсеместное. Коррумпированы государственные и муниципальные служащие, милиция, врачи, учителя. Самое опасное в этом, что коррумпированы Кремль и Белый дом. Власть превратилась в своего рода закрытое акционерное общество, куда посторонние не допускаются. Практически неприкрытая коммерциализация власти уже сама по себе отрицает права человека, демократию, здравый смысл. Думается, российские власти перещеголяли знаменитого наполеоновского министра иностранных дел Талейрана, который продавал и предавал все и вся, кроме Франции – ведь разворовывание России является её предательством.

Во многом чуть ли не тотальная коррупция обусловливается крайне низким уровнем зарплат.

Массовая нищета плодит и многие другие проблемы, включая проституцию (в том числе детскую, – среди школьниц это самая популярная профессия), небывалый взрыв заболеваемости сифилисом, туберкулёзом, другими социально обусловленными болезнями.

Острейшие социальные проблемы наряду с воспитанной при коммунистах послушности власти делают политические и гражданские права второстепенными, а то и вовсе иллюзорными. Тем более что Путин с момента своего прихода к власти хорошо поработал над тем, чтобы общество получало только нужную ему, Путину, информацию.

Первые же его шаги на посту главы государства были направлены на удушение свободы СМИ. Ликвидировав влиятельный независимый медиа-холдинг «Мост» Владимира Гусинского, полностью подчинив Кремлю Первый канал телевидения, ранее контролировавшийся Борисом Березовским, Путин постепенно прибрал к рукам другие ранее независимые СМИ. Его нотация главному редактору радиостанции «Эхо Москвы» Алексею Венидиктову за якобы «неправильное» освещение «Эхом» войны с Грузией показывает, что российская власть берёт под контроль даже небольшие СМИ с крайне узкой аудиторией. В этом контексте особого внимания заслуживают провинциальные СМИ, зачастую жёстко контролируемые местными властями.

Ликвидация свободы мнений открыла широчайшие возможности для манипулирования сознанием общества, для его гипноза, по силе и эффективности не уступающего гипнозу коммунистических времён, а возможно, и превосходящие его – ведь в советские времена люди верили в лучшее, под которым они понимали демократию, при Путине – разуверились. Вопреки протестам значительной части населения, Путин вернул музыку гимна Советского Союза, под звуки которого Сталин осуществлял геноцид собственного народа, сделал коммунистический красный флаг знаменем российских вооружённых сил, установил памятники Дзержинскому и возродил популярность в народе Сталина.

После оранжевой революции на Украине части российской молодёжи стало легче учиться: для того, чтобы считаться хорошим студентом, в ряде российских университетов было достаточно вступить в молодёжное крыло пропутинской партии «Единая Россия» с выразительным названием «Наши» и вместо лекций и семинарских занятий участвовать в его мероприятиях. Тем же, кто манкировал этим, напрямую говорилось о бесперспективности продолжения обучения в этих университетах. Случалось и такое, что студентов снимали с занятий на *православные* богослужения[80].

С религиозной свободой в России всё осталось неблагополучно с советских времён, хотя ситуация изменилась. Образовавшийся после крушения коммунистической идеологии вакуум российские власти заполнился православием. Руководители светского по конституции государства всячески себя позиционируют как ярые православные. Все другие вероисповедания, мягко говоря, не встречают симпатий властей. Особую антипатию у них вызывает католицизм. Как в советские времена кричали: «слава КПСС», так сейчас те же люди с тем же воодушевлением кричат: «Слава Богу!».

Такое положение дел тем более тревожно в свете многочисленных публикаций, как минимум, ставящих под сомнение моральный облик высших церковных иерархов РПЦ. В частности, речь идёт о принадлежности многих из них (прежде всего, прошлого патриарха Московского и всея Руси Алексия II) к КГБ, о финансовых и имущественных манипуляциях православной церкви.

Власти любовно взращивают агрессивный национализм и ксенофобию. В советские времена это мотивировалось необходимостью напугать людей русским нацизмом. После краха СССР эта работа активизировалась. Межнациональная рознь, преступления на этой почве, стали частью российской повседневной жизни.

Паутина распространилась и на западные страны. Разумеется, было бы наивным считать, что их правительства состоят из действи-

---

80   Наиболее ярким примером тому служит Российский государственный социальный университет (РГСУ), ставший одним из основных оплотов путинюгенда.

тельно не видящих и непонимающих происходящего в России людей. Насколько я могу судить, то, что можно назвать новым Мюнхеном, но уже в отношении России, обусловливается весьма простыми причинами. Первая из них – страх перед гигантским разрушительным потенциалом России, перед непредсказуемостью её политики. Глубочайшим заблуждением является убеждённость многих россиян, включая специалистов по международным отношениям, в том, что Запад заинтересован во всяческих бедах для этой страны. Это заблуждение – плод психологии «защитников осаждённой крепости», страдающих ксенофобией и манией преследования. Паутина распространилась на Запад и в другой форме – нефти и газа, в которых он заинтересован и которые инфантильные и тщеславные правители из национального богатства превратили в оружие.

Сейчас, когда практически всё население России, отравленное идеологическим ядом, поддерживает Путина и Медведева, спровоцированную Россией войну с Грузией, когда оппозиция перестала присутствовать на политическом поле страны, а слова демократия и права человека превратились в ругательства, кажется, что Россия безвозвратно запуталась в сплетённой властями и самим населением паутине. Так ли это? Безусловно, нет.

Паук настолько напился крови и денег, что готов от них лопнуть, как «модель желудочно удовлетворённого человека» в блистательной сатире на российскую жизнь Аркадия и Бориса Стругацких. Паук обречен. Ответ на вопрос – когда? – очень прост: тогда, когда люди перестанут позволять глумиться над собой, когда они осознают, что не они существуют для власти, а власть – для них, что «цари» – не более чем нанятые гражданами России для защиты их прав и законных интересов их собственные служащие. И они – не рабы этой самой власти.

SOVIET AND POST-SOVIET POLITICS AND SOCIETY

Edited by Dr. Andreas Umland

ISSN 1614-3515

Series Subscription

Please enter my subscription to the series *Soviet and Post-Soviet Politics and Society*, ISSN 1614-3515, as follows:

❏ complete series   OR   ❏ English-language titles
                                               ❏ German-language titles
                                               ❏ Russian-language titles

starting with
❏ volume # 1
❏ volume # ___
     ❏ please also include the following volumes: #___, ___, ___, ___, ___, ___, ___
❏ the next volume being published
     ❏ please also include the following volumes: #___, ___, ___, ___, ___, ___, ___

❏ 1 copy per volume   OR   ❏ ___ copies per volume

Subscription within Germany:

You will receive every volume at 1st publication at the regular bookseller's price – incl. s & h and VAT.
Payment:
❏ Please bill me for every volume.
❏ Lastschriftverfahren: Ich/wir ermächtige(n) Sie hiermit widerruflich, den Rechnungsbetrag je Band von meinem/unserem folgendem Konto einzuziehen.

Kontoinhaber: _____Kreditinstitut: _____
Kontonummer: _____Bankleitzahl:_____

International Subscription:

Payment (incl. s & h and VAT) in advance for
❏ 10 volumes/copies (€ 319.80)   ❏ 20 volumes/copies (€ 599.80)
❏ 40 volumes/copies (€ 1,099.80)
Please send my books to:

NAME_____DEPARTMENT_____
ADDRESS _____
POST/ZIP CODE_____COUNTRY _____
TELEPHONE _____EMAIL_____

date/signature_____

A hint for librarians in the former Soviet Union: Your academic library might be eligible to receive free-of-cost scholarly literature from Germany via the German Research Foundation. For Russian-language information on this program, see
       http://www.dfg.de/forschungsfoerderung/formulare/download/12_54.pdf.

Please fax to: **0511 / 262 2201 (+49 511 262 2201)**
or mail to: *ibidem*-Verlag, Julius-Leber-Weg 11, D-30457 Hannover,Germany
or send an e-mail: ibidem@ibidem-verlag.de

ibidem-Verlag

Melchiorstr. 15

D-70439 Stuttgart

info@ibidem-verlag.de

www.ibidem-verlag.de
www.ibidem.eu
www.edition-noema.de
www.autorenbetreuung.de

www.ingramcontent.com/pod-product-compliance
Lightning Source LLC
Chambersburg PA
CBHW050422280326
41932CB00013BA/1958